# 경계 넘어 네트워킹하기

인텔리전스에서 엑스텔리전스로

NANAM
나남출판

**지은이_김용학**

미국 시카고대에서 사회학 박사학위를 받은 후 연세대 사회학과 교수로 재직하며 연세대 제 18대 총장을 역임했다. 현재 연세대 명예교수이자, SK텔레콤 사외이사와 삼성생명 공익재단 이사로 재임 중이다.

우리나라에서 처음으로 사회 연결망 이론과 사회 연결망 분석을 연구했으며, 대통령 자문 정책기획위원회, 교육부 대학 설립위원회, 교육부 BK 기획위원회 등에서 활동하였다. *American Journal of Sociology* 부편집장을 역임했으며, 현재는 Sage에서 출간하는 *Rationality and Society* 국제편집위원으로 봉사하고 있다.

주요 저서로는 학술원 우수도서로 선정된 《사회 연결망 분석》(개정 3판)과 문화관광부 우수도서로 선정된 《사회 연결망 이론》을 비롯하여, 《네트워크 사회의 빛과 그늘》, 《사회구조와 행위》(개정 3판), 《비교사회학》 등이 있다.

# 경계 넘어 네트워킹하기

인텔리전스에서 엑스텔리전스로

2022년 6월 5일 발행
2022년 6월 5일 1쇄

지은이 김용학
발행자 조완희
발행처 나남출판사
주소 10881 경기도 파주시 회동길 193, 4층(문발동)
전화 (031) 955-4601(代)
FAX (031) 955-4555
등록 제 406-2020-000055호(2020.5.15)
홈페이지 http://www.nanam.net
전자우편 post@nanam.net

ISBN 979-11-92275-06-2
ISBN 979-11-971279-3-9 (세트)

책값은 뒤표지에 있습니다.

# 경계 넘어 네트워킹하기

인텔리전스에서 엑스텔리전스로

김용학 지음

NANAM
나남출판

## 프롤로그

이 책을 쓰게 된 배경에는 2개의 사건이 있다. 몇 해 전 기말고사를 채점하던 중 한 학생의 답안지가 나를 놀라게 했다. 나는 교수 생활하는 평생 모든 시험을 오픈북으로 치렀다. 정해진 정답을 맞히는 능력보다 주어진 문제에 대한 학생들의 사고 능력을 알기 위해서이다. 학생들은 필요하다고 생각되는 각종 문헌과 자료를 모두 시험장에 가져와 참고하면서 답안을 작성했다. 그중 한 학생이 나름대로 성실하게 답을 적은 후, 답안지 맨 뒤에 당구장 표시를 한 다음, 내게 메시지를 보냈다. "교수님, 채점하시다 의문사항이 있으면 이리로 전화 주세요." 그리곤 자신의 휴대전화 번호를 남겼다.

이런 고얀 학생을 보았나. 처음에는 그냥 이상한 학생으로만 알았다. 이 학생이 외친 시대변화를 읽어 내는 데는 얼마간의 시간이 더 필요했다. 학생은 자신이 쓴 답안 내용을 채점하는 교수가 이해하지 못하면 어쩌지 하는 진심 어린 우려를 내게 전달한 것이었다.

과거에는 교수가 가르쳐 주는 지식 위주로 배우던 학생들이 이제는 구글링 같은 검색을 통해서, 그리고 유튜브 강의를 보면서 전 세계에 널려 있는 양질의 지식과 정보를 쉽게 접하고 있지 않은가. 학생이 나름대로 찾아 공부한 내용을 교수가 모두 알고 있을 리 없다. 사실 요즘 학생들이 제출하는 리포트는 그 내용이 점차 다변화하고 있다. 리포트에 음악, 자연과학, 연극 등 자기 전공분야 이외의 다양한 내용을 동원하면서 주장하고자 하는 자신의 논지를 확증해 나간다. 이 학생이 내게 전한 당구장표 메시지는 나를 크게 변화시켰다. 지식 전달에 국한된 수업이나 강의는 유용성이 지극히 낮아졌다는 것을 깨닫게 했다. 그러나 아직도 일선 교육현장에서는 칠판이나 화면을 바라보고 지식을 전수받는 수업이 대부분을 차지한다.

두 번째 사건은 수업 중 학생들의 조 발표 시간에 생겼다. 정보네트워크의 확산이 사회를 어떻게 변화시키는지를 다루는 강의였다. 내가 종종 언급하는 사회변동의 예는 화장실 낙서가 거의 사라진 현상이다. 낙서가 없어진 것은 사람들이 화장실 안에서 휴대전화를 통해 인터넷 사이트를 보거나 문자 메시지를 보내는 등의 활동을 하느라 화장실에 낙서할 동기와 시간을 잃어버렸기 때문이라고 설명했다. 인터넷이 시간과 공간의 벽을 없애는 예라고 덧붙였다. 으슥한 공간의 화장실 벽 안에서, 그리고 홀로 있는 시간의 벽 안에서 욕망과 상상에 접근하던 사람들이 이제는 인터넷을 통해 원한다면 언제나 접근 가능해졌기 때문에 낙서가 사라졌다는 설명을 더했다.

그러나 이런 설명에 대한 학생들의 반론도 만만치 않았다. 과거와 달리 화장실 청소 전문인력이 생겨나 낙서를 매일 지우기 때문이고, 화장실이 예전보다 넓어져서 변기에 앉은 채로는 팔이 벽에 쉽게 닫지 않기 때문이며, 또 벽면이 매끄러워져서 펜으로 글씨나 그림을 남기기가 어려워졌기 때문에 낙서가 줄어들었다는 식의 반론이었다.

이런 반론을 제기한 학생들 몇 명이 조를 짜서 학기 말에 화장실 낙서에 대한 연구발표를 했다. 캠퍼스 내의 모든 화장실을 대학별로 녹취하여 분석한 내용이었다. 물론 화장실에는 아직 낙서가 남아 있었다. 그들이 분석한 바에 따르면 남자 화장실 낙서는 성적인 내용이 지배적이고, 여자 화장실 낙서는 연애와 관련된 내용이 주를 이루며, 그 다음으로 신변잡담이 빈번하다. 남성은 주로 주장이나 비판을 하며, 여성은 감정표현을 제일 많이 한다. 단과대학별 차이도 드러나는데, 문과대학의 낙서 길이가 이과대학보다 두 배나 길며, 문과대생은 비판적 주장의 글을 남긴다는 낙서 분석 보고서였다.

흥미로운 발표를 마친 후 학생들은 자기들이 최고의 낙서로 꼽은 '낙서왕'을 선정했다며 그 내용을 공개했다. 문과대학 여자 화장실에서 채취한 낙서를 그대로 옮긴다. "아, 똥이 안 나온다. 나는 이제 잘할 수 있는 일이 아무것도 없다." 이 낙서를 보고 강의실에 폭소가 터졌다. 나도 따라 웃었다. 그런데 이 낙서는 시간이 지날수록 뇌리에 남아 나의 마음을 아프게 만들었다. 학생들이 이 낙서를 낙서왕으로 선정한 이유는 자신들의 마음을 대변한다고 느끼고, 공감했기 때문이었을 것이다.

요즘 학생들은 왜 이토록 무력감에 시달리는가? 아는 것도 많고 할 줄 아는 것도 이전 세대보다 훨씬 많아졌음에도 그들의 무력감은 최고조에 다다른 듯하다. 그들의 선배들보다 혹은 교수보다 영어도 잘하고, 여행도 많이 해봤고, 국제정세에도 밝으며, 여러 분야에 걸쳐 상식도 많다. 그런데도 왜 열등감과 더불어 자존감이 그토록 낮은가. 어떻게 하면 무기력에 빠진 학생들에게 자신감과 힘을 길러 줄 수 있을까?

이러한 2개의 사건은 돌발적이고 우연적인 사건이 아니라 거시적인 사회구조적 해결을 요구하는 외침이었다. 첫 번째 사건은 지식이 한 방향으로 전수되는 현재의 교육 시스템을 바꿔야 한다는 외침이었고, 두 번째 사건은 젊은이에게 희망을 주지 못하는 현 사회상황에서 교육이 학생들의 자존감과 자능감empowerment을 길러 주는 방안을 찾아야 한다는 요구였다.

대학 입학에 가장 중요한 수능시험에는 언제나 정답이 있다. 정답이 2개인 경우는 출제오류로 온 나라가 시끄러워지고, 출제기관이 소송을 당하기도 한다. 그러나 정답이 있는 지식은 이미 인공지능AI이 인간보다 훨씬 정확하고 빠르게 습득한다. 일본 국립정보학연구소NII가 개발한 AI인 '도로보'는 2019년 말 독해 능력이 필요한 영어시험에서 200점 만점에 185점을 받아 3년 만에 점수를 두 배 끌어올렸다. 아직은 시간이 더 필요하겠지만, AI가 일류 대학에 입학할 날도 머지않아 보인다. 도로보는 도쿄대 입학을 위해 학습(딥러닝deep learning) 중이다. 이런 AI가 입학하면 대학은 무엇을 가르칠 수 있는가? 게다가 지식을 주입하는 교육이 100세 이상의 장수시대를 살아갈 젊은이들에게 어떤 의미가 있는가?

내가 학생들에게 종종 던지는 질문이 있다. "어떤 종의 두더지는 새끼를 배면 배가 나오지 않고 허리가 길어진다고 한다. 왜 그렇다고 생각하는가?" 포유류는 임신하면 배가 나온다. 사람도, 개도, 사자도, 기린도 그렇다. 왜 두더지만 예외인가를 묻는 질문이다. 학생들의 답이 나를 놀라게 한다. 모른다는 대답은 그래도 참을 만하다. 어떤 학생은 "안 배웠는데요"라고 답한다. 생각하는 대신에 자신의 머리 안에 있는 알량한 데이터베이스에서 끄집어내려 하고, 그곳에 외운 내용이 없으니 안 배웠다고 답하는 것이다. 조금만 생각하면 답을 추론할 수 있다. 허리가 길어지는 이유는 두더지가 굴을 파고 다닌다는 사실과 관련 있다는 것을. 임신해서 배가 나온다면 두더지는 다니던 굴을 넓혀야 할 것이다. 굴을 넓히는 토목공사 비용을 줄이려고 허리를 길게 하여 새끼를 담는다는 추론이 가능하다. 정답을 외우는 암기식 교육에서는 이런 사고 능력과 창의성이 결코 길러질 수 없다.

"안 배웠는데요"라는 대답은 우리나라 교육제도의 문제를 적나라하게 고발한다. 지식은 인터넷에 널려 있고 찾기도 점점 수월해지고 있다. AI가 딥러닝으로 배우는 지식의 양과 질은 인간과 비교할 수조차 없다. 그런데도 우리의 교육은 지식 습득과 정답 찾기에 매몰되어 있다. 이제 교육은 생각하는 훈련과 배운 내용의 실제 활용을 중심으로 바뀌어야 한다. 이것이 현재 세계 여러 나라에서 진행되고 있는 교육혁신의 핵심이다.

하버드대 에릭 마주르Eric Mazur 교수가 주창하는 동료학습peer learning(학생들이 서로 가르치며 배우는 교육)의 효과는 이미 입증되었다. 자신의 주변에서 발견할 수 있는 문제를 풀면서 배워 나가는 공동체 기반 학습은 산지식을 습득할 수 있도록 한다. 집에서 공부하고 학교에서 문제를 푸는 거꾸로 교실flipped classroom은 교육혁신의 아이콘이 되어 전 세계적으로 확산되고 있다. 일방적으로 지식을 전달받는 피동적 학습에서 벗어난 능동적 학습은 배우는 목적을 뚜렷하게 만들고, 배운 지식을 현실에서 활용하는 방법을 경험하도록 만들기 때문에 학생들에게 자능감, 즉 자신도 세상을 변화시킬 수 있다는 자신감을 부여한다. "나는 이제 잘할 수 있는 게 아무것도 없다"는 젊은이들을 무력감으로부터 해방시켜 준다.

이 책에서 사용하는 엑스텔리전스extelligence라는 개념은 창의성의 원천으로서, 지식 습득이 아니라 지식 활용과 실천이 교육의 목적이 되어야 한다는 점을 함축한다. 인텔리전스intelligence가 머리 안에 지식을 많이 넣어서 획득한 똑똑함이라면, 엑스텔리전스는 머리 밖의 똑똑함을 활용하는 능력이다. 우리가 살고 있는 세상은 이미 충분히 스마트한 세상smart world이다. 지식과 정보는 널려 있으며, 천재성은 문화와 드라마와 상품과 광고에 녹아 있다. 엑스텔리전스란 스마트 월드에 이미 코드화된 지식이나 정보를 융합하여 새로운 지식을 만들거나, 전혀 다른 영역에 적용하여 유용한 가치를 만드는 능력이라고 정의할 수 있다. 즉, 지식의 습득보다는 기존에 있는 지식을 엮거나, 뒤집거나, 변형하여 새로운 가치를 만들어 내는 능력을 말한다. 이 책은 엑스텔리전트하기 위해 필요한 '생각하는 방법'에 대해 논의한다.

필자는 연세대 총장으로 재직하면서(2016~2020년) 엑스텔리전스를 향상시키려는 교육혁신을 시도했다. '고등교육혁신원'이라는 기구를 설립해 학부생들에게 연구비(활동비)를 지급했다.

학생들이 스스로 팀을 짜서 자신의 주변에서 문제를 설정하고 해결 방안을 모색하겠다고 제안하면 대학은 이를 실현하도록 물적으로, 그리고 컨설팅을 제공하는 등 인적으로 지원했다. 수업의 경우에도 교수와 학생이 강의실에서 벗어나 사회 현장의 문제를 풀겠다고 자원하면 이 과목의 활동을 지원했다.

이제 시행한 지 3년밖에 되지 않았지만 그 결과는 상상을 초월할 정도로 놀라웠다. 한 학생 팀은 방학을 이용해 남태평양의 작은 섬나라 니우에Niue까지 날아가서 섬나라 총리와 관광산업을 활성화하겠다는 협약을 맺고 왔다(〈중앙일보〉 2018년 12월 25일 자 보도). 그 나라는 인구유출 문제가 심각했는데, 이를 해결하는 방안으로 관광산업 증진을 제안한 것이다. 어떤 도시학 관련 교과목 강의는 재래시장 리노베이션을 다루면서 실제로 구체적인 방안까지 설계하고 제안해서 지자체로부터 추가 연구비를 지원받았다. 자신들이 정의한 문제를 풀기 위해 스스로 공부한 학생들의 만족도와 자능감이 대폭 향상되었다. 학생들은 지식이 자기 주변을 변화시키는 데 실제로 활용될 수 있다는 사실을 피부로 깨달았다고 고백한다.

이들이 도전하는 커뮤니티 문제풀이는 창의성을 요구하는데, 이 창의성은 엑스텔리전스 훈련을 통해 길러질 수 있다. 창의성이란 하늘 아래 완전히 새로운 것을 만들어 내는 것이 아니라, 스마트 월드에 이미 있던 것을 조합하거나 변형하여 활용하는 능력이라는 주장에 학생들은 용기를 얻는다. 기존에 있던 지식, 정보나 아이디어를 변형하는 방법에는 섞기, 엮기, 뒤집기 등 몇 가지 대표적 방법이 있다는 말에 더욱 힘을 얻는다. 엑스텔리전스는 스마트한 세상에 존재하는 지식이나 정보, 또는 아이디어의 네트워킹이다. 연결되지 않은 지식들이 연결되고, 관계가 새롭게 설정되는 네트워킹 과정을 통해 창의성이 생성되기 때문이다.

이 책은 10여 년 전 출판된 《생각, 엮고 허물고 뒤집어라》를 바탕으로 하였다. 이제는 《경계 넘어 네트워킹하기》 시대의 〈인텔리전스에서 엑스텔리전스로의 변화〉를 마주하기 때문이다. 나남출판사 조상호 회장님의 40여 년에 걸친 꾸준한 지원과 이필숙 실장님, 민광호 부장님의 꼼꼼한 수고에 진심 어린 감사를 드린다.

2022년 5월

김 용 학

# 차 례

프롤로그 5

PART 1

## 생각의 네트워킹 19

혁신은 낯선 지식의 교배에서 26

약한 연결에서 창조가 시작된다 35

PART 2

## 경계 넘어 엮고 섞기 43

경계 넘기 47

번역의 창의성 54

창의성은 학습될 수 있다 71

PART 3

## 엑스텔리전스 Extelligence 77


스마트 월드 81

경계는 창의성의 감옥 96

낯선 것은 익숙하게, 익숙한 것은 낯설게 104

스마트 월드 번역하기 109

학문에서의 경계 넘기 114


PART 4

## 뒤집으면 새로운 것이 보인다 123


닥치는 대로 뒤집어 보기 127

프레임 뒤집기 137

다윈의 뒤집기 146

영화 〈슈렉〉의 뒤집기 152


PART 5

## 지식의 네트워킹 163


네트워크의 창발성 169

진화 훔쳐 오기 182

구글이 강자가 된 이유 192

혁신은 속도전 204

혁신을 만드는 방식이 바뀌다 208

PART 6

## 누구나 창의적일 수 있다 215

창의성이란? 218
호기심, 도쿄에 까마귀는 몇 마리 있을까? 232
장난기, 즐겁게 사물 바라보기 239
몰입, 한 가지 생각으로만 머리 채우기 243
유연성, 고정관념 깨기 247

PART 7

## 과학기술에서의 뒤집기와 경계 넘기 251

이질적 팀의 창의성 254
이론 발달에서의 뒤집기 261
멸치 떼, 고래를 뛰어넘다 267

PART 8

## 모순은 창의성의 산실 275

트리즈와 모순 278
학문에서의 모순 284

PART 9


## 기술혁신에서 사회적 해석의 힘 293

사회가 해석하는 기술 296

천재는 사회의 산물 301

가난은 상상력의 적 315

에필로그 — 창의성 교육에 대하여 319

참고문헌 338

# PART 1

# 생각의 네트워킹

인간人間이라는 단어에는 왜 '사이 간間' 자가 들어 있는가? 치간칫솔은 치아 사이를 닦는 솔이니 '사이'의 뜻이 명확하다. 그렇다면 인간이라는 단어에서 '사이'는 무슨 뜻인가? '사이 간'이 들어간 다른 개념으로는 대표적으로 시간時間과 공간空間이 있다. 1초라는 시간은 시계추가 왼쪽에서 오른쪽으로 갔다가 다시 왼쪽에 도달하는 순간 사이에 존재한다. 작년 설날과 올해 설날 사이에는 1년의 시간이 존재한다. 즉, 시간은 두 사건 사이에 존재한다. 공간도 이 벽과 저 벽 사이에, 그리고 지구와 목성 사이에 존재한다.

그렇다면 인간은 무엇 사이에 존재하기에 '사이 간'이 들어 있는가? 인간은 사람 사이에 존재한다. 빤해 보이는 이 말의 참뜻은 인간의 본질은 인품이나 성격과 같이 인간 안에 내재하는 속성이 아니라, 인간 사이에 존재한다는 것이다.

자살한 사람들이 죽기 전에 남긴 유서를 떠올려 보라. 극단적인 선택을 결심한 생의 마지막 순간에 남기는 메시지에 누가 등장하는가? 죽어야 하는 이유도, 먼저 떠나서 미안하다고 고백하는 대상도 주변 사람이고, 사후에 대한 부탁도 가족이든 친구든 모두 주변 사람들에게 남겨진다. 수많은 인간관계에 놓였던 한 점이 사라지면서 남기는 유언이 이 점과 직간접으로 연결되었던 다른 점들을 향하는 것이다. 개인적인 이유 때문에 선택한 극단적인 사건에서 다른 사람들과 연결되어 살아온, 사람 사이에 살아온 인간의 본질적 모습을 볼 수 있다.

한 인간이 택하는 행동도 사람 사이에 존재한다. 누구 앞인가에 따라 자신에 대한 기대가 달라지고, 우리는 그 기대에 따라 행동하게 된다. 애인을 만나면 애인으로서 행동해야 하고, 자식 앞에서는 아버지로서 또는 어머니로서 해야 하는 역할이 달라진다. 유대인 포로수용소에서 그토록 잔인한 게슈타포 장교도 집에 돌아가서는 다정한 아빠와 남편으로서 일상적 삶을 살아간다. 마치 연극에서 맡은 배역에 충실한 배우처럼, 대부분의 사람들은 사회가 부여한 역할을 충실히 수행하려고 노력한다. 친구관계, 가족관계, 사제관계 등의 다양한 인간관계를 제대로 유지하거나 관리하지 못하면 사람대접을 못 받는다는 의미를 인간이라는 단어가 함축한다.

인간이 지닌 또 하나의 본질적 속성은 사고능력이다. 그런데 인간의 생각도 사람들 사이에 존재한다. 이전 세대가 이루어 놓은 지식을 후대가 전수받으며 그 위에 새로운 생각을 더하거나, 다른 사람들과 생각을 주고받으면서 새로운 생각이 탄생한다. 즉, 창의적 사고는 다른 사람의 생각들이 충돌하거나, 기존에 존재하던 생각들이 섞이거나 변형되면서 생겨나는 것이다. 이 책은 창의성이 인간에 내재하는 속성이기보다는 인간 사이에서 발생한다는 관점에서 출발한다. 이 책에 담겨 있는 필자의 생각도 다른 사람들의 생각들을 섞고, 뒤집고, 연결시킨 결과물일 뿐이다. 이렇듯 대부분의 혁신은 인간 생각 사이의 네트워킹에서 시작한다. 인간의 '사이 간'은 인간 고유의 능력인 생각을 교환하거나 공유하는 것이 인간의 본질이라는 뜻도 담고 있다. 인간의 창의성은 엑스텔리전스에서, 즉 자신의 생각을 다른 사람들의 생각과 교배할 때 생겨난다.

특히 창의적 생각은 전혀 다른 이질적 생각들이 충돌할 때 발생한다. 그러나 산업사회 이래로 점점 더 전문화되고 세밀하게 나누어진 전공영역 때문에 자연과학과 인문학 사이의 소통은 말할 필요조차 없고, 과학자들 사이의 소통조차 막혀 버렸다. 한 전공분야 안에서도 세부전공이 다르면 서로 쓰는 용어도 다르고 연구방법도 달라서 대화하거나 서로를 이해하기조차 어려워졌다.

자연과학의 한 전공분야에는 A와 B 사이의 관계에 관해서 수많은 연구결과가 집적되어 있고, 다른 분야에는 B와 C 사이의 관계에 대해 연구가 집적되어 있는데, 분야가 서로 다르기 때문에 B에 의해 매개되어 있을지도 모르는 A와 C의 관계에 대해서는 관심조차 두지 않는 경우가 종종 있다. 이 문제를 해결하기 위해서 기계가 하는 과학machine science이라는 새로운 분야가 생겨나기도 했다(Evans & Rzhetsky, 2010). 컴퓨터가 문헌정보를 활용하여 A와 C를 찾아내 과학자에게 둘 사이의 관계를 연구해 보라고 제안하는 것이다. 다른 분야에 종사하는 인간 과학자 사이의 대화가 오죽이나 없었으면, 컴퓨터가 분야를 이어 주며 직접 연구가설을 찾아 주는 지경이 되었는가?

비교적 최근에 들어서 융합연구가 활발해지면서 학문 간 지식의 섞임이 시작되었다. 이러한 추세는 유행이 아니라 과학이 변해 가는 불가피한 추세이다. 왜냐하면 각 전공분야 안에서는 지식생산성이 점차 낮아지고 있기 때문이다. 각 분야 내에서는 새로운 지식을 생산하는 데 드는 비용이 빠르게 증가하고 있는 것이다. 혁신을 위해서 이질적인 분야의 지식 사이에 가교가 생길 수밖에 없는 상황에 도달했다. 가령, 수술하는 로봇을 개발하려면 공학자와 의학자의 협업이 필수적이다. 또 윤리적인 AI를 개발하려면 프로그래머와 철학자, 윤리학자 사이의 지식 교환이 선행되어야 한다.

과학적 혁신도 사람 사이의 생각의 교환에서 생겨난다. 혁신적 아이디어는 실험실 안에서 현미경을 보거나 논문을 읽을 때 혹은 홀로 깊은 명상에 잠겼을 때 떠오르기보다는 다른 연구자들과 대화하면서 생겨난다(Dunbar, 1999). 즉, 새로운 아이디어는 실험실에서 혼자 떠올리는 경우가 극히 예외적이고, 오히려 여러 명의 연구자들이 형식에 구애받지 않고 최신 연구결과들을 공유하는 토의과정에서 대부분 얻어진다. 같은 분야보다는 이질적인 분야 사람들과 대화할 때 특히 그렇다. 자신이 풀고 있는 문제를 유추analogy를 통해 다른 맥락에서 바라볼 수 있게 해줌으로써 새로운 시각에서의 결합이 가능하기 때문이라고 한다.

노벨 물리학상을 받은 리처드 파인만Richard Feynman 자서전 《파인만 씨, 농담도 잘하시네!》에 의하면, 프린스턴대 수학과가 속해 있는 빌딩의 엘리베이터 안에서 노벨상감이 될 만한 혁신적 아이디어가 여럿 탄생했다고 한다(Feynman, Leighton et al., 1985). 그의 유머러스한 표현에 의하면, 이 엘리베이터는 너무 낡아서 세상에서 속도가 가장 느리다고 한다. 탑승자들은 엘리베이터 벽에 작은 칠판을 붙여 놓고 우연히 함께 탄 연구자끼리 그 짧은 순간 동안 서로의 연구에 대해 논의한다. 이 칠판에 적힌 토론 내용 중 여러 개가 노벨상으로 이어졌다고 파인만은 주장하는 것이다. 사람 사이의 아이디어 교환, 또는 지식의 교배가 창의성의 근원이 된다는 사실을 잘 보여 준다. 이 책은 파인만이 든 사례처럼 새로운 지식은 지식 사이의 상호작용에 의해서 생겨난다는 지식 네트워크 이론의 관점에서 출발한다.

## 혁신은 낯선 지식의 교배에서

거미줄은 가볍고 신축적이면서 강철보다 7배 이상 강하기 때문에 방탄조끼를 만드는 등 산업용으로 이용하려는 노력이 계속되어 왔다. 하지만 거미 100만 마리 이상을 1년 동안 고생해서 키우면서 거미줄을 채취해 봐야 겨우 식탁보 크기의 천을 짤 수 있을 정도로 비생산적이다. 게다가 거미는 다른 거미를 잡아먹기 때문에 집단으로 사육하기도 무척 어렵다고 한다.

그런데 놀랍게도 캐나다 맥길대 과학자들이 유전공학 기술을 이용해 거미줄을 대량생산하는 데 성공했다. 거미 유전자를 염소에게 주입한 후 염소의 젖에서 거미줄을 농축하는 기술을 개발한 것이다. 유전자 편집을 통해 만든 거미줄은 상처를 꿰매는 실이 되어 병원에 고가로 팔려 나간다. 실이 끊어질 염려도 없고, 자연스레 살에 흡수되어 실밥을 뽑을 필요도 없으며, 꿰맨 자국도 남지 않는다고 한다. 넥시아Nexia Biotechnologies라는 회사가 이 기술을 인수해서 비단보다 나은 스마트 옷감이나 방탄복, 철모, 또는 접착제를 생산하는 등 상업화에 성공했다. 유전자가 변형된 염소도 별 탈 없이 잘 살고 있으며, 현재 이 회사 실험실에서는 스무 마리의 거미 염소에 대한 실험을 계속하고 있다고 한다.●

---

● https://agfundernews.com/what-happened-to-those-gm-spider-goats-

거미와 염소의 유전자는 지구의 생명역사에서 한 번도 만난 적이 없었다. 거미염소라는 새 생명체를 만들어 내는 '신神의 놀이'가 창조섭리와 생명윤리에 어긋나니 규제해야 한다는 논쟁이 뜨겁지만, 생명과학의 '유전자 가위'라고 불리는 경이로운 기술은 '경계 넘기'의 상징이 되었다. 거미로부터 편집되어 잘린cut 염기서열을 염소에게 붙여넣기paste한 것은 유전자를 유기체의 경계를 넘어 결합한 것이다. 문장을 편집하듯 유전자를 편집하여 새로운 생명현상을 만들어 내는 일이 현실이 되었다.

거미염소가 성공한 다음에 새로운 변종들이 연이어 등장하기 시작했다. 누에고치를 낳는 나방에 거미 유전자를 주입하여 거미줄 비단을 생산하는 데 성공했다.● 이런 유전자 편집의 가능성은 무궁무진해 보인다. 유전자는 생명체가 오랜 세월 발달시켜온 정보체계이다. 거미염소나 거미줄 비단은 전혀 다른 정보가 현대과학에 의해서 결합한 혁신적인 결과이다. 란자테크LanzaTech라는 회사는 박테리아에 새로운 유전자를 주입하여 쓰레기 등에서 발생하는 가스를 액체연료로 만드는 새로운 박테리아를 만들어 냈다.●● 이와 같은 합성생물학 연구는 전 세계에서 지금도 무척 활

---

with-the-silky-milk. html

● https://trib. com/news/state-and-regional/university-of-wyoming-professor-helps-create-monster-silk/article_1f444e91-f48a-5e45-b0-b3-045f5121393a. htm

발하게 진행되면서 백신이나 말라리아 치료제, 에이즈 치료제 등의 개발에 활용되고 있다.

유전자 사이의 정보교환이 혁신을 만들듯이, 지식도 마찬가지이다. 혁신적인 지식은 서로 다른 지식들이 섹스를 하여 아이를 낳는 것과 흡사하게 태어난다. 융합연구가 요구되는 것도 바로 경계를 넘어서 섞일 때 생겨나는 혁신성 때문이다. 의학과 공학이 결합하고, 물리학과 사회학이, 그리고 정치학과 음악이 결합하면서 새로운 창조적 지식을 낳고 있는 것이다. 결합되는 지식이 이질적일수록 더 주목받는 창의적 지식이 된다.

달 착륙을 위해 떠난 아폴로 13호가 산소탱크 폭발 사고로 임무를 마치지 못하고 중도에 지구로 귀환한 사건에서 결합에 의한 혁신의 예를 발견할 수 있다. 우주비행선의 산소탱크가 사고로 폭발하자 3명의 우주비행사는 비행선을 버리고 달착륙선으로 급히 옮겨가 생존을 위한 투쟁을 시작한다. 달착륙선은 두 명의 비행사가 이틀 동안 머물 수 있게 설계되었는데, 이곳에서 3명이 적어도 4일을 버텨야 했다. 산소가 모자랐기에 산소를 활용해 전기를 만드는 장치를 끌 수밖에 없었고, 난방장치 없이 추위를 견뎌야 했다. 무엇보다 3명이 호흡하면서 내뿜는 이산화탄소를 정

---

●● http://www.synbicite.com/synthetic-biology/examples/carbon-capture-23-butanediol/

화할 필터가 없었기 때문에 이 필터를 급조해서 만들어 내지 않으면 모두 질식사할 위기상황이 닥쳤다. 지구 관제실에서는 달착륙선 안에 있던 모든 소품을 책상에 펼쳐 놓고 대안적 필터를 만드는 방법을 급히 고안해야 했다. 여러 명의 과학자들이 착륙선 안에 있는 물품만을 이용해 이산화탄소 필터를 만드는 법을 질식 직전의 우주비행사에게 알려줬다. 조립되고 결합될 수 없을 것 같은 소품들이 혁신적 필터의 부품으로 변해 우주비행사들의 목숨을 구할 수 있었다. 비상 필터는 결합의 혁신이었다.

이종교배하는 융합연구도 주변의 지식이나 기술을 새롭게 결합하는 혁신과정이다. 융합연구가 활성화되어야 하건만, 대부분의 우리나라 연구자들은 아직도 다른 분야에서 무슨 일이 벌어지는지 거들떠보지 않고 자신의 전문분야 연구에만 매몰되는 경향이 있다. 융합연구가 활성화되지 않는 것은 이질성에 대한 문화적 관용이 낮고, 낯선 사람과 쉽게 대화하는 파티 문화가 어색한 끼리끼리 문화에서 연유하지만, 우리나라 연구실의 공간적 인프라에도 원인이 있다. 교수 연구실은 독방이고, 폐쇄적이어서 연구실 안에 누가 있는지도 모르게 설계되어 있다. 연구실은 개방적이어야 한다고 믿는 어느 교수는 자신의 연구실 문을 활짝 열어 두었더니 "지나가던 동료 교수가 닫아주고 가더라"고 고백할 정도로 폐쇄적이다. 게다가 자연스럽게 만나 대화할 수 있는 복도나 휴게실, 교수식당의 개방적 공간도 거의 없는 것이 대부분 대학이나 연구소의 실정이다.

실리콘밸리의 혁신적 아이디어가 대부분 낯선 사람과 대화하는 선술집Pub에서 생겨난다는 인류학자의 연구(Saxenian, 2006)는 우리나라 연구자들에게 시사하는 바가 크다. 오랫동안 풀지 못한 문제에 대한 결정적 힌트가 우연히 마주친 전혀 다른 분야 연구자에 의해서 던져진다는 것이다. 그래서 미국의 일류대학이나 구글, 페이스북 같은 혁신기업들은 연구자들이 자연스럽게 스치면서 이야기할 수 있는 개방적 분위기의 식당과 휴게공간을 만들고 있다. 또 어떤 연구소는 출근할 때마다 새 자리를 배정해 매일 새로운 사람들 옆에서 일하도록 하기도 한다. 새로운 생각의 네트워킹을 도모하기 위함이다.

기업 내의 고급 정보는 담배 피우는 사람들이 독점하고 있다는 우스갯소리도 곱씹을 만하다. 실내 금연이 법으로 실시되자, 많은 흡연자들이 회사 밖의 정해진 공간에 모여서 담배를 피우기 시작했다. 흡연자들은 금연하라는 주변 사람들의 압력과 사회적 박해를 견디기 때문에 일종의 전우애 같은 동질감을 갖고 있다. 이들이 속해 있는 부서가 다르고 직책도 다르기 때문에 각종 정보가 흡연장소에서 교환된다. 한 회사 내에서 결속력이 낮은 흡연자들 사이의 정보교환이 흡연자가 고급 정보를 갖게 한 것이다. 결과적으로 흡연자들은 기업 내의 새로운 파워집단으로 부상하고 있는지 모른다.

뇌 안에서 번쩍 떠오르는 새로운 생각도 네트워킹 현상이기는 마찬가지라고 한다. 한 번도 연결되지 않았던 뉴런들이 갑자기 연결될 때 번쩍한다는 것이다(Martindale, 1995). 지식도 마찬가지여서 전혀 예상치 못했던 낯선 지식들이 갑자기 연결될 때 창의적 지식이 태어난다. 최고 권위를 갖는 논문지 〈네이처〉나 〈사이언스〉에 실리는 논문이 모두 공동연구팀에 의해, 그것도 여러 전공 분야의 연구자들에 의해 함께 쓰이는 이유다. 새로운 관점에서 다른 지식들이 연결되는 공동연구의 혁신은 모두 엑스텔리전스의 산물인 것이다.

전 세계인이 애용하는 위성위치확인시스템GPS도 낯선 지식이 네트워킹된 대표적인 결과물이다. 1957년 소련이 스푸트니크 위성을 쏘아 올린 즈음에 벌어진 일이다. 당시 스푸트니크 위성은 미국을 포함한 전 세계인의 주목을 끌었다. 소련은 이 위성이 가짜가 아니라는 점을 홍보하기 위해서 주기적으로 20Mhz의 신호음을 발신하도록 만들었다. 이 즈음 존스홉킨스대 응용물리학연구소의 연구자 4명이 우연히 같은 식당 테이블에 앉아 점심 식사를 했는데, 그중 한 사람이 자신이 가진 단파 수신기인 햄HAM 라디오로 위성의 신호음을 포착해 보자고 제안했다. 식사 후 이들은 한 연구실로 몰려가 햄 라디오로 신호음을 포착해 낸다. 신호음은 놀랍게도 일정한 높이가 아니라, 높아졌다 낮아지기를 반복하고 있었다. 또 다른 연구자가 소리의 높낮이가 변하는 이유는 도플러 효과 때문이라고 지적했다. 그리고 기차의 기적 소리가 가까워질수록 음이 높아지고 멀어질수록 낮아지는 도플러 효과를 이용하면 위성의 궤도를 계산하여 알아낼 수 있다고 제안했다(Johnson, 2010).

서로 다른 전공분야를 연구하던 이 4명의 대화는 꼬리를 물고 발전하여 스푸트니크 위성의 궤도를 찾아내 발표하기에 이른다. 몇 달 후, 미 국방성에서 이들에게 한 가지 질문을 던진다. 알려진 위치에서 위성궤도를 추적할 수 있다면, 역으로 알려진 위성에서 모르는 위치를 알아낼 수는 없겠는지 문의한 것이다. 얼마 후 이들은 이 역발상에 근거해 GPS를 발명해 낸다(Johnson, 2010). GPS의 기본 원리는 궤도에 올린 위성 3개와 지구상의 한 지점 사이의 거리를 측정한 후, 이 세 거리를 이용한 삼각법으로 지점의 위치를 알아내는 것이다. 각 위성과의 거리는 위성에서 동시에 발사한 전파가 해당 위치에 도달하는 시간차에 의해 계산된다. 연구소 식당에서 우연히 같은 자리에 앉았던 물리학자, 수학자, 전파공학자 등 여러 전공자가 장난삼아 제안하고 협업한 결과, 매년 엄청난 부가가치를 창출하는 위성항법 산업을 만들어 낸 것이다.

융합연구를 위한 창의적 아이디어는 GPS의 사례처럼 연구실이나 실험실에서 떠오르기보다는 연구자들 사이의 일상적인 대화에서 더 잘 얻어진다. 낯선 지식 간의 교배는 연구자들 사이의 자유로운 대화와 교류가 있을 때 가능해진다. 그러므로 융합연구에 자원을 투자하는 것도 중요하지만, 이질적 연구자들의 만남이 자유롭게 일어날 수 있는 인프라에 투자하는 것 또한 그에 못지않게 중요하다. 이질적인 지식의 교배는 연구실 주변 휴게실과 식당 등 인간의 지적 대화가 가능한 곳이라면 어디에서든 가능하기 때문이다.

이질적인 팀이 만들어 낸 엑스텔리전트한 혁신의 예는 무척이나 다양하다. 병원에 가면 가끔씩 MRI라는 기계 속에 들어가 사진을 찍는 경우가 있다. 이 기계는 매우 시끄러운 특유의 소리를 내며, 커다란 기계 원통 속에 꼼짝 않고 누워 있는 동안 인체 내부를 촬영한다. 특히 어린이들은 이 기계 원통 속에 들어가면 시끄러운 소리와 폐쇄공포증에 시달린다. 때문에 끊임없이 달래거나, 심한 경우 전신 마취해야 하는 어려움이 있었다.

디에츠Doug Dietz라는 의료기기 개발자는 아이들이 비교적 편안하게 MRI 사진을 찍을 수 있는 방법을 고민하다가 융합연구팀을 구성했다. 연구진은 어린 아이들, 어린이박물관 직원, 의사, 병원 직원들로 구성되었다. 논의 끝에 이 팀이 낸 아이디어는 MRI 촬영 과정 자체를 어린이 환자가 참여하는 모험으로 만들어 주자는 것이었다.

이들은 MRI를 해적선 모양의 스티커를 붙여 장식했다. 의사가 해적 옷을 입고 아이들에게 나타나 이렇게 말한다. “지금부터

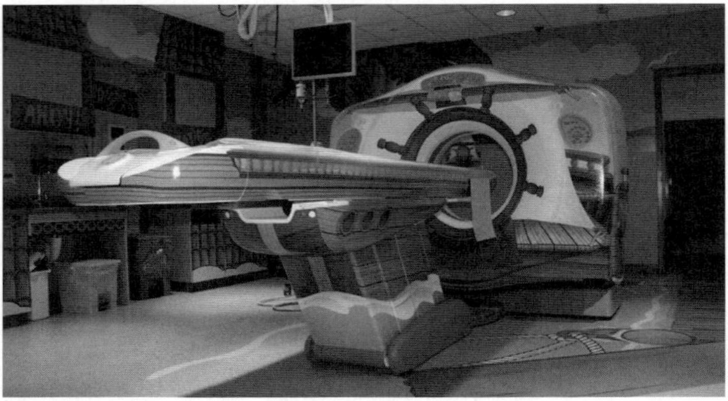

어린이를 위해 해적선으로 꾸민 MRI 기계

해적선을 타고 여행을 할 거야. 중간에 바다를 지나갈 때 우우우 소리가 나면, 꼼짝 말고 가만히 있어야 해! 그래야 적들을 물리치고 무사히 모험을 마칠 수 있단다." 이 이야기를 들은 아이들은 통 속에 누워 있으면서 시끄러운 소리가 나면 자신이 모험을 하고 있다고 상상하면서 공포감을 이겨 냈다. 결과적으로 전신 마취를 해야 하거나 울면서 저항하는 아이들이 줄어들었다고 한다.

간단한 아이디어이지만, 이 사례의 특징은 구성된 팀의 성격에서 드러난다. 아주 친한 소아과 의사들만 모였다면 이런 해결책이 제안되었을 확률은 무척 낮다. 이질적이고, 또 자주 만나지 않는 사람들이 프로젝트 팀으로 만났기 때문에 가능했다. 이처럼 혁신은 이질적인 생각의 네트워킹에서 온다. 특히 강한 휴먼 네트워크보다는 약한 네트워크에서 창의성이 생겨난다.

## 약한 연결에서 창조가 시작된다

창의적인 사람은 머리가 좋다는 통념을 벗어나, 휴먼 네트워크에서 창의성의 기원을 찾는 이론이 있다. 간단한 실험을 함께 해보자. 가장 친한 친구 3명을 머릿속에 떠올려 보라. 그 친구들을 A, B, C라고 부르자. 이들과 친하다면 여러분은 A, B, C의 친구도 대략 알고 있을 것이다. 그들 각각과 친한 친구 3명을 머릿속에 꼽아 보라. 친구의 친구 9명이 생겨날 것이다. 이 글을 읽는 독자는 친구의 친구 9명과도 친구 사이인가? 9명 중에서 몇 퍼센트 정도가 자신과도 친구 사이인가를 추측해 보라. 이 비율이 높은 것이 좋을까, 아니면 낮은 것이 좋을까?

마피아 조직원이라면 이 비율이 거의 100%에 다다를 것이다. 즉, 마피아 네트워크는 친구의 친구가 모두 나하고도 친구인 상황이다. 외판원이 영업하다가 친구를 사귄 경우라면 이 비율은 0에 가까울 것이다. 이 수치는 '군집계수clustering coefficient'라고 불린다. 군집계수가 높을수록 그 집단은 똘똘 뭉친 결속집단이다. 강한 유대감으로 연결된 결속집단에 속해 있으면, 어려운 일을 당했을 때 서로 쉽게 도움을 주고받을 수 있다. 마피아 조직의 경우 집단을 위해 목숨까지도 내놓을 수 있다. 또 친구가 소유한 콘도는 거의 내 것이나 다름없이 빌려 쓸 수 있다. 똘똘 뭉친 향우회나 동창회처럼 서로 끌어 주고 도움을 주고받으면서 집단의 결속은 더욱 강화된다.

이런 집단에서는 일반화된 교환이 자주 발생한다(Ekeh, 1974). 도움 받은 사람이 도움을 준 사람에게 되갚는 2자 교환도 있지만, 일반화된 교환은 A가 B에게 도움을 주면 B는 C에게 도움을 주고, C는 D에게 도움을 주는 등, 결국 돌고 돌아 도움을 준 사람은 결속집단에 속한 누군가로부터 도움을 받게 되는 그런 교환이다. 결혼식 축의금, 혹은 장례식 조의금을 주고받는 관계는 대체로 2자 교환이 아니라 장기간에 걸쳐 일어나는 일반화된 교환이다. 2자 교환이 경제적 교환인 반면 일반화된 교환은 사회적 교환이다. 사회적 규범에 의해 지속되는 일반화된 교환은 집단의 결속력을 높여 준다.

그러나 똘똘 뭉쳐 있는 결속집단에는 큰 단점이 존재한다. 부정부패는 이런 결속집단 안에서 발생하기가 쉽다. 또한 그보다 더 중요한 단점으로, 친한 친구에게는 새로운 정보를 얻기가 어렵다는 정보 결핍의 문제가 존재한다. 친구에게 정보를 주는 사람이나 자신에게 정보를 주는 사람이 같은 사람들이기 때문이다. 따라서 정보전달 측면에서는 똘똘 뭉친 결속집단의 강한 연결보다 느슨한 연결이 더 유리하다. 새로운 정보는 자주 만나는 친한 친구보다는 몇 년 만에 우연히 만난 초등학교 동창생으로부터 더 많이 얻을 수 있다는 이치이다.

마크 그라노베터라는 학자는 사람들이 일자리를 구하는 정보망을 연구하여, '약한 연결의 강함'이라는 유명한 명제를 만들어 냈다(Granovetter, 1995). 그는 보스턴 근교 뉴턴이라는 지역에서 일자리를 옮긴 사람 9만 8천 명을 대상으로 어떤 경로를 통해서 새 일자리에 대한 정보를 얻었는지 조사했다. 그 결과 가장 많은 사람(전체 응답자의 56%)이 일자리를 구하기 전부터 그냥 알고 지내던 사람, 즉 약한 연결을 통해서 일자리에 관한 정보를 얻었다는 사실을 발견했다. 여기에서 '약하다'는 말은 아주 친하지 않기 때문에 '자주 만나지 않는다'는 뜻이다. '약한 연결의 강함'이라는 패러독스는 정보나 아이디어가 "강한 연결보다는 약한 연결을 통해서, 더 많은 사람들에게, 더 멀리 확산된다"(Granovetter, 1973: 1366)는 주장이다. 그렇다고 강한 연결의 강함을 부정하는 것은 결코 아니다(Kanai, 1998: 68).

다시 말해, 약한 연결이 효율적인 경우와 강한 연결이 효율적인 경우가 따로 존재한다는 말이다. 조직이론가 한센(Hansen, 1999)은 기업이 기술을 개발할 때 기업 내 각 부서가 가진 지식과 정보가 어떤 종류의 휴먼 네트워크를 통해 흐르는가를 분석한 결과, 기술혁신과 관련해 두 가지 상반된 이론이 존재한다는 것을 알아냈다. 즉, 부서 간 친밀하고 강한 인간관계가 존재할 때 지식 공유가 가능하다는 제품혁신 이론과, 오히려 약한 관계가 지식의 흐름을 원활하게 한다는 사회연결망 이론이 대립한다.

이런 상반된 예측은 두 이론의 초점이 다른 데에서 기인한다.

지식 공유는 지식의 탐색과 이전이라는 이중성을 띠는데, 약한 연결은 지식의 탐색에 유리하고, 강한 연결은 지식의 이전에 보다 효율적이라는 것이다. 특정한 지식을 조직 내 어느 부서나 사람이 갖고 있는지를 알아내는 데는 약한 연결이, 그에게 다가가 그 지식을 내게 가르쳐 달라고 부탁할 때는 강한 연결이 필요하다는 것이다. 결국 조직 내에서의 혁신은 약한 휴먼 네트워크와 강한 휴먼 네트워크 모두가 필요하다는 말이다.

'약한 연결'이라는 개념은 나중에 버트라는 학자에 의해서 '비중복적 관계'로 바뀐다(Burt, 1992). 비중복적이라는 말의 의미는 〈그림 1-1〉에서 시각적으로 확인할 수 있다. 철수가 속한 네트워크는 서로가 서로의 친구가 되는 결속집단이자 중첩도가 높은 네트워크이다. 반면에 명수의 친구의 친구는 명수와는 친구가 아니다. 따라서 명수가 속한 네트워크는 중첩도가 낮으며 명수가 차지한 네트워크 위치를 구조적 공백이라고 부른다. 예를 들어, 동굴에 모여 사는 사람들은 모두가 모두에게 연결되어 있고, 이런 경우 연결이 중첩되어 있다. 기업에서 자기 부서 사람들하고만 소통하면, 그 부서 내의 네트워크는 중첩된다.

이처럼 똘똘 뭉친 사람들로부터 매일 접하는 정보는 그 소리가 그 소리일 가능성이 높다. 그러나 영업 부서, 생산 부서, 마케팅 부서, 비서실 등 다양한 부서 사람 1명씩을 사귀는 사람은 다양한 정보에 노출된다. 창의적 발상은 중첩도가 높은 철수보다 명

〈그림 1-1〉 구조적 공백

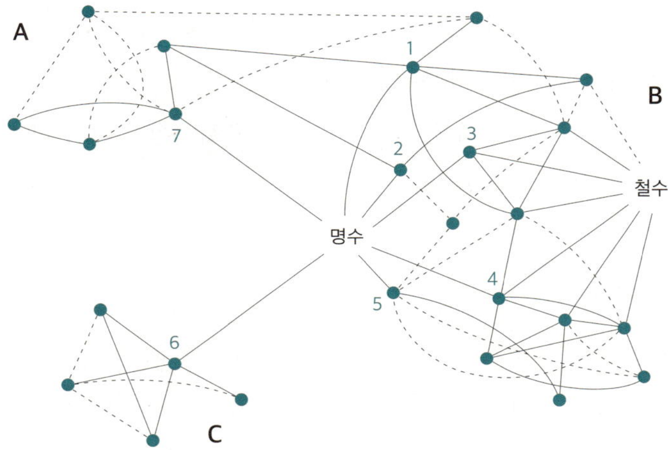


수가 더 잘한다는 것이 조직 연구자들의 일관된 연구결과이다. 이런 사람이 많은 조직이 생산성도 높고, 지식 이전이 잘 일어나며, 혁신적인 아이디어가 잘 나온다(Reagans & McEvilly, 2003). 자신의 네트워크를 분석하여 이질성을 의도적으로 도입해 볼 만하다.

다른 측면에서 바라보면, 중첩도가 높은 네트워크에 속해 있는 철수를 네트워크에서 제거했을 때 망이 붕괴되는 정도는 명수를 제거했을 때보다 훨씬 적다. 누가 더 중요한 존재인가는 한 사람을 제거했을 때 네트워크가 와해되는 정도와 연관되어 있다.

한 개의 연결선을 관리하고 유지하는 데 비용이 든다면 여러분은 철수가 되고 싶은가, 명수가 되고 싶은가? 대부분의 사람들은 "우리가 남이가"라며 똘똘 뭉친 철수 네트워크를 좋아한다. 그렇지만 내가 사라지면 네트워크가 망가지는 경우에 나의 존재 가치는 커진다. 뿐만 아니라, 다양한 정보를 획득하는 차원에서는 명수 네트워크의 장점이 훨씬 크기 때문에 비중첩적인 '약한 연결'을 많이 만들어 관리해야 한다.

유아의 경우에도 친구가 많은 아이들이 더 창의적이라는 고전적 연구가 있다. 아이들에게 블록으로 지은 집을 보여 준 다음, 블록을 나누어 주고 창문과 벽이 있는 자신의 집을 만들어 보라고 한 후 그 집을 허물기를 5번 반복했다. 창의성의 척도는 맨 처음 보여 준 집을 모방하지 않은 정도로 삼았다. 실험 결과, 친구가 많은 아이들이 모방을 덜 하는 것으로 나타났다(Northway, Rooks & Moreno, 1955: 199). 창의적인 아이가 친구를 많이 사귀는지, 아니면 친구를 많이 사귀는 아이가 창의적이 되는지 인과관계가 명확하지 않다는 문제점은 있으나, 50여 년이 지난 최근에 와서 이 연구는 다른 맥락에서 재차 확인되었다.

조직 내에서 빨리 승진하는 여성들은 어떤 사람들인지를 알아본 연구도 비슷한 결론에 도달한다. 일을 잘하는 여성, 게으르지만 총명한 여성, 얼굴이 예쁜 여성, 성격이 쾌활한 여성, 노래를 잘 부르거나 흥을 돋우는 여성 등 여러 가지 승진에 유리한 요인을 추측해 볼 수 있다. 그러나 그 여성이 맺고 있는 네트워크의 특징이 승진을 설명하는 데 가장 강력한 힘을 발휘한다는 것이 연구결과이다. 대부분의 여성들은 주로 여성끼리 네트워킹을 한다. 여성들은 정서적으로 안정감을 주는 관계를 선호하기 때문으로, 휴먼 네트워크를 맺을 때 은밀한 이야기를 하면서 공감하는 여성을 선호한다. 반면에 소수의 여성들은 남성 네트워크에 연결되는데, 이런 여성들이 업무 성과가 좋고 승진도 빠르다고 한다. 조직에서 지위가 높은 남성들로부터 양질의 정보를 접할 수 있기 때문에, 그리고 도움을 줄 수 있는 남성들이 주변에 있기 때문에 이런 여성들이 업무 성과도 좋고, 조직이 필요로 하는 아이디어도 잘 낸다는 것이다(Ibarra, 1992; 1997).

지금까지 언급한 예들에서 알 수 있듯이, 이 책은 인간의 '사이간', 즉 사람 생각의 네트워크에서 창의성이 창발한다는 관점에서 쓰였다. 휴먼 네트워크는 생각의 네트워크이고, 이질적인 생각이 만나고 충돌할 때 새로운 혁신적 아이디어가 생겨난다는 관점인 것이다. 아이디어idea는 '아이eye'(눈)와 '디어dear'(사슴)가 만나듯, 눈과 사슴처럼 이질적인 요소의 결합에 의해서 생겨난다고 말할 수 있다.

새로운 생각이 태어나는 데는 세 가지 중요한 경로가 있다. 기존의 생각이 자신의 영역을 벗어나 전혀 다른 영역에 적용될 때(경계를 넘어 번역될 때), 이질적인 생각들이 섞일 때remix, 또는 이미 알려진 생각이 뒤집어진 관점에서 재구성될 때 생겨난다. 이 책에서는 이미 사람들이 갖고 있던 오래된 아이디어들이 새로운 생각으로 변환되는 경로에 대해서 구체적인 예를 들어 가며 살펴볼 것이다.

PART 2

# 경계 넘어 엮고 섞기

1. 중국 음식점에 가면 짜장면을 먹을까, 짬뽕을 먹을까 하고 누구나 한 번쯤 고민하게 된다. 짜장면을 시키면 짬뽕이 먹고 싶어지고, 짬뽕을 시키면 짜장면이 먹고 싶어지는 사람들을 위해서 그릇 하나에 짬뽕과 짜장면을 나누어 담은 '짬짜면'이라는 새로운 음식 메뉴가 생겨났다.
2. 토마토의 유전자와 물고기의 유전자를 결합하여 병충해에 강한 토마토를 만들어 냈다. 파리와 인간의 유전자를 결합하여 파리 인간을 탄생시킨 공상과학의 상상력이 현실로 드러난 것이다. 유전자 편집기술은 계속 발전하고 있으니, 앞으로 지구상에 없던 변종들이 속속 등장할 것 같다.
3. 결혼식에서 주례사가 진행되는 중간에 신랑·신부의 어린 시절 동영상을 틀어 주고, 주례사가 다시 진행되는 중간에 축가를 부르는 등, 순서가 뒤섞여 진행되는 경우가 종종 있다. 이때 주례나 사회자는 PD가 되고, 결혼식은 한 편의 짧은 오페라처럼 꾸며진다. 교회 예배에서도 이와 비슷한 새로운 형식이 종종 시도된다. 목사님의 설교 중간중간에 신도들의 간증을 담은 동영상을 보여 주다가, 특별 찬송이 섞여 진행되기도 한다. 목사가 마치 PD가 된 듯하다.

4. 공과대학 전기전자공학부 교수로 이과대학 출신의 물리학자가 채용되는 일이 전혀 이상하지 않게 되었다. 메모리 반도체의 회로가 나노 단위로 좁아지자 전자 간 간섭현상이 생겨나고, 이 문제를 해결하기 위해서는 소립자 현상에 대한 물리학 지식이 필요해졌기 때문이라고 한다.

이러한 사례들에는 공통점이 있다. 새로움은 있던 것들이 새롭게 조합되어 생긴다는 것이다.

> 지금 있는 것은 언젠가 있었던 것이요 지금 생긴 일은 언젠가 있었던 일이라. 하늘 아래 새것이 있을 리 없다. '보아라, 여기 새로운 것이 있구나!' 하더라도 믿지 말라. 그런 일은 우리가 나기 오래전에 이미 있었던 일이다. —〈전도서〉 1: 9~10, 《공동번역성서》

하늘 아래 새것이 없다는 《성경》 구절은 역설적이다. 매일 새것이 계속 만들어지는데 새것이 없다니 무슨 궤변인가? 새것도 따지고 보면 모두 있던 것들의 새로운 조합에 불과하다는 《성경》 구절은 이 책의 중요한 소재를 제공한다. 공자의 "온고이지신溫故而知新"이라는 경구 역시 이 구절과 너무도 닮았다. 옛것을 익혀서 새로운 앎과 지식을 만들고, 오랜 경험을 통해서 옛것을 새것으로 만들어 간다는 뜻 아닌가.

그런데 《성경》과 공자 말씀을 창의성과 연관지어 해석할 수는 없을까? 새것은 무에서 유를 창조하는 것이 아니라 있던 것들을 조합했을 때 생겨난다는 말은 새것을 만들기 위해서 머리를 쥐어 짜내야 하는 사람들에게 위안이 된다. 완전히 새로운 것을 만들어 내는 것보다는 있던 것들을 변형하는 것이 훨씬 쉬워 보이기 때문이다. 창의적인 것은 있던 것들을 새롭게 섞는remix 것이다.

"거인의 어깨 위에 올라선 난쟁이는 거인보다 멀리 본다"라는 말은 물리학자 뉴턴이 인용해서 유명해졌다. 뉴턴은 당대 최고의 발견인 만유인력 법칙이 그에 앞섰던 케플러나 갈릴레오와 같은 위대한 과학자들의 관찰 자료와 이론적 업적에 의존하여 이루어진 것이라고 고백한 것이다. 옛것 없이는 새것이 나올 수 없다는 천재 물리학자의 통찰이다.

## 경계 넘기

이 책은 위대한 이론이나 새로운 생각을 만들어 낸 뉴턴의 창의성도 이미 존재하던 지식을 새롭게 연결시킴으로써 가능했다는 "지식 네트워크 이론"을 배경으로 한다(Ogle, 2007). 어떤 예술가, 이론가 또는 과학자도 해당 영역에서 누적된 지식이나 경험에 의존하지 않을 수 없다. 어떤 기술적 혁신도 과거의 혁신이라는 토대

없이 나오는 것은 없다. 또한 새로운 지식과 혁신은 이질적인 지식이 연결되고 상호작용하면서 생겨난다(Fischer, 2005). 이것은 일종의 지식교배 이론으로, 새로운 지식의 생성이란 한 지식이 다른 지식과 교배하여 새로운 자식을 잉태하는 과정과 같다는 뜻이다. '연결 지능connected intelligence'이란 말이 함축하듯이 같은 영역 내에서의 연결보다는 서로 다른 영역 사이의, 즉 경계를 넘는 연결일수록 훨씬 더 창의적이다.

이 말을 다르게 보면 경계란 생각을 가두는 감옥이라는 사실이 드러난다. 무의식적으로 떠오르는 '습관적인 생각'들은 언제나 경계 안에 머문다. '틀을 벗어난 생각'이 창의적이라는 사실을 알더라도, 우리는 본능적으로 틀 안에서 생각하는 경향이 있다. 법이 허용하는 테두리 안에서, 도덕과 윤리의 틀 안에서, 그리고 남들이 어떻게 생각할지를 걱정하는 경계 안에서, 혹은 기존에 배운 지식이나 경험의 경계 안에서 생각한다. 그렇게 하는 것이 편하고, 골치 아픈 것을 피하면서 두뇌의 에너지 소모를 줄여 주기 때문이다. 그러나 혁신적 사고가 요구되는 상황이라면 생각을 가두는 감옥의 경계를 벗어나야 한다.

혁신적인 휴대전화를 살펴보라. 엄청나게 많은 기술들이 결합된 것을 볼 수 있을 것이다. 아마 휴대전화를 만드는 전체 과정과 방법을 아는 사람은 지구상에 단 한 사람도 없을 것이다. 전화기의 외장 플라스틱 케이스를 만들려면 유정에서 기름을 추출하고

정제하고 화학적으로 가공해야 하는데, 무선통신의 핵심 기술을 이해하는 전자공학자는 플라스틱을 만드는 과정을 모르기 쉽다. OLED 화면을 만드는 방법을 아는 사람은 안테나 기술과 카메라 기술은 모르기 십상이다. 즉, 첨단 휴대전화는 수많은 이질적 지식과 기술이 자신이 속한 영역을 벗어나 결합한 혁신적 결과물이다. 휴대전화는 일종의 거대한 기술 생태계를 이룬 것이다.

기술혁신 사례들은 대부분 전통적 경계를 넘어 이질적 요소들이 연결되는, 이른바 '경계 넘기'를 기초로 한다. 창의성에 관한 책의 서두에서 경계 넘기에 대한 이야기를 시작하는 것이 이상해 보일 수 있다. 그러나 이 책에서 나의 핵심 주장은 '창의성이란 경계 넘기에서 시작된다'는 것이다. 서로 다른 요소들이 자신의 울타리를 넘어 전혀 다른 이질적 요소를 만나 결합되면 그 자체가 바로 새로운 혁신의 탄생이다. 앞에서 예로 든 짬뽕과 짜장면이 만난 '짬짜면'이라는 메뉴가 혁신이듯이.

주변에서 쉽게 발견할 수 있는 경계 넘기의 사례를 들어 보자. 노래방에 놀러 간 사람들이 두 팀으로 나뉘어 노래방 기계 점수로 승자를 결정하는 시합을 하던 중, 누군가 새로운 게임을 제안했다. '비'와 관련 있는 제목을 가진 노래를 골라서 두 팀이 번갈아 가며 1절만 부르고, 더 이상 노래를 못 찾는 팀이 노래방 비용을 계산하자는 제안이었다. 모두 좋다고 박수치고 시합에 돌입했다. 비와 관련된 노래는 놀라울 정도로 많았다. 〈겨울비〉, 〈비오는 날의 수채화〉로부터 시작해서 〈비처럼 음악처럼〉이라는 곡을 거쳐, 1940년대 말에 유행했던 〈비 내리는 고모령〉에 이르자 노래가 서서히 바닥나기 시작했고, 노래책을 뒤적이는 시간은 점차 길어졌다. 제한시간을 넘겨 마침내 승부가 결정되는 듯한 마지막 순간, 한 친구가 다급하게 비틀스의 〈렛 잇 '비'*Let it be*〉를 부르기 시작했다. 발상의 전환이었다. 제목에 분명 '비'가 들어 있으니 딱히 잘못된 것은 아니었다. 옥신각신 끝에 두 팀 모두 인정하기로 했다. 한글 노래에서 영어 노래로 경계를 넘자마자 수많은 노래가 쏟아졌다. 〈'비'유티풀*Beautiful*〉, 〈'비'스트*Beast*〉, 〈'비'코즈*Because*〉 등 '비'라는 발음이 포함된 팝송이 속속 등장했다. 경계 넘기가 바로 혁신이었던 것이다.

노래책에서 한글로 비와 관련된 새로운 노래를 찾는 시간이 오래 걸린 것은 한 영역 안에서 한계생산성이 낮아졌다는 뜻이다. 영어 노래로 넘어가자마자 새 곡목을 쉽게 찾게 된 것은 한계생산성이 갑자기 높아진 것을 의미한다. 학문에도 같은 현상이 존재한다. 이미 연구가 오랜 기간 누적된 전통적인 학문분야에서 새로운 지식을 발견하기 위해서는 이전보다 더 많은 연구비와 인력과 시간이 투입되어야 한다. 과학적 지식의 발견에서 한계생산성이 낮아지는 추세에 접어든 것이다. 그러나 한 연구자가 다른 학문분야와 연결되면, 즉 이전에는 존재하지 않았던 분야에서 융합 연구가 시작되면 생산성은 갑자기 높아진다. 이것이 융합 연구가 활성화되는 이유이다. 사회학과 물리학이 만나고, 의학이 공학을, 음악학이 경제학을 만나는 이유인 것이다.

〈폴드잇Foldit〉이라는 게임은 생명과학의 단백질 구조 연구에 커다란 기여를 하고 있다. 각기 다른 종류의 단백질들이 몸 안에서 어떻게 결합되는지는 알아내는 일은 단백질 자체가 입체로 꼬여 있기 때문에 매우 어려운 일이라고 한다. 3차원 형태가 어떻게 결합되어 있는지를 이해하는 것은 아직까지는 인간이 컴퓨터보다 잘하는 영역이라는 점에 착안해 워싱턴대의 생물학자들은 같은 대학의 컴퓨터과학자들과 협력하여 게임을 개발했다. 마치 레고 블록을 쌓듯이, 배배 꼬인 단백질을 포개고 결합시켜 복합 단백질을 만들어 가는 과정을 게임으로 만든 것이다. 그 결과 에이즈를 일으키는 단백질 구조를 3주 만에 찾아냈다. 이 과정에 대해 논문을 작성한 주저자들은 30만 명의 〈폴드잇〉 게임 플레이어를 공동저자로 등재했다. 수많은 청소년들이 즐기는 게임이 인간의 질병을 치료하는 과학적 지식을 찾는 방법으로 사용된 것이다(Khatib, DiMaio et al., 2011).

회사에서도 경계 넘기를 활용하기 시작했다. 개인별로 고정된 자리를 없애고 매일 새 자리를 배정해 주는 직장이 늘어나고 있다. 옆에 앉는 사람이 매일 바뀌면 새로운 사람과 새로운 내용의 대화와 정보공유가 가능해지고, 이것이 기업 혁신의 바람을 일으키기 때문이다. 어느 조직에서나 각 부서의 장은 대개 그 분야에서 오랫동안 경험을 축적한 전문가로 채워져 있다. 이들은 대체로 자신이 자기 부서의 일을 제일 잘 알고 있다는 자신감에 가득 차 있다. 타성에서 벗어난 혁신적인 조직문화를 만들기 위해서 어느 대기업은 임원의 80%를 그들의 전공 분야가 아닌 부서로 이동시켰다. 그러자 임원들은 아집에서 벗어나 늦은 나이에 새 분야에 대해서 공부를 시작했고, 그 결과 부서 사이에는 새로운 아이디어들이 돌아다니기 시작했다고 한다. 전문가들의 부서 간 경계 넘기가 혁신으로 이어진 사례이다.

지구의 어느 위치에서 출발해도 북쪽을 향해 계속 가면 북극에 도달한다. 그런데 북극에 도달한 다음의 북쪽은 어느 쪽인가? 나침반은 어느 방향을 가리킬까? 이처럼 한 경계 안에서 일상적이었던 상식도 경계에 도달하면 더 이상 통하지 않는다. 극지방에서는 시간에 대한 상식도 깨진다. 태양이 지구를 한 바퀴 도는 데는 24시간이 걸린다. 즉, 태양은 한 시간에 경도 15도에 해당하는 거리를 움직인다(360도 / 24시간 = 15도). 이에 따라 각 나라의 표준시는 대체로 경도가 15도 다르면 1시간 차이가 생기도록 정해졌다. 그런데 이 지리적 시간대는 북극이나 남극으로 가면 의미가 없어진다. 적도 근처에서 경도 15도 차이는 제법 먼 거리이지만 극지방에서 경도 15도는 매우 촘촘하다. 어차피 극지방에는 밤에도 해가 떠 있는 백야가 있으니 경도는 해의 위치와 별로 관계가 없다. 그렇기 때문에 남극과 북극 근처 시간대의 간격은 규칙성이 없이 삐뚤빼뚤 제멋대로 나뉘어 있다.

상식은 경계 안쪽에 적용되는 규칙성일 뿐임을 알 수 있다. 일상적인 상식을 벗어나려면 경계를 벗어나야 하는 이유이기도 하다. 상식을 벗어나기 때문에 경계 밖에 대한 질문은 우리를 당혹하게 한다. 북극에서 북쪽이 어느 쪽인지 모르듯, 시간과 공간이 만들어졌다고 믿어지는 빅뱅 이전의 시간은 무엇인가? 우주 창조 이전의 시간은 어떻게 존재하는가, 혹은 우주라는 경계 밖에는 무엇이 있는가? 이러한 질문들은 일상적 삶의 경계를 벗어나 기존의 생각과는 전혀 다른 자유분방한 상상의 세계로 우리를 인도한다.

우리가 소설가나 시인의 창의성에 찬탄하는 것도 그들이 대부분의 사람들이 넘지 못하는 경계를 자유분방하게 넘나들기 때문이다. 문학에서는 은유가 경계 넘기에 해당한다. 박목월 시인의 〈나그네〉라는 시에는 "구름에 달 가듯이 가는 나그네'라는 아름답고 서정적인 표현이 나온다. 시인은 나그네가 정처 없이 조용히 떠도는 모습을 밤하늘에 고요히 흐르는 구름의 이미지에 빗댔다. 참으로 멋진 시상이다. 《로미오와 줄리엣》에서 윌리엄 셰익스피어는 "줄리엣은 태양이다"라고 압축적으로 표현했다. 길게 풀어서 그녀의 강렬한 아름다움을 자세히 묘사할 수 있었겠지만, 한 여인을 이글거리는 태양과 등치하면서 빛의 이미지와 연결했다. 〈요한복음〉에서 유대인들이 세례 요한에게 "당신은 누구냐?"

라고 묻자, 요한은 "나는 광야에서 외치는 소리"라고 답했다. '나 = 소리'라는 등식은 신의 메시지를 전달하는 사람이라는 정체성을 강력하게 부각한다.

대중가요에서도 이러한 은유는 쉽게 찾을 수 있다. 가령 〈남자는 배, 여자는 항구〉라는 노래도 남녀의 차이점을 바다를 떠다니는 배와 정박지로서의 항구에 비유함으로써, 듣는 사람의 상상력을 자극한다. 이처럼 한 영역 안에 속한 현상을 다른 영역에 비유하는 은유나 직유는 경계 넘기를 활용한 창의적인 표현방식이다. 멋진 은유적 표현은, 양질의 고기를 씹을수록 육즙이 나오듯이, 곱씹어 볼수록 상상의 나래를 펼치도록 해준다. 비단 시뿐만 아니라, 어떤 분야에서든 한 영역의 아이디어가 다른 영역으로 넘어가면 혁신이 될 수 있다.

## 번역의 창의성

2020년 영화 〈기생충〉이 4개 분야에서 아카데미상을 받았을 때, 봉준호 감독의 수상소감과 수많은 인터뷰를 통역한 샤론 최라는 분이 전 세계 언론의 주목을 받았다. 그녀는 영어로 표현하기 어려운 말도 즉흥적으로 완벽하게 번역해 내서 봉 감독의 유머와 부드러운 성품을 드러내는 데에 큰 도움을 줬다. 번역은 언어 사이의 경계 넘기이며 창의적 과정이다.

언어의 번역과 마찬가지로, 한 영역에서 성공한 창의적 발상을 전혀 다른 영역에 번역하여 적용해 보면, 이것이 또 다른 창의적 생각을 낳는다(Nalebuff & Ayres, 2003). 유추가 겉으로 드러난 공통점을 찾아 두 영역을 연결하는 것이라면, 번역은 적극적인 해석을 통해서 다른 영역으로 옮겨 놓는 것이다. 같은 손 모양의 그림자가 조명 각도에 따라서 전혀 다른 형상을 만들어 내듯이, 번역은 변형의 과정이다. 다르게 표현하면, 한 아이디어 스페이스에서의 개념이 다른 아이디어 스페이스로 넘어가면서 새로운 창의성이 만들어지는 것이다.

예를 들어 보자. 하이패스 시스템은 고속도로를 달리던 차가 정차할 필요 없이 요금을 자동으로 지불하도록 해 교통 혼잡과 에너지 소비를 줄이는 기술이다. 이 기술을 지하철 교통카드로 '번역'하면, 지갑을 꺼낼 필요 없이 편리하게 지나다닐 수 있을지도 모른다. 능동형 무선인식Active RFID 기술이기 때문에 배터리가 필요하겠지만, 휴대전화 안에 들어오면 문제가 없을 것으로 보인다. 뒷사람에게 요금이 결제되지 않도록 일정 거리를 유지해야 할지 모르지만.

번역의 예는 도처에 널려 있다. 누구나 아침에 조금 더 자려고 알람시계의 시끄러운 소리를 죽여 본 경험이 있을 것이다. 이런 사람들을 위해서 대부분의 알람시계에는 5분 후에 경보음을 다시

울리도록 하는 스누즈snooze 기능이 있다. 이 기능은 수면 시간을 조금 더 늘려 주는 데는 성공했지만 정시 출근에는 독이 된다. 자주 지각하는 사람들을 위해서 도망치는 알람시계가 고안되었다(Thaler & Sunstein, 2008). 바퀴 달린 알람시계가 방바닥에서 돌아다니면서 경보음을 내는 것이다. 이 알람시계는 결코 같은 자리에 머물지 않기 때문에 알람을 끄려면 침상에서 일어나 시계를 붙잡아야 한다. 시계를 쫓아다니다 보면 잠은 이미 저 멀리 달아나 있을 것이다.

도망치는 알람시계는 '의지가 약한 사람'을 위해서 발명된 기발한 발상이다. 사실 이 세상은 '작심삼일'이라는 말이 시사하듯, 의지가 약한 사람들로 가득 차 있다. 물어보지도 않았는데 자신은 담배를 끊었다고 미리 말하는 사람들이 그 증거이다. 그들은 혹시 담배를 다시 피우게 될지 모르는 유혹에서 벗어나기 위해서 미리 친구 앞에서 선언하는 것이다. 유혹의 바다를 건너는 오디세우스가 요정 세이렌의 노랫소리를 듣고 바다에 뛰어들지 않기 위해서 자신을 미리 돛대에 묶어 둔 행위와 마찬가지이다(Elster, 1984). 유혹에 빠지지 않을 자신이 있다면, 스스로를 묶어 둘 이유는 없을 것이다. 오디세우스의 이야기는 대부분의 인간은 나약한 의지 때문에 유혹을 떨쳐 버리지 못할 것이라는 사실을 잘 보여 준다.

도망치는 알람시계의 발상을 다른 곳에 번역하여 적용할 수는 없을까? 잠시만 생각해도 재미있는 상상이 머릿속을 마구 스쳐 간다. 사업화 가능성 여부를 떠나서, 몇 가지 엉뚱한 생각을 나열해 보자. 손님이 스스로에게 약속한 시간이 지나야만 밖으로 나갈 수 있는 유료 독서실을 사업화하면 어떨까? 입장 시에 만 원씩 받고, 스스로 약속한 시간까지 밖으로 나가지 않은 사람들에게는 퇴실할 때 80%인 8천 원을 돌려주고, 약속을 못 지킨 사람에게는 돌려주지 않는다. 유혹에 일찍 뛰쳐나올 가능성이 농후한, 의지가 약한 사람은 이런 독서실을 이용하고 싶어 하지 않을까? 또 헤어지고 싶은 애인이 있지만 차마 말 못 하고 차일피일 미루고 있는 사람에게 헤어지자는 내용의 이메일을 한 달 후 어느 날 자동으로 발송해 주는 서비스는 어떨까? 예약된 발송을 취소하려는 사람에게만 요금을 받는 메일 서비스이다.

금연에 계속 실패한 사람들이 금연운동단체와 내기를 하면 어떨까? 금연단체에 미리 돈을 내고, 자신이 정한 기간 내에 금연에 성공하면 80%를 돌려받고, 실패하면 전액을 금연단체에 기부한다. 성공했을 때 기탁금의 20%를 금연단체에 내는 이유는 금연을 도와준 데에 대한 고마움의 표시이다. 성공해도 기분 좋고 실패해도 공익을 위해 좋은 일을 하는 셈이 된다. 물론 개인으로서는 건강해지고 돈도 돌려받으며 성취감도 얻으니 혼자서 금연하려고 노력하는 것보다 효과가 클 것이 확실하다. 여러 사람이 지켜보는 가운데 금연하려고 노력할수록 성공할 가능성은 높아질 것이다.

이런 번역 리스트를 작성하는 데에 독자 여러분도 참여해 보기 바란다. 떠오른 생각이 사업적으로 성공할지 여부는 다른 차원의 이야기이지만, 한 영역에서 성공한 아이디어를 다른 영역에 적용해 보려는 시도 자체가 새로운 발상의 기폭제로 작용하는 것만큼은 틀림없다. 율리시즈의 신화에 드러난 인간의 본질적 성격으로부터 착상된 도망치는 알람시계의 논리를 다른 영역으로 번역하면 그 자체가 창의성인 것이다. 자신은 창의적이지 않다고 스스로 낙인찍은 사람들을 변화시킬 수 있는 번역 훈련이다.

번역의 예는 무궁무진하다. 항공사는 비싼 비즈니스석 티켓을 끊은 고객을 위해 특별 서비스를 제공한다. 예를 들면, 비행기를 탈 때 다른 사람들과 구별되게 짧은 줄에 서서 체크인하도록 한다. 이러한 급행 서비스를 슈퍼마켓에 확대 적용할 수는 없을까? 슈퍼마켓에서는 사려는 물건 숫자가 적은 사람들에게 급행 줄을 제공한다. 이러한 급행 서비스를 공공기관이나 민간기업에서 헌혈을 많이 한 사람들이나 장기기증을 약속한 사람들에게 제공한다면 더욱 선한 사회가 되지 않을까? 또한 AI를 활용해 소셜 미디어에서 악플은 달지 않고 선플만 다는 사람을 찾아 특별한 서비스를 제공한다면 좋은 사회적 결과를 내지 않을까?

와일더 펜필드Wilder Penfield 박사는 간질을 유발하는 뇌 부위를 수술하는 방법을 고안한 유명한 의사이다. 그는 수술하기 전에

<〈그림 2-1〉 펜필드 박사의 뇌 지도, 호문쿨루스

뇌에 전기 자극을 주고 환자의 반응을 살펴보았다고 한다. 그래야 간질 유발 부위를 정확히 짚어 내 수술 부작용을 최소화할 수 있었기 때문이다. 많은 환자를 치료하면서 뇌 부위와 인체 기관 사이의 관련성을 알게 되자 그는 이에 근거해서 뇌를 번역한 인체 그림(〈그림 2-1〉)을 그렸다.

호문쿨루스Homunculus라고 불리는 이 그림에서 손이 비정상적으로 크게 표현된 것은 손을 제어하는 뇌 부위가 그만큼 크다는 것을 의미한다. 뇌 신경을 해당 인체의 크기로 번역하여 시각적으로 전달한 기발한 표현 방식이다. 도구 만들기, 젓가락질, 바느질 등 손의 움직임을 관장하는 뇌가 이렇게 크다는 말은 인체에서 손의 기능이 그만큼 중요하다는 것을 의미하기도 한다. 발과 연결된 뇌 부분은 손에 비하면 극히 미미하며, 얼굴을 관장하는 뇌 신경도 상대적으로 크다는 것을 알 수 있다. 이와 비슷한 표현 방식이 여러 분야로 확대되어 인구수에 따라서 혹은 인터넷 사용자 수에 따라 국가의 크기를 표현한 세계지도 등이 생겨났다.

뇌 안의 뉴럴 네트워크의 경계 넘기도 창의성과 관련 있다. 서로 다른 기능을 수행하는 뇌 영역들이 뉴럴 네트워크로 더 조밀하게 얽혀 있는 사람이 창의적이라는 연구도 있다. 숫자를 담당하는 뇌 영역과 색을 처리하는 뇌 영역이 서로 얽혀 있어서, 숫자를 보면 각 숫자에 대응하는 색깔이 떠오르는 사람이 있다. 또는 특정한 맛을 보면 각기 다른 형체가 머릿속에 떠오르는 사람들도 있다고 한다.

공감각synesthesia이라고 불리는 이 현상은 보통 사람들과는 달리 숫자를 인지하는 뇌 영역과 색을 인지하는 영역이 연결되어 있거나, 맛의 영역과 형체를 인지하는 영역이 연결된 것이다. 그런데 이런 사람들은 창작하는 직업에 종사하는 비율이 보통 사람들보다 무려 8배나 높다고 한다. 뇌 안에서 영역 간 뉴럴 네트워크 생성 여부가 창의성과 직결된다는 것이다.

다른 분야 전문가들이 경계를 넘어 상호작용하면서 창의성이 발현되는 경우도 빈번하다. 미국에서 IT 관련 특허를 가장 많이 보유한 인텔렉추얼 벤처스Intellectual Ventures라는 기술개발 회사는 발명가들의 특허를 사들이기도 하지만, 발명 세션invention session이라는 독특한 과정을 통해 특허를 직접 만들기도 한다. 각기 다른 학문적 배경을 가진 대략 8명 정도의 전문가들이 모여 발명을 위한 브레인스토밍을 하는데, 모임을 갖기만 하면 하루에 수십 개의 특허 발명품이 쏟아져 나온다고 한다(Gladwell, 2008). 발명 세션을 위한 모임은 과학자뿐만 아니라 마이크로소프트의 빌 게이츠와 같은 사업가 등 매우 이질적인 사람들로 구성된다.• 이들의 창조 활동은 경계 넘기와 네트워킹에 근거한다.

《티핑 포인트》, 《아웃라이어》 등의 베스트셀러를 쓴 말콤 글래드웰Malcolm Gladwell은 인텔렉추얼 벤처스를 취재한 후 다음과 같은 재미있는 발명 사례를 소개했다. 한 의사의 질문으로 발명 세션이 시작되었다. "암이 다른 부위에 전이되기 전에 피가 몸을 몇 바퀴나 돌 것 같나요?" 모두 모르겠다는 표정을 짓고 있는데 "수천 번쯤 되나?"라고 한 물리학자가 추측했다. 의사가 대답한다. "아닙니다. 암세포가 다른 곳에 착상하기 전에 피는 몸을 100만 바퀴나 돕니다." 우리 몸 안에는 5리터의 피가 있으며, 심장이 한 번 뛸 때마다 0.1리터의 피가 분출된다. 심장이 50번만 뛰면 몸 안의 모든 피를 한 바퀴 돌릴 수 있으므로, 피가 몸을 한 바퀴 도는 데 채 1분이 안 걸린다는 이야기이다. 성인 맥박이 분당 60~100회 뛰니 당연하다. 또한 그는 암세포가 전이되기 전에 1년 동안 핏속을 떠돌아다니기도 한다고 덧붙였다. 그리고 손톱 마디

---

• https://www.newyorker.com/magazine/2008/05/12/in-the-air

만 한 핏속에 한 개의 암세포가 들어 있을 정도로 암 환자의 몸에 암세포가 많이 떠돈다는 사실을 전했다. 그 의사는 암 세포가 전이되기까지 돌아다니면서 하는 일이 거의 없으며, 암세포의 아주 일부만이 치명적인 역할을 한다고 이야기했다(Gladwell, 2008).

이런 배경지식을 들은 후 다른 분야의 전문가들 사이에서 논의가 시작되었다. 한 물리학자는 혈관 안에 아주 작은 미세 필터를 설치하자는 아이디어를 제시했다. 그는 이미 눈에 보이지 않을 정도로 작은 입자를 식별하고 걸러 내는 필터에 관한 기술 특허를 갖고 있었다. 물리학자의 나노 필터에 대한 지식이 의사의 암에 대한 지식과 만나 새로운 발명 아이디어가 탄생한 것이다. 지금은 폐암 세포 필터가 개발되어 폐암을 발견하는 데 사용되고 있다고 한다(Freidin, Tay et al., 2014).

이 사례처럼 의사들은 현장에서 의술에 관한 엄청나게 많은 문제들을 맞닥뜨린다. 그들은 해답이 이미 어디엔가 존재해도 그것을 모른다. 또한 물리학자들은 이미 여러 종류의 해답을 갖고 있는데, 그 해답이 쓰일 수 있는 문제가 무엇인지 또는 어디에 쓰일 수 있는지 모른다. 이 두 영역이 서로 경계를 넘어 만나면 위 사례처럼 새로운 아이디어와 해결책을 도출할 수 있는 것이다.

이러한 사례는 새로운 혁신이란 기존의 문화와 문명 그리고 과학에 누적된 아이디어들이 서로 상호작용하면서 창조된다는 사실의 살아 있는 증거이다. 이른바 '스마트 월드' 덕분에 끊임없이 새로운 것이 생겨난다(Ogle, 2007). 우리를 둘러싼 세상은 엄청난 지식과 기술, 지혜 그리고 아이디어가 코드화되어 있는 스마트한 세상이다. 창조란 무에서 유를 만들어 내는 것이기보다는, 스마트 월드에 존재하는 기존의 아이디어들을 섞고, 뒤집고, 엮으면서 새로운 것을 만드는 과정이다.

맨발로 다니던 석기시대 사람들과 나이키 운동화를 신고 뛰는 현대인을 비교해 보라. 충격을 흡수하는 에어쿠션, 운동화 바닥의 마찰력에 관한 지식, 가벼운 고무와 재질, 발의 충격을 줄여주기 위해서 몸무게를 분산시키는 디자인, 매기 쉽도록 만든 신발 끈 등 오늘날의 운동화에는 수많은 창의적 아이디어들이 누적되어 있다. 이러한 아이디어들은 왜 운동화라는 경계 안에 갇혀야 하는가? 경계 밖으로 끄집어내어 다른 영역에 적용하는 것이 혁신일 수 있다. 단추를 돌려서 신발 끈을 조이는 장치를 모자에 적용하면 바람에 날아가지 않는 모자를 만들 수 있을 것이다.

소셜 네트워크 연구자로서 내가 이 책에서 택하는 관점은 창의성이란 이미 존재하던 아이디어들이 다른 아이디어들과 네트워킹하면서, 복잡계에서와 같은 창발을 일으킨 결과라는 것이다. 만유인력의 법칙은 아이작 뉴턴이라는 한 위대한 물리학자의 머릿속으로부터 나온 것이 아니라, 당시 누적된 지식과 관찰 자료들이 그의 머릿속에서 엮인 결과이다. 케플러의 천체관측 자료,

캠브리지대 도서관 자료, 주변의 지식인들이 없었으면 뉴턴의 이론은 나올 수 없었을 것이다. 이런 네트워킹이 바로 경계 넘는 연결성이다.

문화도 창의적인 아이디어들의 보고이다. 도자기 만드는 장인이 가진 지식과 숙련은 오랜 역사 속에서 성숙되어 온 것이다. 도자기 장인의 디자인 지식이 현대 건축공학과 상호작용하면서 건축물의 아름다운 곡선을 만들어 낸 것도 아이디어 스페이스가 경계를 넘어서 연결된 예이다. 배를 만드는 기술과 아이디어가 건축물에 적용되었을 때 생겨난 것이 옛 동대문운동장 자리에 세워진 동대문디자인플라자DDP 건물의 곡선이다.

뒤집기도 경계 넘기에 의해서 생긴다. 선과 악을 표현한 눈금자를 개념적으로 상상해 보자. 이 눈금자의 가장 왼쪽에 악이, 가장 오른쪽에 선이 위치하고 중간에 회색지대가 있다. 발상의 전환을 통해서 선이 악으로, 악이 선으로 자리 바꾸는 뒤집기도 경계 넘기이다. 지킬 박사가 어둠을 타고 하이드로 변신하는 것도, 남의 물건을 빼앗는 도둑이 의적義賊으로 탈바꿈하고, 세계지도를 뒤집어 호주가 위로, 대한민국이 아래로 내려가는 뒤집기도 경계 넘기의 일종이다.

밸런타인 데이는 여성이 사랑하는 남자에게 초콜릿을 선물하는 날이다. 이날을 성性을 중심으로 뒤집으면, 남성이 여성에게 선물하는 화이트 데이가 생긴다. 다른 식으로 뒤집으면 애인이 없는 사람들을 위한 날, 즉 평소에 좋아했지만 사랑을 고백하지 못한 사람들을 위한 날도 생겨난다. 이날에는 평소에는 용기가 없어서 말 못 하던 사람이 자신이 좋아하는 사람에게 마음을 표현한다. 이날을 한 번 더 뒤집으면, 다른 사람과 이미 짝지어져 있는, 즉 애인이 있는 사람에게 사랑을 고백하는 날이 생길 수도 있다. 아직 이런 날은 없지만, 언젠가 혼자 애태우면서 짝사랑하는, 애인 있는 사람에게 사랑을 고백하는 날이 생길지 모른다. 나는 이날을 '쿠데타 데이'라고 이름 짓고 싶다. 1979년 12월 대한민국 밤의 쿠데타, 즉 12·12 사태를 빗대어 12월 12일을 그날로 정하면 어떨까? 대학생들에게 이런 날이 필요한지에 대해 토론해 보라고 하면, 열띤 찬반 논쟁이 벌어진다. 그 의미야 어떻든, 또는 이런 고백이 성공할지 여부를 떠나서, 이 예는 단지 뒤집기라는 상상이 새로운 개념을 만들어 낼 수 있다는 점을 보여주는 사례일 뿐이다.

경계 넘기는 거의 모든 영역에서 빈번하게 발생한다. 불과 20년 전까지만 해도 시간적·공간적으로 완벽하게 분리되어 있던 공부와 놀이의 경계도 무너져 상호 침투한다. 과거에는 공부하려면 놀기를 희생해야 했지만 지금은 놀면서 공부하는 '에듀테인먼트edutainment'라는 경계 넘기가 자리 잡았다. 영어 단어를 맞춰야 징검다리를 건널 수 있고, 문제를 풀어야 동굴의 문을 열 수 있는 어드벤처 게임은 놀이인가, 공부인가? 컴퓨터의 창 하나에는 음악을, 다른 창에는 메신저를, 다른 창에는 게임을, 또 다른 창에는 읽을 책을 띄워 놓는다. 창을 분주히 돌아다니면서 공부와 놀이를 함께 수행하는 것이 젊은이들에게는 일상적인 일이 되었다. 기성세대의 눈에는 이러면서 공부가 될지 의심스러워 보이겠지만, 젊은이들은 평균 7개의 창을 건너다니며 놀면서 공부하는 것이 일상이 되었다.

마찬가지로 일과 놀이의 경계도 무너지고 있다. 미국의 대규모 전자제품 체인스토어 베스트바이의 자회사인 긱스쿼드Geek Squad(괴짜 군단)는 전자제품 소비자들이 겪는 문제를 해결해 주는 기업이다(Tapscott & Williams, 2007). 짧은 시간에 번성한 이 회사의 성공 비결은 직원들이 '일과 놀이'를 결합해서 만들어 내는 창조적인 협동에 있다. 직원들은 딱정벌레차를 타고 다니고, 온라인 멀티플레이어 게임을 즐기면서 해결하지 못한 문제에 대해 서로 묻고 답하는 등, 유연하면서도 즉각적인 업무 협조를 한다. 즉, 이 회사의 직원들은 일과 놀이의 시간적·공간적 경계를 자유롭게 넘나들면서 창의적으로 소비자들의 기술적 문제를 해결해 주었던 것이다.

창의성은 자유로운 분위기에서 생겨난다는 점을 활용하여 구글은 회사 사무실을 어린이 놀이터처럼 꾸며 놓았다. 사무실 안에 텐트를 치게 하거나, 미끄럼틀, 장난감 등을 설치해 놓은 것이다. 구글은 일터에 놀이공간을 만들어 주었을 뿐만 아니라, 일하는 시간 중 노는 시간을 강제로 만들어 놓았다. 즉, 그것이 무엇이든 근무시간의 20%를 자기가 하고 싶은 일에 할애하라고 한다는 것이다. 구글이 생산하는 부가가치의 50% 이상이 바로 이 즐기는 자신만의 시간에서 나왔다고 한다.

일과 놀이가 경계를 넘듯, 음악 영역과 미술 영역도 경계를 넘고 있다. 음은 소리의 파동이고 색은 빛의 파동이다. 아름다운 음악의 음파音波와 아름다운 그림의 빛의 파동 사이에는 어떤 관계가 있을까? 음악의 파동을 빛의 파동으로 바꾸는 수학적 연산 프로그램들이 개발되었고, 이 새로운 예술 영역을 시각적 음악이라고 부른다.● 아름다운 화음을 수식으로 변환하면 아름다운 색으로 표현된다고 한다. 물론 그 반대도 마찬가지다.

음은 색뿐 아니라 이미지로도 바뀔 수 있다. 마이크로소프트의 윈도우 미디어 플레이어로 음악을 틀면 아름다운 영상이 화면 위에서 춤을 추는데, 이것도 같은 원리에서 비롯된 것이다. 또한 화음을 이루는 소리의 파동을 빛의 파동으로 바꾸어 예술적인 아름다움이 넘실거리는 미술 작품도 있다. 음악을 영상으로 바꾸는 새로운 예술 영역이 생겨난 것이다. 대형 화면 속에 펼쳐진 꽃나무가 그 앞에 선 사람의 움직임에 따라 움직이도록 만든 작품도 있다.

---

● http://www.paulfriedlander.com/text/visualmusic.html

노르웨이 오슬로의 어느 지하철역에는 대형 스크린이 하나 있는데, 사람이 그 앞에서 율동을 하면 화면 속 나뭇잎이 사람의 동작을 따라 춤추듯 움직인다. 나무와 줄기 그리고 잎은 L-시스템 L-system이라는 수학 공식으로 그릴 수 있고, 사람의 움직임도 수학으로 표현할 수 있다. 그 결과, 전혀 다른 두 가지 종류의 움직임이 수학이라는 매개에 의해서 만나 넘실거린다. 컴퓨터에서도 나무의 크기와 줄기 굵기 등을 지정하면 즉석에서 멋진 나무를 그려 주는 사이트가 있으니 독자도 구글에서 "tree generator"를 검색하여 재미 삼아 멋진 나무를 그려 보기 바란다.

이질성의 연결은 네트워크 사회가 진전됨에 따라서 더욱 빠르게 진전되고 있다. 네트워크 사회에서는 시공간이 압축되면서 시공간 경계가 무너진다. 화장실 낙서가 거의 사라진 것도 시공간 경계가 허물어졌기 때문이다. 예전에는 성적인 욕망에 접근하려면 공간적·시간적 벽이 필요했다. 늦은 밤, 으슥한 곳! 포르노 비디오테이프를 사려고 야시장을 서성거리고, 늦은 밤에 남몰래 보는 식이었다. 화장실은 이러한 공간적·시간적 차단막이 되어 주었고, 사람들은 이 경계 안에서 성적인 욕망에 접근했다.

그러나 인터넷 네트워크가 확산되면서 사람들은 언제나 쉽게 욕망에 접근할 수 있게 되어, 야한 생각이 떠오르면 언제 어디서나 컴퓨터와 연결된 손가락으로 찾을 수 있다. 실시간으로 욕망에 접근할 수 있기에, 굳이 화장실에 앉아서 낙서로 성적인 욕망을 표현하고 소비할 필요가 없어진 것이다. 요즘 대학생들을 대상으로 간단한 조사를 해보면, 이들이 화장실에 앉아서 가장 빈번하게 하는 행동은 문자메시지 보내기나 인터넷 보기이다. 격리된 공간에서조차도 사람들은 네트워크에 연결되어 있다. 네트워크의 발달은 이런 추세를 가속화한다.

공간의 벽은 소멸되고 있다. 중국 쓰촨성에서 발생한 대규모 지진이나 후쿠시마 쓰나미는 기자가 보도한 뉴스보다는 무너진 건물에 깔린 사람이나 파도를 피해 옥상에 올라간 사람의 휴대전화 영상을 통해 생생하게 세상에 알려졌다. 이처럼 공간적·지리적 거리감은 점차 그 의미를 상실하고 있다. 지구 한쪽 끝에서 보낸 이메일이 반대편에 도착하는 데 걸리는 시간은 초 단위이다. 파리에서 유행하는 패션을 중국 거리에서 발견하는 데 걸리는 시간은 단 며칠이다. 한국인이 운영하는 '스타일쉐어'라는 사이트는 전 세계 각지에서 유행하는 옷들을 서로 확산시키는 데 일조하고 있다.

시간의 벽도 마찬가지다. 무명 가수 시절 자신의 블로그에 한국인을 폄하하는 발언을 남겼다가, 민족주의자들에게 발각되어 한국을 쫓겨나듯 떠난 교포 가수를 보라. 어느 곳에 있었는지조차 모르던 케케묵은 정보가 시간의 벽을 넘어 언제라도 망령처럼 부활할 수 있다. 이미 오래전 헤어진 애인과 나눈 정담과 사진이 신혼부부 사이를 유령처럼 날아다니며 결혼생활을 위협하는 시대가 된 것이다. 지워도 또 지워도 나타나는 오래전 불법 촬영된 동영상은 '디지털 문신'처럼 불멸한다. 별 생각 없이 젊은 시절에 남긴 인터넷 댓글이 손자들에 의해서 읽히면서 당시의 문맥을 떠나 오해받을 여지도 있다. 이처럼 시간의 벽, 시간의 경계는 우리의 삶에서 사라져 가고 있는 것이다.

학문의 경계는 어떤가? 갑골문자를 연구하는 중문학과 교수가 전해 준 재미있는 이야기가 있다. 전 세계의 갑골문자 데이터베이스가 컴퓨터로 연결되어 학자들 사이에 공유된 이후, 그동안 발견된 갑골문자 내용을 거의 다 해독할 수 있게 되었다고 한다. 그런데 갑골문자 기록의 대부분은 병을 낫게 해달라는 기도문이라고 한다. 이를 통해 은나라 시대의 중국인들이 어떤 병을 앓았는지 알게 되었다. 그러자 고대 중국인들의 병에 대한 정보를 바탕으로 당시의 병과 현대인의 병의 차이점과 공통점을 알아내기 위해서 의학자와 공동연구가 제안되었다고 한다. 중문학자와 의학자가 만나서 공동연구를 하리라고 어느 누가 상상할 수 있었겠는가?

이런 경계 넘기는 거의 모든 학문분야에서 이루어지고 있다. 사회학과 물리학이 같은 관심을 갖고 네트워크에 대해서 토론하고 함께 연구하기 시작했다. 사회학자가 연구해 온 휴먼 네트워크가 물리 세계에 존재하는 강줄기 네트워크나 인터넷 네트워크 또는 먹이사슬 네트워크와 동일한 구조를 갖는다는 점을 밝히기도 한다. 인간과 자연세계의 네트워크 모두에 허브가 존재하고, 연결선 숫자가 비슷하게 분포하며, 노드들은 모두 좁은 세상으로 연결되어 있다는 것이다.

사회학자가 심리학자, 뇌과학자와 함께 fMRI를 연구하여, 친구끼리는 쉬고 있을 때에도 활성화되는 뇌 부위가 비슷하다는 연구결과를 발표하기도 한다(Ryan, Youm et al., 2020). 경제학과 물리학도 평형상태에 대한 복잡계 관점에서 만난다. 경제위기를 맞이한 시장이 안정화되는 과정과 회오리바람이 생긴 후 안정화되는 과정을 같은 모델로 설명하는 것이다(Buchanan, 2013). 또한 지구온난화를 연구하기 위해서 지질학과 고고학, 생물학, 대기과학이 기후학이라는 접점에서 만난다. 북극의 얼음이 녹으면서 얼음 밑에 수백만 년 동안 잠자고 있던 박테리아가 깨어나 활동하면서 내뿜는 메탄가스가 기후변화에 어떤 영향을 미치는지를 알아내려면, 여러 학문분야의 협업이 필수적이다.

## 창의성은 학습될 수 있다

시간의 벽, 공간의 벽 그리고 학문의 벽을 허무는 인터넷을 통해 다양한 정보와 지식을 쉽게 결합할 수 있게 되자 새로운 혁신들이 끊임없이 등장하고 있다. 미국 명문대학들은 강의를 온라인으로 공개하는데, 이는 교육에서의 혁명적 변화를 가져왔다. 지방의 작은 대학에 다니는 한 학생이 미국의 스탠퍼드대나 하버드대, 매사추세츠 공과대학 등의 최고 수준의 강의를 섭렵하여 '준전문가적' 지식을 쌓은 것은 그리 놀라운 일이 아니다. 창의성에 대한 논의가 최근 들어서 급증하는 이유도 이와 관련 있다. 널려 있는 지식과 정보를 어떻게 연결하고 섞어서 새로운 지식이나 생각을 만들어 낼 것인가? 네트워크 사회의 진전과 '경계 넘어 연결하기'가 창의성을 중요한 이슈로 떠오르게 한 것이다.

창의성이라는 심리학이나 교육학의 주제에 사회학자가 왜 끼어드는지 궁금한 독자들이 있을 것이다. 사회학자가 창의성에 관심을 갖는 이유는 단순하다. 창의성을 개인적 속성이라고 다루는 주장들의 홍수 속에서 반대의 주장을 하려는 것이다. 창의성이 개인적 속성이라는 주장을 부정하려는 것이 아니라, 창의성은 사회로부터 강하게 영향을 받는다는 점을 보이려는 것이다.●

---

● 가장 개인적 결단이라고 생각되는 자살에도 사회적 요인이 작용한다. 사람들이 자살하는 이유는 개인적 고통을 견디지 못하거나, 우울증에 시달리거나, 혹은 염세적 세계관에 빠져서이다. 실연을 하거나, 사업에 망해서 빚 독촉을 견디지 못하거나, 불안 등 심리적 원인에 의해 선택하는 최후의 결단이다. 그러나 지극히 개인적 이유에 의해 택하는 자살에도 사회적 압력이 작용한다. 우리나라의 높은 자살률, 특히 전 세계에서 압도적으로 높은 노인 자살률은 한국사회의 병리적 사회구조 때문이다. 그렇기 때문에 사회마다 다른 정도의 자살률을 보인다. 즉, 지극히 개인적 결단에도 사회적 압력이 작용하는 것이다.

우리가 매일 사용하는 일상의 기기들이 어느 나라에서 발명되었는지 살펴보라. 전화기, 냉장고, 라디오, TV, 컴퓨터, 프린터 등 거의 대부분이 20세기 미국에서 발명된 것이다. 미국에 유독 천재가 많아서 그럴까? 아니다. 미국사회가 창의성을 발휘하기에 좋은 사회·경제 시스템을 갖추었기 때문이다. 교육·연구 시스템, 기술 생태계, 자본시장 구조, 정부 정책, 대학의 경쟁 시스템 등 창의創意생태계가 그 어느 시대, 어느 나라보다 잘 발달했기 때문이다. 야구선수 박찬호가 크게 성장할 수 있었던 것은 개인의 소질과 능력 이외에 미국의 야구 시스템이 있었기 때문이다. 마찬가지로 독일에서 꽃피운 근대 음악의 발전은 베토벤이나 바흐 같은 독일인들의 천재적인 음악성 때문만이 아니며, 셰익스피어로 대변되는 영국 문학이 발달한 것은 영국민들의 문학적 감수성 때문이기보다는 그 사회를 지배했던 당시 문화의 산물이라고 보아야 한다.

창의성이 사회적 산물이라는 주장은 자신이 창의적인지를 의심하는 사람들에게 무척이나 반가운 소식일 것이다. 평범한 사람도 몇 가지 생각하는 방식을 알게 되면 창의성을 발휘할 수 있다. 그중에서 대표적인 것이 경계 넘기이다. 쉬운 예를 생각해 보자. 호스로 물청소를 하면 구석구석의 먼지와 이물질이 빠져나와 깨끗해진다. 이 원리를 이 닦는 데에 적용하면 치아 사이까지 청소해 주는 상품이 생겨난다. 이처럼 한 영역의 아이디어를 경계를 넘어 다른 영역으로 옮기면, 즉 번역하면 새로운 발상이 될 수 있다. 안경을 깨끗하게 닦아 주는 초음파 장치를 치아를 닦거나 빨래하는 데, 혹은 나무에 묻은 송진을 떼어 내는 데 활용하는 것도 번역이다. 번역을 통해 창의력이 발휘될 수 있다는 말은 생각하는 방법을 조금만 훈련하면 창의성을 계발할 수 있다는 뜻이기도 하다.

이 주장을 다른 방식으로 표현해 보자. 창의성에 대한 이론은 특정한 개인의 머리에서 그 기원을 찾는 내인론內因論과 사람의 머리 밖에서 그 기원을 찾는 외인론外因論으로 나눌 수 있다. 이미 짐작한 독자도 있겠지만, 이 책은 후자의 입장을 택한다. 물리학자 알베르트 아인슈타인이나 리처드 파인만의 천재성은 누가 보아도 그들 두뇌의 특이성에서 기인한다는 사실을 부인할 수 없다. 영화 〈레인맨〉의 주인공인 자폐증 환자가 보여 주는 놀라운 기억력과 숫자 계산능력은 누가 보아도 특별한 뇌의 인프라에서 연유한다. 그러나 이런 내인론은 치명적 약점이 있다. 예를 들면, 과학의 역사에서 동시에 여러 사람이 독립적으로 동일한 생각으로 발명이나 발견을 하는 이유를 설명하지 못한다. 뉴턴과 고트프리트 라이프니츠가 미적분을 동시에 발견한 것 같은 '다중 독립적 발견' 사례는 과학기술 분야에서 매우 흔하다.

왜 르네상스 시대, 특히 미켈란젤로가 살던 이탈리아를 배경으로 회화나 조각 등의 분야에서 천재들이 쏟아져 나왔는가? 달리기 선수 중에는 첫째나 둘째보다 셋째나 넷째로 태어난 이들이 훨씬 더 많다고 한다. 그 이유는 형들과 어울려 놀다가 그들을 쫓아가야 할 경우가 많았을 터이고, 형을 따라잡을 만큼의 빠른 달음박질을 어릴 적부터 훈련한 후천적 결과라고 한다(Coyle, 2009). 후천적 자극이 두뇌에 미엘린이라는 물질을 만들어, 운동과 관련된 뉴럴 네트워크를 발달시켰다는 것이다.

이처럼 외인론은 머리가 뛰어나지 않은 사람도 창의적일 수 있다고 주장한다. 창의성을 개인적인 것이 아닌 사회적인 것으로 보는 것이다. 심지어 외인론은 창의성을 개인적인 것으로 보는 시각을 경계해야 한다고 주장한다. 아무리 개인적으로 머리가 좋고 창의적인 사람들의 두뇌라도 그 이전에 쌓인 지식체계가 없으면 무용지물이라는 것이다. 천재 아인슈타인도 선배들이 이루어 놓은 수학 체계와 물리학 이론이 없었다면 상대성 이론을 만들어 낼 수 없었을 것이다. 어떠한 천재 과학자도 역사적으로 누적된 스승들의 업적 없이는 결코 자신의 업적을 낼 수 없을 것이다.

외인론에 따르면, 창의성은 뇌 외부에서 구조화된 혹은 패턴화된 지식들을 연결할 때 발현된다. 피카소는 아프리카 조각 양식을 서양 예술의 주류에 연결시켜서 큐비즘이라는 독창적 표현 방식을 낳았다고 고백했다. 피카소의 큐비즘 작품과 아프리카 조각품을 옆에 두고 비교하면 두 작품 사이의 연관성을 쉽게 찾을 수 있다. 하나의 문화권 또는 한 영역에서 패턴화된 지식이 자신의 울타리를 넘어 다른 것과 연결될 때 창의성이 발현되는 것이다.

경계 넘기가 만들어 내는 혁신의 사례는 무척이나 다양하다. 한 비즈니스 영역에서 성공한 모델을 다른 비즈니스 영역에 적용하여 성공한 경우, 한 학문분야에서는 너무나 당연하게 여겨지는 지식을 여러 학문분야에 연결함으로써 획기적인 지식체계를 구축한 경우, 한 문화권의 도구가 다른 문화권의 도구와 결합하여 새로운 도구를 만들어 낸 경우 등이 그 예이다. 앞으로 이런 경계 넘기를 중심으로 창의성이 발현된 논리를 이끌어 내고, 이것은 평범한 사람들도 배울 수 있다는 점을 보이려고 한다.

PART 3

# 엑스텔리전스

## Extelligence

창의성이 개인적인 속성만이 아니며 외부에서 기인한다는 외인론을 받아들이면, 우리는 자연스럽게 개인을 둘러싼 외부 환경에 관심을 갖게 된다. 외부에 널려 있는 소재를 창의적 발상의 원 자료로 활용할 수 있기 때문이다. 우리 주변에는 수천 년간 누적된 스마트한 생각과 아이디어들이 엄청나게 쌓였다. 인류가 문자를 발명한 이래, 인류의 지식과 창의성은 누적되어 책이나 문화 또는 제품 등에 코드화되어 있다. 우리는 스마트 월드 안에 살고 있는 것이다.

이미 있는 스마트한 아이디어를 연결해서 새로운 것을 만들어 낼 수 있는 능력, 즉 기존의 아이디어를 다른 곳에 적용하거나, 조합하거나, 뒤집어서 새로운 아이디어로 만들어 내는 능력을 나는 엑스텔리전스extelligence라고 부른다. 인텔리전스intelligence가 두뇌 안의 총명함이라면, 이와 대비되는 개념인 엑스텔리전스는 두뇌 밖에 있는 똑똑함을 활용하는 능력이다. 즉, 개인 밖의 똑똑한 세상에 존재하는 아이디어를 활용하는 총명함을 일컫는다. 혁신은 무에서 유를 창조하는 것이 아니라 엑스텔리전스에서 온다. 엑스텔리전스는 '초超불확실성hyper-uncertainty'의 시대를 헤쳐 가는 데 필요한 강력한 무기이다. 평균 수명이 적어도 100세가 넘을 지금의 20대는 2100년대의 세상까지 살아갈 것이 거의 확실시된다. 이러한 슈퍼 센테니얼Super Centennial 세대가 아무도 경험해 보지 못한 시대를 살아가기 위해서는 새로운 지식을 배우는 것도 중요하지만 엑스텔리전스를 끊임없이 배양하는 것이 더욱 중요해질 것이다.

엑스텔리전스가 중요해지는 이유는 이른바 정보사회나 생명과학, IT 기술의 발전과 밀접하게 연관되어 있다. 지식이나 정보의 결합은 물질 간의 결합과 사뭇 다른 성격을 갖는다. 컵과 주전자라는 물질은 결합하기가 거의 불가능하다. 산업사회가 생산하는 물질적 상품들은 결합하기 쉽지 않다는 뜻이다. 그러나 정보는 어떤 것이라도 바로 이어 붙여 새로운 정보로 만들 수 있다. '임금님 귀는 당나귀 귀'라는 정보에 '임금님에게 애인이 생겼다'라는 정보가 더해지면, 그 자체가 새로운 정보로 탄생한다. 어떤 정보도 쉽게 결합할 수 있다. 게다가 정보는 빅데이터 등으로 엄청나게 쌓이고 있다.

생명과학이 발달하면서 심지어 생명체도 정보로 파악되어 결합되고 있다. 유전자 조작 유기체도 영역 간 경계를 넘어 결합된 정보 덩어리라고 볼 수 있다. 토마토 유전자와 물고기 유전자가 결합되어 병충해 없는 토마토가 생겨났으니, 지구 역사상 처음으로 육지식물과 바다어류가 생명체의 경계를 넘어 결합한 것이다.

## 스마트 월드

〈플라이〉라는 공상과학영화는 한 인간이 파리로 변해 가는 끔찍한 과정을 실감나게 영상화했다. 물질을 전송할 수 있는 기계를 발명한 어느 과학자가 생명체를 공간이동시키는 텔레포팅에 성공한다. 원숭이를 산 채로 텔레포팅하는 데 성공한 후, 인간실험 대상자를 찾지 못하자 과학자는 자기 자신을 전송실험 대상으로 삼는다. 실험 중에 파리 한 마리가 전송기 안으로 날아들지만, 과학자는 이를 모른 채 자신을 다른 곳으로 전송한다. 이때 파리의 유전자 정보가 과학자의 유전자 정보와 융합하여 텔레포팅에 성공한다. 파리 유전자와 합성된 이 과학자는 시간이 지날수록 파리의 모습으로 변하다가 결국은 자살하면서 영화는 끝난다. 이 영화는 정보 결합이 기계적 결합이나 화학적 결합과는 비교도 안 될 만큼 쉽게 이루어진다는 점을 시사한다. 과거 산업사회가 에너지를 이용하여 한 물질을 다른 물질로 변환하는 사회였다면, 정보사회는 기존의 정보에 다른 정보를 부가하여 새로운 정보로 변환하는 사회라고 할 수 있다.

공상과학에서만 벌어지는 이야기가 아니다. 2010년 5월 크레이그 벤터Craig Venter라는 생명공학자는 박테리아의 염기서열을 인공적으로 조립하여 다른 종류의 박테리아 핵에 주입함으로써 인공 생명체를 만들고 복제하는 데 성공했다. 그는 자신이 만들었다는 것을 증명하기 위해 박테리아 염기서열 안에 워터마크를 남겼는데, 번식한 박테리아들에는 창조주 벤터가 심어 놓은 워터마크가 들어 있다고 한다. 일단 유기체가 정보로 파악되면 이 정보는 다른 유기체의 정보와 결합하여 인공 생명체를 만들고 또 복제할 수 있는 길이 열린 셈이다. 벤터는 공기 중의 탄소를 먹고 사는 박테리아를 개발하여 기후변화 문제를 해결한다거나, 차세대 에너지원으로 각광받는 수소를 효율적으로 만들어 내는 박테리아를 개발하겠다는 포부를 갖고 있다.

혹시 이 책에 새로운 내용이 있다면, 그것도 여러 영역에 속한 지식과 정보가 각 영역의 경계를 넘어 조합된 엑스텔리전스의 결과일 뿐이다. 여기에서 이야기하는 경계에는 학문 영역의 경계, 유기체의 경계, 지역 경계, 이론이 적용되는 범위의 경계 등 다양한 경계가 포함된다. 대부분의 사람들은 경계라는 단어를 들으면 지리적 경계를 떠올린다. 그러나 국가나 지역의 경계뿐 아니라, 모든 구별 짓기가 경계이다. 남자와 여자, 부자와 가난한 자, 자본가와 노동자, 이 책을 재미있게 읽는 사람과 지루하다고 던져 버리는 사람 등 모든 구분에는 경계가 생긴다.

세상에는 두 종류의 사람, 즉 세상 사람을 두 부류로 나눌 수 있다고 믿는 사람과 나눌 수 없다고 믿는 사람이 있다. 앎과 지식 자체에는 경계가 없건만, 인간이 만들어 놓은 학문에는 경제학, 경영학, 물리학 등의 인위적 경계가 있다. 이런 경계는 대부분 학자들 사이의 정치적 이유로 생겨난다. 학문의 분화 역사를 보면, 몇몇 학자들이 새로운 영토를 개척하여 그 영토의 왕이 되고 싶은 욕구에 의해 학문 경계를 긋기도 한다(Amsterdamska, 1985).

앞에서 필자는 스마트 월드에 놓인 수많은 아이디어들을 활용하는 것이 창의성의 기본이라고 주장했다. 문화적 전통에도, 매일 사용하는 제품 안에도, 책 속에도, 주변 사람의 생각에도 기가 막힌 아이디어가 무궁무진하다. 매일 들고 다니면서 물을 마시는 생수병을 자세히 관찰해 보라. 병 중간에 띠 같은 줄이 여러 개가 있고, 바닥은 안쪽으로 불뚝 솟아오른 분화구 같이 생겼다. 얇은 플라스틱이 병 안의 압력을 견뎌 찢어지지 않도록 고안된 것들이다. 물병에 녹아 있는 스마트 아이디어를 다른 곳에 활용할 수는 없을까? 가령, 볼록하게 솟아오른 생수병 밑바닥처럼 생긴 쿠션으로 신발 깔창을 만든다면 충격 흡수가 잘되지 않을까?

단추는 참으로 대단한 발명품이다. 그런데 단추는 왜 옷에만 달려야 하는가? 신발 끈 대신 달 수는 없는가? 혹은 바람이 불면 열리는 미닫이문을 닫고 조이는 장치로는 사용할 수 없는가? 지퍼는 왜 옷에만 달리는가? 신발 끈을 대신해 사용한 지퍼는 창의적인 제품으로 태어났다. 잉크젯 프린터는 3원색의 잉크 원료를 미세하게 섞어 뿌려서 원하는 색을 얻는 프린팅 기술인데, 레이저 프린터가 나오자 거의 사라졌다. 그런데 낡은 잉크젯 프린터 기술이 화학이나 생물 실험에서 다양한 시약을 미세하고 정확하게 섞는 기술로 활용되고 있다고 한다. 컴퓨터로 문서를 프린트하던 낡은 기술이 컴퓨터로 시약을 섞는 기술로 활용된 것이다.

대기업 기술 연구소에서는 무척이나 다양한 기술을 연구 개발한다. 그런데 연구소의 한 부서에서 연구 중인 기술적 문제의 답을 옆의 부서는 이미 알고 있는 경우도 많다고 한다. 부서 간에 긴밀한 소통이 있다면, 중복연구에 투자할 필요가 없을 것이다. 이 때문에 기업들은 기업 내 어느 부서에 어떤 지식이 있는지 파악하고 관리하기 시작했다. 일명 '지식 관리'가 생겨난 것이다. 제록스 같은 회사는 사내 인터넷 게시판을 통해서 문제와 답을 공유하는 시스템을 만들어서 기술개발에서의 중복투자를 막고 있다. 사내 교육 과정에서도 회사의 한 부서가 가진 기술적 문제를 전혀 다른 업무를 하는 사람들이 모인 팀에서 풀어 보도록 하는 실험이 큰 성공을 거둔다. 부서마다, 개인마다 다른 스마트 월드들을 네트워크로 엮어 주어 혁신을 만들어 내는 것이다.

이미 오래된 이야기이지만, 검색 수를 활용한다는 의미는 아직도 신선하다. 홍콩 독감이 전 세계로 확산될 조짐을 보이고 있을 때 과학 전문지 〈네이처〉에 재미있는 논문이 실렸다(Ginsberg, Mohebbi, Patel et al., 2008). 미국에서 당시 독감 감염자 통계가 질병통제본부에 집계되는 데 3개월이 걸렸다고 한다. 확산 속도가 빠른 전염병의 경우, 통계가 이렇게 늦게 집계되면 긴급한 대응책을 마련하기에는 너무 늦어 확산을 제어하기 어렵게 된다.

이 문제를 해결하기 위하여 학자들은 구글 검색어로 감염자 수를 예측하는 모델을 만들었다. 사람들이 열이 오르거나 감기 증상이 생기면 구글에서 찾아보는 검색어가 있을 것이다. 이 중에서 감기와 연관된 검색어 상위 45개를 찾아낸 후, 이 단어들의 조회 수를 이용하여 검색 당시에 환자가 몇 명 발생했는지 예측하는 모델을 만든 것이다. 실시간 예측 정확도는 놀랄 만해서 3개월 후에 집계될 환자 수를 족집게처럼 맞춘다. 참으로 간단한 아이디어이지만 무척 창의적인 발상이었다. 지금은 사회 트렌드를 읽기 위해 웹페이지에 등장한 단어들 사이의 의미 네트워크를 분석하는 것이 일상이 되었다.

같은 방법을 다른 예측에도 적용할 수 있을 것이다. 전혀 다른 영역에 적용할 수 있는 가능성으로 어떤 것이 있는가? 기존의 스마트 아이디어를 다른 영역에 적용하는 데 성공하면, 그 자체가 창의적인 생각이 된다. 가령 자살자 수를 예측할 수는 없을까? 자살하기 전에 사람들은 분명히 자살과 관련하여 검색해 볼 것이다. '동반 자살'이라는 단어와 자살 방법이나 극약 종류, 또는 마지막 끈을 붙들기 위한 희망으로 상담 받을 수 있는 곳 등을 검색해 볼 것이다. 물론 연예인 자살과 같은 사건에 의해서 발생하는 노이즈가 개입될 여지는 있지만, 자살을 모색하는 사람의 숫자를 실시간으로 예측해 볼 수 있는 한 가지 방법이 될 것이다. 증가된 막걸리 소비량으로 밀가루 소비 증가를 예측해 볼 수는 없을까?

막걸리 안주로 자주 먹는 파전이나 빈대떡에 소비되는 밀가루의 소비도 늘어날 테니 말이다.

단어 빈도와 키워드 네트워크를 활용하는 이러한 아이디어는 광고나 마케팅에서 활용되고 있다. 가령 자사 제품과 경쟁하는 타사 제품에 대해 웹페이지나 SNS에 올라온 글에 어떤 단어가 등장하며, 그 단어가 긍정적인가 부정적인가를 파악하는 것은 회사로서는 대단히 중요한 예측 업무일 것이다. 이런 정보를 판매하는 회사가 성업 중이다. 또 웹이나 SNS를 분석하여 최근 문화 트렌드를 파악하는 것도 가능하다. 전자제품을 제조하는 회사는 휴대전화를 구입하려고 하는 사람들의 검색 패턴을 알아낸 후, 이를 통하여 휴대전화 판매 대수를 예측할 수도 있다. 코스닥 시장에 상장된 회사 이름에 대한 검색 수가 갑자기 증가한다면, 이것은 이 회사의 주식 가격 변동과 밀접한 관련이 있지 않을까? 개미군단이 회사에 관심을 갖게 된다면 주식 가격은 변할 가능성이 있고, 상승 국면에서는 상승을, 하강국면에서는 하강을 부채질할 확률이 높을 것으로 예상된다.

앞에서 나는 도망치는 알람시계가 의지가 약한 사람들을 위해서 고안된 것이라는 점에 주목하고, 이 아이디어를 번역할 수 있는 몇 가지 방법을 제안했다. 의지의 박약함은 〈그림 3-1〉과 같이 일반화할 수 있다(Becker & Murphy, 1988). 단기적으로 보면 개인적 효용이 높지만, 장기적으로는 해악이 되는 선택의 대표적

〈그림 3-1〉 단기적 효용과 장기적 효용

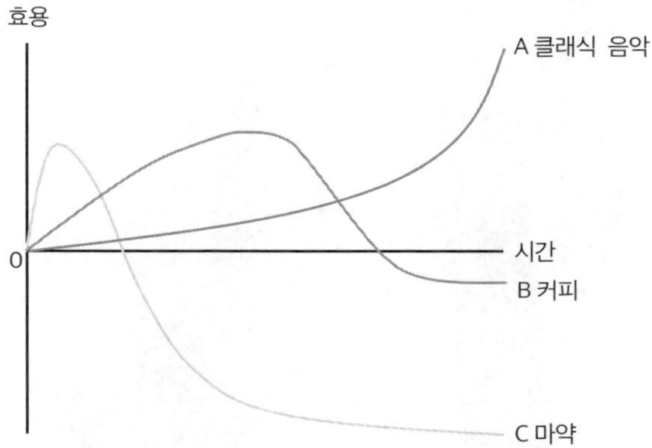


인 예가 마약 복용이나 흡연이다. 커피는 마약보다는 즉각적 효용이 낮지만, 장기적으로는 몸에 해로울 수 있다. 클래식 음악과 같은 건전한 취미는 음악에 대한 교양을 늘려 주고 음악의 아름다움을 깊이 느낄 수 있게 만들며 정신을 건강하게 만드는 등, 장기적으로 매우 긍정적인 효과를 가져다준다.

의지가 약하다는 것은 단기적 효용을 위해서 장기적 효용을 포기하는 것이다. 아침에 조금 더 늦잠을 자고 싶은 마음이 들 때나, 피곤해서 이를 닦지 않고 잠자리에 들고 싶은 욕망을 못 이길 때 우리는 의지가 약하다고 느낀다. 도망치는 알람시계는 단기적으로는 높은 효용을 주지만, 장기적으로는 낮은 효용으로 되돌아오는 현상을 회피하도록 도와주는 제품인 것이다.

필라델피아 시청사 앞에 놓인 올덴버그의 빨래집게 조각

팝 아티스트 클래스 올덴버그Claes Oldenburg는 주변에서 흔히 볼 수 있는 빨래집게를 조각품으로 만들었다. 물건의 기능적 용도를 벗어나서 예술의 영역에 옮겨 놓았는데, 그 자태가 아름답기 그지없다. 주변을 둘러보면서 이렇게 번역이 가능한 물건이 무엇일지 찾아보라. 열쇠를 크게 만들어 건물 앞에 세워 둔다면 아름답기도 하지만, 미래나 '성공을 향한 열쇠'라는 의미를 부여할 수도 있을 것 같다. 담배도 크게 만들어 세우면 금연 홍보 조각물이 될 것이고, 숟가락과 젓가락을 각도를 기울여 세워도 한정식 음식점

광고 조각품이 될 것 같다. 대학 정문에는 뚜껑을 벗긴 만년필을 크게 만들어 세워 놓아도 멋진 상징물이 될 것이다. 보는 사람들이 어떻게 받아들이든, 스마트 월드에 이미 존재하는 것들을 새로운 문맥에서 활용하는 것은 창의적인 생각을 이끌어 내는 쉬운 방법이 된다.

기타를 배워 본 사람은 악보를 보면서 바로 연주하기가 무척 어렵다는 것을 알 것이다. 피아노 건반은 악보의 음과 건반이 1대 1로 매치되어 악보의 즉흥연주가 비교적 쉽지만, 기타의 경우는 같은 음을 내는 곳이 여러 곳이기 때문이다. 그래서 전문적인 기타 악보는 6개의 줄 중에서 몇 번 선을 눌러야 하는지를 숫자로 표기한다. 하지만 이것을 한눈에 보면서 처음 본 악보를 연주하기란 거의 불가능하다. 이 문제를 해결하기 위해서, 기타의 프렛fret에 불을 밝혀 누를 곳을 알려 주는 기타가 생겨났다.● 컴퓨터에서 다운받은 악보를 입력하면 기타 프렛의 불빛으로 번역해 주는 기발한 착상이다. 이로써 초보자도 쉽게 기타를 배워 연주할 수 있는 길이 열리게 되었다. 이런 스마트 아이디어는 피아노 등 거의 모든 악기에 적용할 수 있을 것이다. 눌러야 하는 건반에 불이 들어오는 연습용 피아노를 만들 수 있는 것이다.

하나의 아이디어가 이질적인 영역으로 번역될수록 창의성은

---

● http://www.fretlight.com/

높아진다. 학문분야에서도 마찬가지이다. 인접 학문보다는 전혀 별개의 학문분야에서 아이디어를 얻는 것이 더 혁신적이다. 가령, 컴퓨터 바이러스 퇴치 프로그램을 개발하는 공학자는 생물학의 연구분야인 면역 시스템을 공부하여 번역하면 컴퓨터 바이러스의 활동을 찾는 논리를 발견할 수 있다. 우리 몸 안의 면역 시스템은 외부로부터 침투하여 기이한 행동을 하는 병균을 탐지하는 특정한 논리를 갖고 있는데, 같은 논리를 컴퓨터 바이러스를 탐색하는 데 이용하는 것이다. 생물체의 행동이나 모양을 모방하여 IT 기술 개발에 접목하려는 신생 학문인 '디지털 생물학'이 탄생한 배경이다(Bentley, 2002). 사실 AI도 두뇌의 뉴럴 네트워크를 컴퓨터 안에서 모방한 것이다.

문학에도 번역이 존재한다. 한 언어에서 다른 언어로 번역하는 게 아니라, 한 형태의 스토리를 각색하여 다른 형태로 번역하는 것이다. 불후의 명작으로 평가받는 《로미오와 줄리엣》은 이탈리아의 아서 브루크Arthur Brooke라는 사람이 1562년에 쓴 《로미우스와 줄리엣의 비극적 역사》라는 서사시를 바탕으로 한 작품이다. 이 서사시는 3,020행으로 이루어진 짧은 작품인데, 셰익스피어가 줄거리에 살을 입히고 각색하여 세상에서 가장 유명한 소설로 번역해 낸 것이다.

이런 번역은 생물세계에도 존재한다. 톰슨D'Arcy Thompson이라는 학자는 여러 종류의 물고기도 한 형태가 다른 형태로 변형된

〈그림 3-2〉 톰슨의 물고기 변형

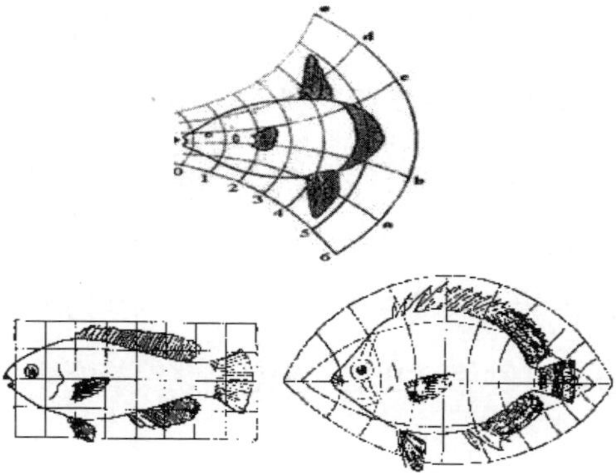

것에 불과하다는 사실을 입증했다. 〈그림 3-2〉에서 보듯이, 평균적인 물고기를 격자 안에 넣고 이 격자판을 특정한 방향으로 늘이거나 줄이면 우리가 자연에서 관찰할 수 있는 온갖 형태의 물고기가 생겨난다. 대자연은 기본형을 변형하면서 기기묘묘한 물고기 모양을 창조한 셈이다. 울프람이라는 천재 과학자는 물고기를 변형해 주는 프로그램을 개발하기도 했다.●

자연의 아름다움을 음악의 아름다움으로 번역하려는 시도가 물리학자나 수학자들에 의해서 수행되었다. 사람들이 즐겨 듣는 클래식 음악이나 대중음악의 전개 과정에는 독특한 패턴이 있다

---

● http://demonstrations.wolfram.com/DArcyThompsonsAffineFishTransformations/

는 점에 근거한 착상이다. 음 높이는 물리적 진동수로 표현되는데, 한 음에서 다른 음으로 넘어가는 진동수 변화의 크기를 측정할 수 있다. 가령, "아-아, 으악새 슬피 우는" 이라는 가사의 전개과정에서 "아-아"는 한 옥타브의 변화량을 보인다. 곡 전체에서 이렇게 음계가 한 옥타브나 변하는 경우는 매우 드문 반면, 반음이나 한두 음 높이 차이를 보이는 경우는 빈번하다. 작은 변화량은 편안한 느낌을 주는 반면, 큰 변화량은 불안하지만 강한 인상을 남긴다.

〈네이처〉에 논문을 발표한 물리학자들이 발견한 바에 따르면, 음의 주파수가 크게 변동하는 빈도수는 그 주파수 변동 크기에 반비례하는 1/f frequency 법칙이 존재한다. 다시 말하면, 큰 변화는 드물고 작은 변화가 더 빈번한, 특정한 분포를 따르는 음악이 대중적으로 인기를 끈다는 것이다. 우리가 좋은 음악이라고 느낄수록 1/f 법칙에 근접한다고 한다(Voss & Clarke, 1975).

더 놀라운 사실은 폭포 소리, 시냇물이 흐르는 소리, 새들의 울음소리 등 자연에서 들을 수 있는 소리들의 주파수 분포나 로키산맥의 산봉우리 높이 분포도 1/f의 패턴을 갖는다. 그러나 같은 1/f 법칙으로 표현된다고 하더라도 자연의 소리는 무작위인 백색 소음white noise이다. 반면 좋은 음악은 백색 소음과는 거리가 먼, 패턴을 가졌으면서도 1/f를 만족시킨다는 것이다.

1/f 분포를 갖는 듣기 좋은 음악인 '프랙탈 음악'을 작곡하려는

다양한 시도가 있다. 프랙탈 음악이라고 불리는 이유는 자기유사성self similarity 때문이다. 현재 진행되는 몇 개의 음 높이 배열을 앞의 동일한 수의 음 높이 배열과 상관관계를 갖게 택한다. 예를 들어 앞의 10개 음과 바로 뒤의 10개 음의 유사성(상관관계)이 r이라면, 앞의 100개 음 높이와 뒤의 100개 음 높이의 유사성도 동일한 r이 되는 자기유사성을 갖는 음악이 프랙탈 음악이다. 이런 원리를 이용해서 로키산맥 산봉우리들의 높낮이를 소리로 변환해 프랙탈 구조를 갖는 듣기 좋은 음악이 탄생하기도 했다. 자연의 아름다움이 인간이 즐겨 듣는 창의적 음악으로 번역된 것이다. 이런 규칙성은 AI가 작곡할 때 이용하기도 한다.

필자는 대부분의 사회과학 이론도 번역에 의해서 생겨난다고 믿는다. 세상은 너무나 복잡하지만, 복잡성 가운데 핵심적인 것을 추려 내서 단순화한 것이 이론이기 때문이다. 가령, 사람의 소득은 엄청나게 많은 원인에 의해서 정해진다. 어떤 사람은 운이 좋아서, 어떤 사람은 공부를 많이 해서, 어떤 사람은 특별한 기술을 갖고 있기 때문에 높은 수입을 올린다. 개인 소득에 영향을 미치는 변수는 너무나 많지만, 소득 이론은 이것을 단순화하여 설명한다. 설명이 안 되는 사례는 이론의 잡음으로 취급된다.

구체적인 예를 들어 보자. 키를 X축에, 몸무게를 Y축에 표현하면 한 사람의 키와 몸무게는 XY 좌표의 한 점으로 표현된다.

여기에 IQ를 Z축에 표현하면, 이 사람의 특징은 3차원상의 한 점에 위치한다. 성을 추가로 표현하더라도 이 사람은 4차원의 한 점으로 표현된다. 결국 이 사람이 가진 모든 특징은 N차원의 한 점으로 표현할 수 있다. N이 수십 차원의 고차원일 수 있지만, 수학적으로 표현하는 데는 무리가 없다. 사회과학 이론은 N차원의 정보를 가급적 잃어버리지 않게 유지하면서 (N - K) 차원으로 번역하여 복잡한 현상을 단순화하는 것이다. 결국 N차원에 의해 결정되는 소득은 몇 개의 중요한 변수들(N - K, K ≫ 0)의 함수로 이론화된다. 즉, 소득을 결정하는 수많은 변수가 있지만, 교육이나 성, 노조 가입 여부, 인종 등 몇 가지 중요 변수로 소득을 설명하려고 한다.

한 학문분야에서 중요하게 자리 잡은 대표적 개념을 다른 학문분야에 번역하는 일도 창의적 이론을 만들어 낸다. 가령, 외부성externality은 경제학의 중요 개념 중 하나이다. 이 개념을 설명하기 위하여 자주 등장하는 예가 과수원업자와 양봉업자의 관계이다. 꽃이 열매를 맺기 위해서는 벌이 필요하고, 벌이 꿀을 따기 위해서는 꽃이 필요하다. 즉, 과수원업자와 양봉업자는 서로 상대방을 필요로 하지만, 둘 사이에는 상대방이 제공하는 가치에 대한 거래가 일어나지 않는다. 이처럼 거래 대상이 아닌, 즉 가격에 포함될 수 없는 가치를 '외부효과'라고 부르는 것이다. 공장에서 내뿜는 매연이 널어놓은 빨래를 더럽히는 것은 부정적 외부효과이다. 피해를 입은 사람이 공장에 항의하여 피해보상을 받는다면 외부효과가 가격으로 내부화되지만, 이것은 공장과의 협상 또는 투쟁을 요하기 때문에 거래비용을 수반한다. 거래비용은 외부효과를 가격으로 내부화하는 데 큰 걸림돌이 된다. 내가 받는 교육도 나와 만나는 사람들이 나에게 배울 수 있는 기회를 제공하기 때문에 긍정적 외부효과를 갖는다.

이러한 경제학의 외부효과를 사회학에 적합한 개념으로 번역하면 새로운 이론을 만들 수 있다. 그 대표적 사례가 인간관계가 갖는 외부효과 이론으로서의 사회자본 이론이다. 사회자본은 개인에게 체화體化된 것이 아니라, 개인들 사이의 관계에 존재하는 특이한 자본이다. 가령, 친구가 소유한 콘도를 언제나 빌려 쓸 수 있다면 친구 네트워크에 속한 덕택으로 희소자원을 동원할 수 있고, 이러한 인간관계의 외부효과가 사회자본이다. 즉, 사회자본은 개인에게 내재하는 것이 아니라 개인이 가진 다른 사람과의 관계에 내재한다. 신뢰도 비슷한 성격이 있다. 신뢰는 나 또는 상대방의 특성이 아니라, 나와 상대방 사이의 관계의 특성이다. 진정 신뢰하는 사람과는 복잡한 계약서를 쓰지 않고도 거래할 수 있다. 신뢰 덕분에 거래비용을 줄일 수 있는 것이다. 내가 가진 관계의 외부효과가 신뢰이고 사회자본이다.

이는 한 학문분야에서 수십 년간 발전해 온 핵심 개념을 다른 학문분야에 적용하면 그 자체가 창의적 이론의 출발점이 될 수 있음을 보여 주는 예이다. 그렇기에 한 분야에 국한된 전문가보다는 다른 학문분야에도 열린 융합형 전문가가 더 창의적일 수 있다. 융합연구가 각광을 받는 이유가 여기에 있다.

## 경계는 창의성의 감옥

미래학자들은 AI가 인간의 지능을 능가하게 될 시점을 두고 뜨거운 논쟁을 벌이고 있다. 한때 2045년으로 예측됐던 그 시점이 앞당겨지고 있다는 주장이 힘을 얻는 가운데, 미래사회의 경쟁력이 지식을 많이 갖고 있다고 생기지 않는다는 사실은 확실해 보인다. 미래사회에는 언제든 AI로부터 즉각적으로 지식을 얻을 수 있을 터이니 머리 안에 지식을 많이 갖고 있는 것이 과거보다는 덜 중요해진다. 인간의 뇌와 AI를 연결해 주는 것을 목표로 일론 머스크Elon Musk가 세운 뉴럴링크Neuralink라는 회사가 이미 시제품을 내놓았을 정도이다. 이런 상황이니 앞으로는 지식을 많이 갖고 있는 대신에 기존 지식체계의 경계를 넘나드는 창의적이고 융합적인 생각이나 사고능력, 즉 엑스텔리전스가 경쟁력의 원천이 될 것이다. 이런 엑스텔리전스를 기르려면 경계를 넘나드는 사고훈련이 절대적으로 필요하다.

하지만 인간의 사고는 언어를 통해 이루어지는데, 이 언어가 생각을 곧잘 경계 안에 가두기도 한다. 언어가 다르면 다른 경계가 생겨나므로 그 경계 안에 갇히거나 경계의 영향을 받는다. 서양에서는 빨리 달리는 사람은 1마일(1,600미터)을 4분 이내에 주파하는 사람이라고 인식한다. 즉 400미터 트랙 경기장이 생긴 이유는 트랙 한 바퀴를 1분 안에 달리는 사람을 골라내기 위해서라고 한다. 물론 한국인은 마일이라는 척도를 사용하지 않기 때문에 400미터 트랙과 연관시켜 빨리 달리는 사람을 구분 짓지는 않는다. 다른 경계 안에서 생각하는 것이다.

색을 구분하여 경계 짓는 경우도 비슷하다. 모든 사회는 빨간색에서 보라색까지 임의로 나누어 색을 구분한다는 점에서는 공통점을 갖지만, 그 구체적인 경계는 문화마다 다르다. 이누이트족은 흰 눈snow을 27가지로 구분한다고 한다. 순 우리나라 말에서는 파란색의 영역이 무척 넓어 초록색도 포함된다. 그래서 산과 들과 바다는 모두 다른 색임에도 불구하고 푸른 산, 푸른 들, 푸른 바다가 모두 같은 색이라고 인식한다.

도레미 등 음의 높이도 임의로 나눈 음계에 의해서 정해진다. 어느 문화권이나 현악기의 현을 튕겼을 때 나는 음과 현의 중간을 누른 후 나는 음의 높이 차이를 한 옥타브로 정의한다. 그러나 서양음악은 이 한 옥타브를 8음계로 나누었고, 국악은 5음계로 나누었다. 당연히 낮은 도와 한 옥타브 높은 도 사이에서 임의로 나누어진 각 음의 높이는 조금씩 차이가 난다.

사회의 구성원들은 이 경계가 주는 제약 때문에 창의성을 발휘 못 하기도 한다. 종종 경계가 생각을 가두는 감옥이 되는 것이다. 사회학자 게오르그 짐멜은 "삶의 초월적 성격*Transcendent Character of Life*"이라는 글에서 경계를 넘나들 때 창의성이 생겨난다고 주장하며, 이러한 경계 넘기가 삶의 근원적 성격이라고 본다. 인간은 경계를 인식하는 순간 경계를 넘어 생각하는데, 이것이 삶의 근본이라는 것이다. 가령, 높은 산에 올라가면서 내려갈 길을 생각하지 않는 사람은 없다. 올라감이라는 인식을 하는 순간 그 경계를 넘어 내려감을 생각하는 것이다. 죽음을 생각하는 순간 또 삶의 의미를 떠올리고, 삶의 한가운데 있으면서 죽음을 생각한다. 윤동주의 〈삶과 죽음〉이라는 시의 "삶은 오늘도 죽음의 서막을 노래하였다"는 시구처럼, 인간은 항상 두 영역의 경계를 넘나든다. 선하고 악한, 높고 낮은, 현명하거나 멍청한 두 영역의 경계를 넘나드는 것이다. 우리는 경계선의 제약을 받지만 또한 경계로부터 자유롭다. 경계의 제약으로부터의 자유로움이 창의성이라고 할 수 있다.

비슷한 맥락에서, 《오리지널스*Originals*》라는 책에서 애덤 그랜트Adam Grant는 마이크로소프트 윈도우가 설치된 컴퓨터를 사면 이미 포함되어 있는 웹 브라우저인 인터넷 익스플로러를 사용하는 사람보다 크롬이나 파이어폭스 등의 브라우저를 사용하는 사람들이 더 창의적이라는 연구결과를 소개한다. 일상적인 경계 안에 주어진 것보다는 경계 밖의 새로운 것을 추구하는 사람이 더 창의적이라는 사실을 확인한 셈이다.

이성 간의 교배를 통해서 번식이 이루어지는 생물학적 섹스도 경계 넘기다. 단성 생식을 하는 생물체는 자신의 유전자의 경계를 넘지 않고, 자신을 똑같이 복제한 후손을 만들어 낸다. 식물 중에서 단성 생식을 하는 종은 씨앗을 주변에 떨어뜨린다. 주변에 씨앗을 떨어뜨린다는 말은 조상이 살았던 환경과 후손이 사는 환경이 비슷하다는 뜻을 함축한다. 그러나 양성 생식을 하는 식물은 꽃가루를 멀리 퍼뜨리거나, 달콤한 과실을 맺어 이를 먹은 동물들이 씨앗을 멀리 운반하게 하는 등, 자신이 자란 환경과 다른 먼 곳까지 후손을 퍼뜨리려고 한다. 먼 곳에 떨어진 씨앗은 낯선 환경에 적응해야 한다. 그리고 새로운 환경에 적응하려면, 새로운 변이가 많이 생겨나야 한다. 똑같이 복제된 씨앗은 새로운 환경을 만나면 모두 살아남지 못할 수도 있기 때문이다. 양성 생식은 진화의 원동력으로서 새로운 변이를 만들어 내서 후손이 새로운 환경에서도 적응할 수 있게 만드는 방식이다. 양성 생식이라는 암수 간의 경계 넘기가 새로운 환경에 대한 적응성을 높이는 혁신의 방법이었던 것이다(Williams, 1997: chapter 5).

지역과 암수 등이 자연적으로 형성된 공간적 경계라면, 시간적 경계는 인위적으로 만들어진다. 하염없이 흘러가는 시간에, 사람들은 연월일이라는 경계와 새 천 년이라는 커다란 시간 덩어리를 만들었다. 시간의 경계 안에서 의식과 의례가 행해진다. 새해 첫날에 사람들은 떠오르는 해를 바라보며 지난해와 다르게 살 것이라고 다짐한다. 애인의 생일에는 사랑 서약을 하고, 밸런타인데이에는 초콜릿을 선물한다. 국가는 광복절, 한글날, 개천절과 같은 국경일을 정해서 기념함으로써 민족을 단합시키려고 노력한다(Hobsbaum & Ranger, 1983). 전통과 문화가 다른 이질적인 부족들을 하나의 상징 공동체 아래 결집시키는 민족국가nation state는 국경일을 제정하는 일부터 시작한다.

시간의 경계를 넘어 전통과 현대가 결합하면 이 또한 창의성의 근원이 된다. 전통 한지로 만든 현대적 의상도 한 가지 사례다. 전통음악의 리듬을 도마 위 칼질 소리에 적용하면 〈난타〉라는 혁신이 생겨난다. 또한 "대~~한민국" 하고 외치는 엇박자의 전통 리듬은 21세기 월드컵의 응원 도구가 되었다. 타임머신을 타고 미래사회로 간다면, 과거 사람이 미래 사람에게 제공할 아이디어는 많을 것이다. 컴퓨터 게임 〈리니지〉를 만들던 사람들이 역사를 공부한 이유도 성을 뺏으려고 일어난 과거 전쟁에서 아이디어를 얻기 위해서라고 한다.

문화적 경계는 그 안에서 살아가는 사람들에게 공동의 상징체계와 사고방식을 제공한다. 문화는 개인의 심리적 과정에까지 깊이 개입하는데, 단어연상 게임을 해보면 그런 문화적 차이를 바로 확인할 수 있다. '우울'이라는 단어에서 연상되는 단어를 떠올리라 하면, 일본인과 백인 사이에 차이가 드러나는 것이다(Tanaka-Matsumi & Marsella, 1976). 일본인은 외부적 요인을 연상하여 우울함을 비나 구름 같은 자연과 연결시킨다. 반면 백인(코카시안)은 자신의 내적 심리상태인 슬픔이나 외로움 등의 단어를 연상한다. 이 실험 결과는 동양인은 자신을 둘러싼 상황 중심적 사고를 하고, 서양인은 자기 중심적 사고를 한다는 주장과 일치한다.

두 문화권에서 드러나는 상황 중심적 사고와 자기 중심적 사고의 차이를 알아보기 위해 나는 이 '단어연상 실험'을 외국에서 온 국제 여름학교 대학생들과 한국 대학생들을 대상으로 여러 해에 걸쳐 반복적으로 수행해 보았다. 약 20여 년 전까지만 해도 다나카의 실험과 비슷한 결과를 얻었다. 우울에서 연상되는 단어를 한국 학생들은 자연에서, 백인 학생들은 자신의 내면에서 찾았고, 재미교포 학생들의 경우는 백인과 한국 학생이 연상하는 단어들이 반쯤 섞였다. 그러나 요즘에는 한국 학생들과 재미교포 집단 사이의 구분이 점차 모호해지고 있다. 인터넷이나 방송 등의 영향으로 문화가 쉽게 섞이다 보니 사람들의 깊은 심리까지 변화한 것이라고 추측된다.

전통적인 회화에서도 문화 사이의 차이를 확인할 수 있다. 서양화는 대체로 인물 중심이다. 자연은 주로 인물의 배경으로 처리된다. 배경은 대상 인물을 부각시키기 위한 수단일 뿐이다. 서양화가는 등장인물의 표정을 세밀하게 그리면서 그의 내면세계를 묘사하려고 애쓴다. 반면에 동양화는 인물이 아닌 자연 중심이다. 인물이 등장한다면 화폭의 중심에 놓이기보다는 자연 속의 작은 점으로 조그맣게 그려지는 경우가 많다. 전체 그림의 구도에서 사람의 위치가 중요할 뿐, 인물 그 자체에 초점을 맞추거나 감정 상태를 그린 그림은 매우 드물다. 서양화에서는 인간이 자연으로부터 분리되어 중앙에 존재하지만, 동양화에서는 인간이 언제나 자연의 일부분으로 변방에 존재하는 것이다(Hsu, 1953).

인위적으로 설정된 지리적 공간 사이의 경계 넘기는 자본주의의 발달에 의해 가속화되었다. 고전사회학자 막스 베버는 자본주의가 성립되기 이전의 유럽 사회에는 성城이나 국가, 종교, 계층과 같은 각종 경계가 작동한다는 점에 주목한다. 이 경계는 차별과 구분의 경계였다. 예를 들어, 봉건사회에서 빵 가격은 성 안에 거주하는 사람과 성 밖 사람에게 다르게 정해졌으며, 신으로부터 구원을 얻는 방법도 수도원의 성직자와 수도원 밖의 일반 대중에게 달랐다. 베버는 경계에 따른 차별들이 철폐되면서 보편적 기준으로 수렴했기 때문에 자본주의가 발달할 수 있었다고 보았다. 빵 가격이 성 안과 밖에서 같아지자 빵을 파는 사람이나 사는 사람 모두 경제활동의 범위를 늘릴 수 있었고, 일반 가격을 예측할 수 있게 되었다. 신 앞에서 평등해진 수도원 성직자와 대중들도 직접 소통할 수 있게 되었다. 간략히 말하자면, 차별과 구별의 경계가 허물어지면서 자본주의가 발달할 수 있었다는 것이 베버의 주장이다.

후기 자본주의 사회에서는 세계화로 인해 국가 간, 문화 간 경계가 더욱 모호해지고 있다. 우리나라 드라마 〈대장금〉이 중동 지역에서 사상 최고의 시청률을 기록하고, BTS가 전 세계의 열성 팬을 갖게 되고, 〈오징어 게임〉이라는 드라마가 전 세계인의 이목을 사로잡을 줄 누가 알았겠는가? 전 세계의 이질적인 문화에 접속하고 있는 젊은이들은 다양한 문화적 정체성을 형성한다. 지구 기후변화의 심각성에 동조하는 사람들은 자신이 어느 나라, 어느 지역에 사는 사람인지 중요하지 않은 지구 시민으로 태어나고 있다. 공간적 경계가 무너지는 신호이다.

스포츠에서도 기량이 뛰어난 외국 선수들이 들어오면서 한국 선수들의 수준도 짧은 시간 안에 향상되었다. 이질적인 플레이를 하는 선수들과 경기를 하다 보면, 자연히 실력이 향상된다. 몇 년 전만 해도 우리나라 축구 선수들은 유럽 선수들의 페인트 모션에 번번이 속아 공격수를 놓치곤 했다. 이제는 외국에서 유입된 선수들과 함께 경험을 쌓다 보니 그런 일이 줄었다. 테니스에서도 비슷한 현상이 있다. B조 선수들은 A조 선수들보다 실력이 낮기 때문에 A조 선수들은 B조 선수들과 섞이기를 싫어한다. 가끔 B조에서 잘 치는 선수를 A조에 넣어 주기도 하는데, 조를 옮긴 선수는 그때부터 실력이 빠르게 향상된다. A조 선수들이 치는 다른 종류의 공을 받아 보기 때문이다.

## 낯선 것은 익숙하게, 익숙한 것은 낯설게

중국인들은 우리가 상상할 수 없을 정도의 큰 수를 표현하는 수의 체계를 갖추었다. 경京($10^{16}$), 해垓($10^{20}$), 자秭($10^{24}$), 양穰($10^{28}$), 구溝($10^{32}$), 간澗($10^{36}$), 정正($10^{40}$), 재載($10^{44}$), 극極($10^{48}$), 항하사恒河沙($10^{52}$), 아승기阿僧祇($10^{56}$), 나유타那由他($10^{60}$), 불가사의不可思議($10^{64}$), 무량대수無量大數($10^{68}$)가 그것이다. 우리가 흔히 쓰는 조 단위의 숫자가 얼마나 큰지 느낌이 오지 않는다면, 빛의 속도에 견주어서 감을 잡아 볼 수 있다. 빛은 1초에 지구를 7바퀴 반 돈다(초속 30만 킬로미터). 1분이면 1,800만 킬로미터, 1년이면 9.4조 킬로미터를 간다. 즉, 1광년이 9.4조 킬로미터이니 조($10^{12}$)라는 단위가 얼마나 큰지 가늠할 수 있다. 이 숫자는 컴퓨터 메모리 크기를 나타낼 때 자주 사용하는 메가, 기가를 거쳐 테라라는 단위에 해당한다. 2022년 우리나라 정부 예산이 추경을 포함해서 610조 원에 이르니, 1원을 1킬로미터로 바꾸면 빛이 65년을 날아가야 도달할 수 있는 엄청난 거리인 것을 알 수 있다.

조 단위도 이렇게 큰 숫자인데, 무량대수는 얼마나 큰 숫자인지 도무지 상상이 가지 않는다. 이때 큰 수를 다른 현상으로 번역하는 것이 좋은 방법이다. 예를 들어 보자. 컴퓨터의 한글 완성형 글자에는 총 2,350자가 있다. 원숭이가 2,350개의 글자가 놓인 커다란 자판에서 무작위로 한 글자를 택할 때, 그 글자가 '독'

이 될 확률은 2,350분의 1로서, 복권으로 치면 매우 낮은 확률이다. 그 다음 글자로 '자'가 뽑힐 확률도 마찬가지로 낮다. 원숭이가 하나씩 순서대로 뽑아낸 글자가 "여러분은 이 책을 재미있게 읽고 있습니까?"가 될 확률은 ($2.3 \times 10^{3 \times 23}$) 분의 1, 즉 ($2.3 \times 10 \times$ 무량대수) 분의 1이 된다. 원숭이가 무작위로 독자에게 제법 긴 글자로 이루어진 질문을 던질 확률이 무량대수의 역수보다 작은 것이다.

인도 사람들은 상상하기 어렵게 큰 수를 '갠지스강의 모래만큼 많은 갠지스강의 모래'라고 표현했다. 우주에 별이 도대체 얼마나 많을지 상상이 안 되면, 별의 수는 지구상의 모든 해안 모래사장에 있는 모래 알갱이 수보다 많다고 말하면 약간은 감이 잡힐 것이다. 우리는 이처럼 상상하기조차 어려운 것들을 모래처럼 주위에 있는 비교적 익숙한 것에 빗대어 이해를 돕곤 한다. 우주에 존재하는 모든 물체에게 질량을 부여하는 힉스 보손이라는 입자에게 '신의 입자God's Particle'라는 명칭을 부여해 일반인에게 친근하게 다가가기도 한다. 힉스 보손을 찾겠다는 연구제안보다 신의 입자를 찾겠다는 연구제안에 정책결정자들이 대규모 연구비를 댈 확률이 높기 때문이다.

대부분의 천재적인 발상은 번쩍 떠오르는 직관에서 출발한다. 이런 직관은 수학적 언어나 이미지, 문장으로 번역되어야 한다. 노벨상을 받은 과학자들에게 위대한 발견이나 발명을 착상하게 된 상황을 물어보면 대부분이 꿈을 꾸다가, 샤워를 하다가, 또는 산책을 하다가 우연히 '생각 덩어리'가 불쑥 솟아올랐다고 한다. 직관적으로 떠오른 이러한 생각 덩어리는 논리를 뛰어넘어서 발생하기 때문에 언어로, 수식으로 혹은 이미지로 번역되어야 다른 과학자들이나 예술가 혹은 평범한 독자들과 소통할 수 있다. 낯선 것을 익숙하게 표현하는 방법을 고안해야 하는 것이다.

조각가는 세상에 대해서 하고 싶은 말을 이미지로 번역해 내려고 노력하고, 소설가는 머리에 떠오른 장면을 일단 이미지로 기억한 다음 문장으로 번역해 낸다고 한다. 작가 이사벨 아옌데를 인용해 보자.

> 책은 내 마음에서 생겨나는 게 아니라, 뱃속 어디에선가 떠오른다. 그것은 내가 접근하지 못한 대단히 어둡고 비밀스러운 장소에 숨겨져 있으며, 내가 그저 모호한 느낌으로만 짐작하는 것, 아직 형체도 이름도 색깔도 목소리도 없는 그런 것이다.
>
> — 루트번스타인 & 루트번스타인, 2007: 28쪽 재인용

갑자기 떠오른 장면이나 영상, 충동 등은 처음에는 말로 표현할 수 없지만, 결국에는 말로 표현된다고 한다. 과학자도 예술가처럼 직관적 영감에서 출발하여 위대한 발명에 이른다.

이러한 직관적 깨달음을 단어로 번역해 내는 원초적인 과정을

가장 잘 보여 주는 사례가 헬런 켈러일 것이다. 태어나자마자 시각과 청각을 잃은 헬렌 켈러가 암흑의 세계를 벗어나 그토록 아름다운 삶의 기록을 남긴 것은 기적처럼 보인다. 시각과 청각이 단절된 그녀는 어떻게 말을 배우고, 개념을 익히고, 세상을 이해할 수 있었을까? 그녀의 세상에 대한 통로는 촉감과 미각, 그리고 후각뿐이었는데, 어떻게 이러한 감각만으로 추상적인 개념을 체득하고 세상에 대한 인지능력을 키울 수 있었는지 신비하기만 하다. 그 과정을 이해하는 단초는 그녀의 자서전 중에서 클라이맥스에 해당하는 다음 구절에 있다.

> 설리반 선생님은 나를 자신의 방으로 이끌고 가서 인형을 하나 건네주었다. 내가 인형을 가지고 놀기 시작하자, 선생님은 내 손바닥에 'd-o-l-l'이라고 썼다. 나는 이 손가락 장난에 큰 흥미를 느끼고 흉내를 냈다. 나는 층계를 달려 내려가 어머니에게 인형이라는 글자를 써 보였다. 그러나 나는 내가 단어를 쓰고 있다는 사실은 전혀 몰랐다. 나는 단지 원숭이처럼 손가락 흉내를 냈을 뿐이다.
> ……
> 설리반 선생님은 'w-a-t-e-r'이라는 모양이 물을 의미한다는 것을 가르쳐 주려고 했지만, 아무 소용이 없었다. 어느 날 우리는 장미꽃 향기에 이끌려 오솔길을 따라 우물가에 다다랐다. 선생님은 콸콸 쏟아지는 물 아래로 내 손을 가져갔다. 찬 물줄기가 한쪽 손에

쏟아지는 동안, 선생님은 다른 손에 'water'라는 단어를 처음에는 천천히, 그리고는 매우 빠르게 썼다. 나는 꼼짝 않고 서서 온 신경을 선생님의 손가락 움직임에 집중시켰다. 갑자기 나는 잃어버린 그 무엇을 되찾듯이, 안개 같은 의식을 깨달았다. 어쩐 일인지, 언어의 신비가 나에게 드러났다. 그 순간 나는 'w-a-t-e-r'이 내 손에 쏟아지고 있는 차가운 그 무엇을 지칭하고 있음을 깨달았다. 이 살아 있는 단어가, 나의 영혼을 깨우고 빛과 희망과 즐거움을 주었으며, 영혼을 자유롭게 하였다. —Keller, 2013: 23~24

참으로 감격적인 장면이 아닐 수 없다. 한 손의 손바닥에 느껴지는 기이한 움직임이 다른 손에 쏟아지는 차가운 감각을 유발하는 물을 일컫는다는 깨달음이 헬렌 켈러의 첫 번째 의식이었던 것이다. 촉감과 단어의 연결, 이것이 그녀의 영혼을 깨웠으며, 이 놀라운 깨달음이 추상적 개념을 이해하는 출발점이었던 것이다. 다른 말로 하면, 손바닥 촉감으로 느낀 개념과 차가운 물체 사이의 연결이 세상을 잉태하는 첫걸음이었다. 사실 개념을 뜻하는 concept라는 단어는 '잉태하다'라는 어원을 갖고 있다(같은 어원에서 온 conception이 임신을, contraception은 피임을 뜻한다). 물체와 개념이 연결된 후, 또는 물체를 개념으로 번역한 후, 헬렌 켈러의 인식의 지평은 지속적으로 넓어져 세상을 잉태할 수 있었던 것이다.

물체와 개념이 연결되듯이, 별개의 영역이 연결되는 방법에는 번역과 유추가 있다. 창의성은 이러한 영역의 연결에서 생겨난다. 번역과 유추 각각의 역할에 대해서 살펴보자.

## 스마트 월드 번역하기

참가자 수가 천 명 정도 되는 대규모 아마추어 테니스 대회에 가보면 재미있는 현상이 눈에 들어온다. 1회전에서 뛰는 선수들 중에는 온갖 종류의 기기묘묘한 폼으로 공을 치는 선수들이 종종 눈에 띈다. 개구리처럼 폴짝 뛰면서 공을 치는 사람, 라켓을 수직으로 들고 치는 사람, 손목을 비틀어 치는 사람 등 자기 잘난 맛으로 길들여진 각종 폼들을 쉽게 발견할 수 있다. 그러나 제멋대로 치는 폼은 2회전과 3회전을 거치면서 대부분 탈락하고, 8강전에 남아 있는 선수들의 폼은 대체로 프로 테니스 선수들의 정형화된 폼과 비슷하다. 물론 예외적인 경우도 간혹 있지만, 준결승전에 올라오면 서브 넣는 모습이며, 백핸드로 공을 치는 모습도 대체로 프로 선수와 비슷해진다. 왜 그럴까? 프로 선수의 폼이 좋은 성적을 내고, 이와 다른 폼은 좋은 성적을 내지 못하고 탈락하기 때문이다. 신기하게도 아름다운 폼이 좋은 성적을 낸다.

난자를 향해 출발한 수억 마리의 정자들 중 보통 최종 승자 한

〈그림 3-3〉 이런 폼으로 서브하는 아마추어 선수는 몇 명이나 될까?

마리만 난자와 결합한다. 출발할 때의 정자들은 온갖 모양과 건강상태와 행동 패턴을 갖지만, 수억 개의 다른 정자와 경쟁한 후 최종 결승선 근처에 도달한 정자들은 모두 매우 건강하고 형체가 뚜렷하다. 강력한 경쟁과 선택 과정을 통과하면서 쭉정이들이 다 걸러진 탓이다. 이 과정은 진화과정과 매우 닮았다. 돌연변이에 의해서 별의별 형태와 동작이 생겨나지만, 결국은 자연선택에 의해서 쭉정이는 걸러지고 알곡만 남는 것이 진화이다.

테니스 대회에서 생물세계와 같은 진화가 생겨날 리가 없지만, 우리는 진화론을 활용하여 수많은 돌연변이 테니스 폼들 중에서 특정한 폼이 선택되었다고 설명할 수 있다. 이것이 유추에 의한 설명이다. 유사성에 근거하여, 잘 발달된 진화 이론을 전혀 다른 현상에 적용하여 설명하는 것이 유추를 활용하는 것이다.

〈그림 3-4〉 닐스 보어의 원자핵과 전자의 움직임을 태양계에 유추한 그림

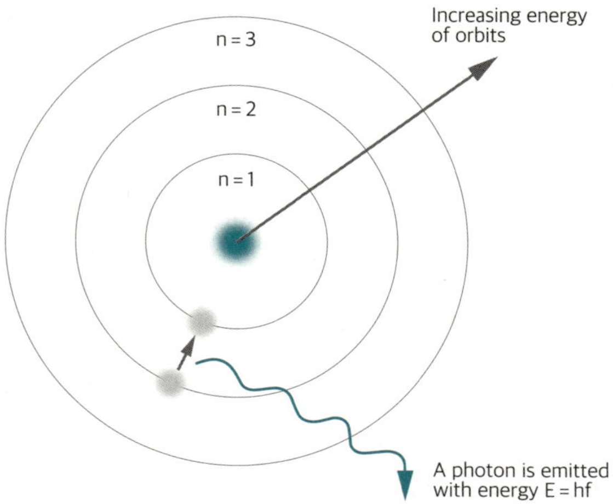


물리학자들은 원자핵 주위를 돌고 있는 전자를 처음 발견하고는 이 현상을 어떻게 설명할지 몰랐다. 일반인들에게 이 현상을 가장 설득력 있게 설명하는 방식은 원자핵을 태양에, 그 주위를 돌고 있는 전자들을 행성에 비유하는 것이었다. 비슷한 모양의 움직임을 설명하기 위하여 천체물리학 이론을 소립자 이론에 적용한 것이다.

이처럼 한 학문분야에서 잘 알려진 이론을 다른 분야에 적용한 사례는 수없이 많다. 생물세계의 진화 법칙을 시장경제에서 기술이나 조직 형태가 변화하는 데 적용한 경제진화론도 대단히 훌륭한 이론으로 각광받는다(Nelson & Winter, 1982). 기술적인 혁신

은 생물세계의 돌연변이에 비유되고, 생존경쟁은 시장에서의 경쟁에 비유된다. 적합한 자를 골라내는 적자생존이라는 자연선택은 시장선택에 비유된다. 폴더블 폰이라는 돌연변이가 치열한 시장경쟁에서 살아남아 시장의 적자fittest가 된 것이 시장선택의 좋은 예이다. 시장선택은 주로 소비자에 의해서 결정된다. 이로써 생물진화론과 경제진화론은 1 대 1로 개념이 상응하는 거울 이미지를 갖게 된다. 오랜 기간 발전한 진화론을 유추로 활용하니 단시간에 경제진화론이라는 이론이 완성된 것이다.

한 세기 전 사회진화론도 마찬가지로 유추를 활용하여 발전했다. 사회도 진화하는 하나의 유기체로서, 이 유기체의 두뇌에 해당하는 것이 국가라고 보고, 혈관은 도로 및 철도, 소화기관은 소비활동 등에 비유하여 사회진화론을 완성시킨 것이다. 이 외에도 사회를 결속시키기 위해서 사회 단위가 수행해야 하는 기능이 있다는 주장이 제기되면서, 문화는 사회의 결속에, 정치는 사회가 추구하는 목적 달성에, 그리고 경제는 환경 적응에 필요한 기능을 수행한다는 구조기능주의 이론이 생겨난다.

겨울철에 얼어 죽어가는 두 마리 고슴도치는 애증병존ambivalence에 비유된다. 추우니까 상대의 체온이 필요해서 다가가면 상대 고슴도치의 가시가 찌른다. 물러선 후 추워서 다시 다가간다. 상대의 가시 때문에 적당한 거리에서 오들오들 떨면서 추위를 견디는 고슴도치는 서로 사랑과 증오를 동시에 지닌 상징이다. 프로이트는 여기에서 모순적인 심리상태를 일컫는 '애증병존'이라는 개념을 이끌어 낸다(Freud, 1975). 갈등을 겪는 부부도, 노사분규를 하는 노조와 경영자도 모두 애증병존의 상태이다.

물리학에서 최근에 각광받는 초끈 이론super-string theory은 물체의 궁극적인 최소단위가 잠시 있다 사라지는 진동하는 끈이라는 은유를 사용한다. 물질의 근본 단위가 원자나 쿼크와 같은 최소 단위의 물질이라면 어느 정도 이해가 되는데, 진동하는 파가 물질의 근원이라니 상상하기 어렵다. 그러나 현악기에서 다른 음파로 소리의 높낮이를 만들어 내는 끈의 은유가 물리학자들에게 실제로 도움을 주는 이미지를 제공한다고 한다.

문학에서의 창의성도 은유 또는 유추에 근거한 예가 많다. "내 마음은 호수요, 그대 노 저어 오오. 나는 그대의 흰 그림자를 안고, 옥같이 그대의 뱃전에 부서지리라." 은유 기법을 사용한 김동명 시인의 멋진 표현이다. 이처럼 창의적인 문학적 표현들은 전혀 별개의 영역을 연결하는 유추의 마법에서 온다. 자신의 마음을 호수에, 상대방을 배에 비유함으로써 상상력을 발동하는 시를 탄생시킨 것이다. 문학가들은 뛰어난 상상력에 의존하여 창의적 활동을 지속하는 사람들이다. "우리가 어느 별에서 만났기에 이토록 애타게 그리워하는가." 밤마다 찾아오는 애틋한 그리움의 원인을 별에서의 인연으로 비유한 정호승 시인의 아름다운 시구이다.

## 학문에서의 경계 넘기

창의성이 집적되어 있다고 볼 수 있는 과학의 영역에서도 경계 넘기는 점차 더 활발해지고 있다. 2000년대 초반 출간되어 우리나라에서 오랫동안 베스트셀러 반열에 오른 《링크》라는 책은 알버트 바라바시Albert Barabasi라는 물리학자가 썼다. 이 책은 네트워크의 특징과 효과를 일반 독자에게 쉽고 재미있게 설명해 준다. 예를 들어, 다음과 같은 내용이다. 미국에서 전혀 모르는 사람 간에 아는 사람 몇 단계를 거치면 서로 연결되어 있는가? (답은 5.5단계) 인터넷 은하계의 한쪽 구석에서 반대편 구석으로 옮겨 가려면 몇 번의 링크를 거쳐야 하는가? (인터넷 은하계의 지름은 19번의 클릭) 앞의 질문은 인간관계 네트워크에 대한 사회학적 질문이고, 뒤의 질문은 인터넷 링크 구조에 대한 물리학적 질문이다. 그런데 동일한 질문이 전혀 다른 학문영역에서 제기된다.

여기에 먹이사슬에 대한 생물학적 질문이 가세한다. 생태계의 먹이사슬에서 대구와 대구를 잡아먹고 사는 바다표범 사이에는 네트워크 경로가 몇 개나 있을까? 이 질문이 제기된 실제 상황이 재미있다. 미국 캘리포니아에서 대구 어획량이 급격히 감소하자, 어민들은 대구를 먹고 사는 바다표범을 사냥할 수 있게 허용해 달라고 주 정부에 요구했다. 단순한 인과 논리에 따르면 어민들의 주장이 타당한 것처럼 보였고, 주 정부는 1년에 바다표범 몇 마리를 죽여야 하는지 연구에 착수했다. 그러나 연구 결과, 바다표범 수를 줄인다고 대구의 수가 늘어날지 확신할 수 없다는 결론을 내렸다. 대구와 바다표범 사이에는 2억 2천만 가지가 넘는 먹이사슬이 얽혀 있어 도미노 연쇄와 피드백 메커니즘을 갖는 상호작용을 일으키기 때문이라고 한다.

네트워크에 대한 관심은 여러 학문분야에서 자연발생적으로 생겨났고, 이들은 복잡계 과학이라는 이름으로 뭉쳐 함께 연구하기 시작했다. 인간들 사이의 친구관계 네트워크와 돌고래들 사이의 자주만남 네트워크 구조 사이에 공통점이 있는가? 먹이사슬의 네트워크와 강줄기 네트워크는 비슷한 구조를 갖는가? 산불이 크게 번지는 데는 옆 나무와의 거리 등이 중요할 텐데, 과거부터 여러 번 발생한 산불 규모의 분포와 눈사태 크기의 분포, 그리고 경제위기 규모의 분포는 같은 수학공식으로 표현될 수 있는가?(모두 멱함수power law라고 불리는 함수로 분포되어 있다.) 반딧불이가 동시에 불빛을 점멸하는 현상은 촛불 시위대가 한꺼번에 광화문광장에 쏟아져 나오는 현상과 같은 메커니즘을 갖는가?(모두 네트워크의 동조화 모델로 설명된다.) 몇 가지 질문만 열거해도 학문 영역에 관계없이 제기되는 질문이 매우 흥미롭고, 동일한 수학이나 메커니즘으로 질문에 같은 설명을 하니 학문 간 경계 넘기가 자연스럽게 확산될 수밖에 없어 보인다.

코로나 바이러스가 팬데믹으로 확산될 것인가를 예측하는 것은 전통적으로 예방의학이나 역학의 영역이다. 그러나 이 질문은 어떤 영화가 뜰 것인가 아닌가를 예측하려는 마케팅의 질문과 이어져 있다. 이집트의 반정부 시위가 네트워크를 통해 시민 동원에 성공할 것인가를 연구하는 정치학적 질문과도 연결되어 있다. 1명이 몇 명에게 전염이나 전파를 시키는지를 나타내는 재생산지수가 뜨는 현상과 직결되어 있다.

이 때문에 전통적인 학문의 경계를 넘어 '네트워크 과학'이라는 융합학문이 생긴 것이다. 여기에는 물리학자, 생물학자, 사회학자, 의학자, 경제학자, 경영학자 등이 모여서 함께 아이디어를 내면서 논의한다. 우리나라에서는 복잡계 학회라는 학회가 새롭게 결성되어 학문의 경계를 넘는 '뜨는 현상'에 대해 연구하고 있다. 미국에서는 우리보다 먼저 산타페 연구소가 복잡계와 관련된 융합적 연구를 주도하고 있다.

산타페 연구소 소장을 지낸 물리학자 제프리 웨스트Geoffrey West는 생명체의 몸집이 4배로 커지면 사용하는 에너지가 3배로 증가한다는 통계적 경향성을 발견한다. 가령 코끼리처럼 몸집이 큰 동물이 사슴보다 몸무게가 16배 더 나간다면, 이 코끼리는 에너지를 사슴보다 12배 더 사용한다는 말이다. 몸집이 커질수록 킬로그램당 사용되는 에너지가 적어진다. 만일 생명현상에 이런 강한 규칙성이 존재한다면, 인간들이 꾸리는 도시의 크기와 에너지 사용량 사이의 관계는 어떨까? 마찬가지로 한 도시 인구가 다른 도시보다 4배 더 많으면, 그 도시는 에너지를 3배를 더 사용한다고 한다(Bettencourt, Lobo et al., 2007). 생물학적 지식이 도시에도 그대로 적용되는 것이다.

이처럼 한 분야의 지식이 다른 분야 지식과 결합할 때 새로운 지식이 태어나는 것을 '메디치 효과'라고 부른다(Johansson, 2004; 2017). 이탈리아의 메디치 가문이 지원한 미술가, 음악가, 그리고 과학자들이 긴밀히 상호작용하면서 이탈리아 중세 문화의 꽃을 피우고 르네상스를 발흥시킨 역사적 경험에서 따온 개념이다. 똑같은 과정이 현대 과학이론의 발전에도 그대로 적용된다. 왓슨과 크릭의 DNA 나선구조 발견은 그 당시에 발전하고 있던 생화학 이론과 미세한 화학반응을 촬영할 수 있는 X선 분광기술 등 다양한 이론과 지식이 연결되어 가능했다. 한 가지 학문영역의 중심에서 나온 것이 아니라, 여러 학문영역의 변방에 있던 지식이 연결되어 메디치 효과에 의해서 획기적 이론으로 발전한 것이다(Ogle, 2007). 사실 커다란 혁신은 학문의 중심에서 생겨나기보다는 변방이 서로 연결되면서 생겨난다는 것이 과학사의 가르침이기도 하다.

이처럼 창의적인 지식은 지식 네트워크에서 지식들이 서로 상호작용하면서 나오기 때문에, 현대 과학에서 단독저자가 쓴 논문은 점차 사라져 가고 있다. 여러 분야 전공자들이 팀을 구성하여 논문을 쓸 때 주목을 많이 받는 논문이 되는 것이다. 단적인 예로서, 〈네이처〉와 〈사이언스〉에 실리는 논문 중 저자가 1명인 연구 논문은 거의 없다. 네트워크에 의해서 긴밀히 연결된 연구팀이 쓴 논문의 인용 빈도가 더 높을 뿐만 아니라 이질적인 분야의 연구자들이 참여해서 작성한 논문의 인용 빈도가 훨씬 더 높다(Uzzi, 2008). 즉, 학문 사이의 경계를 넘는 융합연구가 더 훌륭한 논문들을 생산해 내고 있는 것이다.

이러한 변화는 산업혁명 이후 학문이 끊임없이 전문화라는 이름 아래 잘게 나뉘어 온 것에 대한 반작용이기도 하다. 대학 연구도 전공의 높은 담장 안에서 이루어지던 관행을 바꿔야 한다. 전공이나 학과의 구별이 모두 사라지는 시대는 도래하지 않을 것이며, 그러한 현상이 바람직하다고 볼 수도 없다. 그러나 전통적인 학과의 경계를 유지한 상태에서 이루어지는 끊임없는 융합 과정은 전통적인 학문의 발전을 위해서도 필수적이다. 미국에서 진행되고 있는 흥미로운 융합연구의 예를 하나만 골라 검토해 보자.

수세식 화장실과 관련된 기술은 로마시대부터 거의 변한 것이 없다. 물을 이용한 세척과 하수로를 통한 오물 배출이라는 기본 과정에 있어 지난 2천 년간 개발된 신기술은 거의 없다고 한다. 그런데 최근에 귀한 물의 낭비를 줄이면서 오물에 남아 있는 에너지를 재생할 수 있는 기술 개발에 관한 융합연구가 진행되고 있다(Diamandis & Kotler, 2012). 이 기술에는 건축학, 기계공학, 미

생물학, 심리학, 사회학 등 수많은 학문이 기여할 여지가 있다. 이미 비행기 화장실에서는 압축공기로 오물을 빨아들여 물 소비를 최소화한 변기를 볼 수 있다. 여기에 덧붙여, 어떤 박테리아가 대변에서 메탄가스를 생산하는 데 효율적인지에 대한 생물학적 지식, 오물을 어떤 식으로 한 곳에 또는 여러 곳에 분산하여 모아야 하는지에 대한 건축학적 설계 지식, 변에서 생산된 메탄가스에 대한 사회심리학적 저항감 극복에 대한 연구 등 수많은 종류의 지식이 동원되어야 한다. 이 기술은 전 세계 모든 집에 적용 가능해 상당한 시장성이 있을 것으로 보이지만, 한국에서 특히 더 효율적일지 모른다. 아파트 단지가 즐비하고, 대형 정화조가 단지마다 설비되어 있으니 '집중의 효율'이 다른 나라보다 월등할 것이기 때문이다. 여기에 음식물 폐기물까지 한꺼번에 처리할 수 있다면 금상첨화가 될 것이다. 이런 기술개발에는 여러 전공이 협력할 수 있는 종합대학이 유리할 것이다.

풀어야 할 기술적 문제가 명확히 정의된 경우에 융합연구는 쉽게 빛을 발할 수 있다. 특히 의과대학의 병원에서 일하는 의사들은 풀어야 할 문제를 명확히 알고 있다. 가령 신경이 끊어진 부분을 이어 줄 반도체 소자를 찾아낸다면 여러 종류의 장애를 해결할 수 있다는 것을 안다. 물리학, 신소재학, 전자공학 등 여러 학문 분야가 협동해야 이런 의학적 혁신을 만들어 낼 수 있을 것이다.

학문에서의 경계 넘기는 자연과학과 인문·사회과학 사이에서도 활발하게 일어나고 있다. 임마누엘 칸트가 물질과학과 문화과학을 나누고, 전자는 법칙을 추구하지만 후자에서는 인간의 자유의지 때문에 법칙이 불가능하다고 주장한 이후, 그의 견해는 자연과학과 사회과학을 구분하는 표준적인 과학관으로 자리 잡았었다. 가령 '바람에 날려 가는 나뭇잎의 움직임은 예측할 수 있다. 그러나 순경에게 쫓기는 도둑의 움직임은 예측할 수 없다. 도둑에게는 자유의지가 있기에 계속 도망갈 수도, 순경에게 덤벼들 수도, 절벽 아래 강물로 뛰어들 수도 있기 때문'이라는 주장이 인문학과 자연과학을 나누는 근거가 되었다.

그러나 이러한 전통적 구분에 도전장을 던지면서 두 과학 사이의 경계가 점점 느슨해지고 있다. 자연과학에서는 대기현상의 복잡성 때문에 나뭇잎의 움직임을 결정론적으로 예측할 수 없다는 복잡계 과학complexity sciences이 생겨났으며, 사회과학에서는 빅데이터에 자연과학적 분석방법을 도입하여 인간이나 사회현상에 드러나는 통계적 규칙성을 찾기 시작했다. 결국 두 과학 사이의 간극은 복잡계 과학, 그중에서도 네트워크 과학 덕택에 좁아지고 있다.

네트워크 과학의 선구자인 바라바시는 앞서 언급한 《링크》에서 자연세계와 생물세계, 그리고 인간세계에 존재하는 서로 전혀 다른 종류의 네트워크에 동일한 구조가 있다는 사실을 밝혔다.

즉, 노드node들은 서로 몇 단계 만에 연결되는 좁은 세상을 이루며, 링크는 소수가 독점하는 멱함수를 따른다는 것이다. 소셜 네트워크를 전공하는 사회과학자인 내게 물리학자인 바라바시가 준 충격은 컸다. 이 천재 물리학자는 네트워크의 범위를 크게 넓혀서 먹이사슬이나 유전자 네트워크 같은 전혀 다른 종류의 네트워크들이 친구나 섹스 네트워크와 공통적인 특징을 갖는다는 점을 역설하면서, 왜 그런 공통적인 구조가 나타나는지에 대한 이론적인 정당화를 곁들인 것이다. 마치 사회과학자의 네트워크에 대한 관심이 편협하다고 꾸짖듯이.

바라바시는 후속 연구를 통해 2010년 《버스트》라는 책을 출판했다. 《링크》와 마찬가지로 이 책도 인간행동을 자연의 한 조각으로 간주한다. 사람이 움직이는 거리가 돌고래의 움직임이나 황새가 나는 거리와 마찬가지로 멱함수로 분포되어 있다는 주장은 매우 신선하다. 작은 지진이 자주 발생하고 큰 지진은 드물게 발생한다는 멱함수의 법칙이 인간의 이동에서도 발견되어, 대부분의 인간 이동은 짧은 거리에서 일어나고 먼 거리 이동은 드물게 발생한다는 것이다. 산불이나 번개는 규모가 클수록 빈도가 낮아지고 작을수록 빈번하게 발생한다는 멱함수의 법칙이 자유의지를 갖고 행동하는 인간에게도 그대로 적용된다고 하니, 신기하면서 한편으로 소름이 돋는다. 인간의 행동을 물리학적으로 설명하려는 물리학 제국주의의 부상이 두려워진다.

바라바시는 이 멱함수의 법칙이 아인슈타인이 받은 수백 통의 편지에 답하는 패턴에, 사람들의 인터넷 뉴스 검색 패턴에, 그리고 전화 거는 행동에 숨어 있다는 사실을 재미난 사례연구를 동원해 보여 준다. 비교적 조용한 시간을 보내다가 갑자기 폭발적으로 행동하는 패턴은 편지에 응답하거나, 웹 클릭을 하거나, 전화를 걸거나, 이동하는 행동에서 공통적으로 드러난다는 것이다. 지폐의 움직임을 추적한 연구, 혹은 위치정보를 가진 휴대전화의 동선 분석에 따르면 인간 움직임의 거리는 정규분포를 갖는 함수보다는 멱함수로 설명된다. 대부분의 시간을 조용히 보내다가 갑자기 특정한 행동을 쏟아낸다는 멱함수의 폭발성이 바로 《버스트》가 전달하고자 하는 메시지다.

자연과학자가 사회과학의 고유 영역인 인간행동을 설명하려고 시도한 경계 넘기는 대단한 성공을 거두었지만, 《버스트》의 가장 큰 단점은 사회과학에 대한 무관심 혹은 무지이다. 이 책의 출발점은 인간행동은 예측할 수 없다는 칼 포퍼의 주장에 대한 비판이다. 그러나 포퍼는 공산주의가 필연적으로 도래한다는 칼 마르크스의 '역사발전 법칙'을 비판하기 위해 예측 불가능성을 이야기한 것이지, 통계적 경향성으로 예측하는 것까지 부인한 것은 아니다. 물리학자와 사회과학자의 대화가 더 필요하다는 점을 보여 주는 대목이다. 스마트 월드의 지식들이 살아 움직이듯 경계를 넘어 엮이고 섞인다면 가치 있는 새로움이 생겨날 것이다.

# PART 4

# 뒤집으면<br>새로운 것이 보인다

〈그리운 바다 성산포〉라는 시에서 시인 이생진은 “술은 내가 마시는데 취하기는 바다가 취한다”라고 쓴다. 술 취해 흔들리는 관찰자와 객체를 뒤집어 놓은 것이다. 참으로 창의적인 관점의 뒤집기로 시의 백미가 된다. 영국 시인 바이든은 옥스퍼드대에서 신학 과목 시험을 치르면서 멋진 관점의 뒤집기를 보여 준다. 예수님이 혼인 잔치에서 물을 포도주로 바꾼 기적 사건의 영적인 의미를 논하라는 문제를 접하고 바이든은 두 시간 내내 창밖만 바라보았다고 한다. 교수가 백지 답안지를 거두기 직전에 그가 급히 쓴 한 줄의 답은 “물이 주님을 만나자 수줍어 얼굴을 붉혔다”였다고 한다(Ingram, 2003: 129). 기적을 행한 관점이 아니라, 기적 대상의 관점에서 사건을 바라본 것이다.

이런 관점의 뒤집기는 섬 아이들의 천진한 시각에도 있다. 오래전에 섬마을 아이들에게 서울 구경시켜 주기 운동이 벌어진 적이 있다. 독지가들이 뜻을 모아 평생 파도와 바다만을 보고 자라온 낙도 아이들에게 서울 여행을 마련해 준 것이다. 육지에 도착하면 서울행 기차를 타야 한다. 선생님은 아이들에게 완행열차를 탈지 아니면 급행열차를 탈지를 선택하도록 했다. 자기들끼리 한참을 논의한 끝에 낙도 아이들은 완행열차 타기를 결정했다고 한다. 한 신문 기자가 궁금해서 그 이유를 물었다. 돌아온 답은, 급행열차를 타고 가면 자신들이 그냥 스쳐 지나치게 될 이름 모를 작은 역들이 너무 불쌍해서 완행을 타겠다는 것이었다. 이 아이들은 자신들의 시각이 아니라 자신들이 스쳐 지나갈 역의 시각에서 여행자를 바라본 것이었다. 아이들의 천진난만한 관점의 뒤집기가 감동적이다.

우리는 꽃을 심고, 꽃의 아름다움을 즐긴다. 그러나 꽃의 입장에서 보면 인간의 노동을 활용하여 자기 자신의 번식(재생산)을 극대화한 것이다. 마찬가지로 농업에서 볍씨를 재배한 것은 인간의 기근을 해결하는 데 큰 도움을 줬다. 그러나 벼의 입장에서 보면 인간을 이용하여 자기 재생산을 안정화하는 데 성공한 것이다. 우리가 즐기는 달콤한 과일 또한 과실수의 입장에서 보면, 인간이나 동물을 이용하여 자신의 씨를 더 멀리 퍼뜨리기 위한 장치이다. 이런 뒤집기의 사유 패턴은 창의성의 근원이 될 수 있다.

흔히 사람들은 창의성에 대해 잘못된 믿음을 갖고 있다. 창의성은 타고난 능력이며 대단히 희귀한 사건으로서, 우연적이고 기발한 발상의 결과라는 생각이다. 그러나 창의성은 일상적으로 표출될 수 있고, 특정한 사고의 틀을 따라 착상될 수도 있다. 또 창의성은 타고난 것만이 아니며, 노력과 생각의 패턴을 숙지하면 후천적으로 개발할 수 있다. 발명은 99%의 노력과 1%의 영감으로 이루어진다는 에디슨의 유명한 말은 절대로 옳다.

이 장에서는 창의적인 생각을 떠올릴 수 있도록 도움을 주는 사유방식 중 가장 쉬운 방법인 뒤집기에 대해서 이야기할 것이다. 선과 악을 뒤집으면, 일상적으로 선하다고 여겨지는 것이 악으로 변하고, 악하다고 여겨지는 것이 선이 된다. 예를 들어, 선한 백설공주의 이야기를 악한 백설공주로 뒤집어 보면 새로운 창의적 해석이 가능하다. 일곱 난쟁이라는 남성들의 정성어린 도움을 받고 나서 멋진 젊은 왕자가 나타나자마자 그를 따라 홀연히 떠나 버리는 그녀는 과연 착한 여인인가? 공주를 지극정성으로 보살피고도 버려진 7명의 루저loser 남성 난쟁이들의 처지를 생각이나 해보았는가?

## 닥치는 대로 뒤집어 보기

토끼와 거북이의 경주 이야기를 접하면 우리는 대개 거북이의 근면성을 칭찬하고 토끼의 교만함을 나무란다. 그러나 뒤집어 보면 여기에서도 새로운 해석이 가능하다. 거북이는 왜 토끼에게 도전했는가? 밑져야 본전이라는 심보로 토끼의 귀한 시간을 빼앗았는가? 토끼가 잠드는 요행수를 바라고 그랬다면 고약한 거북이다. 한편 토끼는 왜 거북이의 도전에 응했는가? 느린 놈에게 더 심한 모멸감을 주기 위해서인가? 거북이의 긴 시간 동안의 노력을 단

몇 초 만에 뒤집어 좌절감을 주려고 도전을 받아들였는가? 이렇게 뒤집어 바라보면 새로운 해석이 가능해지며, 토끼이건 거북이건 그렇게 선한 동기를 갖고 있지 않다는 사실을 알 수 있다. 〈잠자는 숲속의 공주〉라는 동화에서 공주가 왕자의 키스를 받고 잠에서 깨어난 이야기는 미투의 관점에서 보면 대단히 성 편견적이며 인권 감수성이 없다. 잠자는 여인에게 몰래 한 키스는 성추행에 속한다.

16세기 이탈리아 화가 주세페 아르침볼도Guiseppe Arcimboldo의 정물화는 뒤집기가 예술의 영역에서도 활용될 수 있음을 보여 준다. 다음 페이지의 그림은 과일과 채소를 그린 정물화이다. 잠시 책을 뒤집어서 이 그림을 다시 보기를 바란다. 뒤집어 보기 전에는 전혀 상상할 수 없었던 한 인물의 초상화가 나타난다는 사실에 놀랄 것이다. 인간의 시각적 인지능력은 똑바로 보았을 때만 제대로 작동한다는 점을 십분 활용하여 새로운 회화의 영역을 개척한 사례이다. 거꾸로 보았을 때 드러난 초상화의 얼굴을 바로 세워서 다시 보려고 해도 잘 보이지 않는 것이 신기할 정도이다.

인과관계를 뒤집어도 창의성이 생겨난다. 교수가 강의실에서 갑자기 백묵을 던져 박살이 났다. 왜 백묵이 깨졌는가? 인과적으로 설명하면, 날아간 백묵의 속도와 중력 그리고 강도 등이 깨진 현상을 설명한다. 그러나 인과관계를 뒤집어서 결과로 원인을 설명할 수도 있다. 즉, 백묵이 깨지자 소리에 놀라서, 혹은 교수의

뒤집어 바라본 아르침볼도의 정물화 〈여름〉

갑작스러운 파괴행동에 놀라서 졸던 학생들이 갑자기 강의에 관심을 집중했다. "백묵이 깨진 이유는 학생들의 주목을 끌기 위해서"라고 설명하면 관심을 집중시킨 '결과'가 백묵이 깨진 '원인'이 되는 것이다. 미래에 발생하는 결과가 현재의 원인이 되는, 시간이 뒤집어진 인과론이다. 물론 여기서는 백묵을 던진 사람의 의도가 결과를 낳았지만, 의도는 무시하고 학생들의 주목을 끈 결과로 백묵이 깨진 원인을 설명한다. 이것은 원인과 결과를 뒤집어 설명하는 기능론의 논리구조이다.

찰스 다윈의 진화론이라는 혁신적 이론은 이러한 인과관계의 뒤집기에 근거한다. 쉬운 예를 들어 보자. 송충이는 나뭇잎을 파먹다가 옆 잎으로 옮겨 가기 전에, 자신이 먹던 잎의 줄기를 끊어 땅에 떨군다. 이러한 행동의 원인은 그 결과가 설명한다. 파먹던 잎을 땅에 떨구는 이유는 먹다 남은 잎을 보고 날아오는 새나 말벌을 피하기 위함이다. 송충이가 잎을 갉아먹으면, 나무는 특정한 화학물질을 분비한다. 말벌은 이 냄새를 맡고 송충이의 몸 안에 알을 낳으려고 날아온다(Turlings, Tumlinson & Lewis, 1990). 송충이는 나뭇잎이 분비하는 화학물질을 자신으로부터 멀리하려고 잎새를 끊어 땅에 떨어뜨리는 것이다. 즉, 따낸 잎의 결과(기능)가 잎을 따내는 송충이의 행동을 설명한다. 무수한 돌연변이에 의한 다양한 행동 중에서 우연히 잎을 끊은 것이 번식에 좋은 결과를 냈고, 그렇기 때문에 잎 끊는 행동이 자연에 의해서 선택되었다고 설명하는 것이다.

대부분의 사람은 풋고추를 쌈장에 찍어 먹을 때, 뾰족한 쪽을 먼저 찍어서 먹기 시작한다. 그러나 고추를 뒤집어 줄기 쪽부터 먹는 사람도 가끔 있다. 고추 끝에 달려 있는 줄기를 따낸 다음 굵은 쪽에 된장을 찍어 먹는다. 그 이유를 묻자 나름대로 좋은 설명을 한다. 뾰족한 쪽은 미끄러져서 쌈장이 잘 묻지 않지만 굵은 쪽은 면적이 넓어서 쌈장이 적당히 잘 발린다는 것이다. 또한 그래야만 남기는 부분 없이 깨끗이 다 먹을 수 있다고 설명하기도 한다. 하긴 뾰족한 부분부터 먹는 사람은 줄기 쪽에 고추를 조금 씩 남긴다. '고추 먹기'에서의 뒤집기가 다른 고추 먹기 방식을 만들어 냈다.

이 장은 뒤집기를 통해서 신선한 아이디어가 만들어진 사례를 분석한다. 이런 뒤집기로 창의적인 발상에 도달한 사례는 무척이나 많다. 산업혁명은 사람이나 동물의 근육, 또는 물레방아 등 자연으로부터 얻던 동력을 기계의 동력으로 대체한 엄청난 과학기술 혁명이다. 그러나 동력 혁명 못지않은 조용한 혁명이 수반되었는데, 그것은 바로 컨베이어벨트에 의해서 가능해진 대량생산 혁명이다. 컨베이어벨트 앞에서 작업하는 조립공은 정확하게 반복되는 단순노동을 함으로써 효율을 극대화한다. 인간과 기계가 과학적으로 결합되어 '인간-기계 복합체man-machine complex'가 만들어졌고, 대량생산 공장에서 없어서는 안 될 핵심 요소가 되었다.

헨리 포드는 컨베이어벨트의 아이디어를 소 도축장 작업을 관찰하면서 얻었다고 한다(Beniger, 1986). 소 도축 과정을 보면, 먼저 커다란 갈고리에 소 한 마리를 걸어 놓고, 맨 앞사람이 다리를 자른 다음에 옆으로 밀어낸다. 그러면 다음 사람은 가슴 부위를 잘라낸다. 소가 맨 끝에 이르면 모두 분해된다. 포드는 이것을 보고 '아하!' 하고 탄성을 질렀다고 한다. 소가 분해되는 해체과정을 뒤집으면 조립과정이 되기 때문이다. 컨베이어벨트 위에 실려 나오는 작업대상에 부품을 얹어 조립하면 벨트 끝에 가서 완성품이 생긴다. 작업대상에게 다가가던 노동방식이 작업대상이 인간에게 다가오기로 뒤집어진 것이다. 작업대상이 노동자에게 일정한 속도로 다가오기 때문에 노동자는 맘대로 쉴 수 없다. 그 결과 노동에서 '시간의 빈틈'이 사라지고 비인간적인 노동강도를 노동자에게 강요할 수 있는 포디즘이 탄생한다. 찰리 채플린이 주연·감독한 영화 〈모던 타임즈〉는 이런 노동이 얼마나 비인간적인지를 적나라하게 고발한다.

회사도 뒤집기를 하면서 돈을 번다. 햄버거를 파는 맥도날드는 손님에게 잔돈을 거슬러 주는 대신, 잔돈으로 더 사고 싶은 것을 손님이 제안하도록 한다. 대부분의 사람들은 잔돈을 받기보다는 콜라나 감자튀김을 추가한다. 거스름돈은 돌려주어야 한다는 상식을 뒤집어 돌려주지 않는다는 역발상으로 수익을 창출한 창의적인 사례라고 볼 수 있다(Nalebuff & Ayres, 2003).

타자기 자판을 치면 화면에 글씨가 뜬다. 이를 뒤집어 화면에 글씨가 뜨면 자판이 올라오도록 한 아이디어가 맹인을 위한 점자리더기를 만들었다. 맹인은 특수 점자자판에 손가락을 대고 요철처럼 튀어나오는 글자를 읽는다. 핸들을 틀면 앞바퀴가 자동차 방향을 바꾼다. 이것을 뒤집으면 지게차처럼 뒷바퀴가 방향을 트는 역할을 하게 만든다. 높이뛰기 선수가 막대를 넘을 때 모두가 배 쪽으로 넘던 상식을 뒤집어, 등 뒤로 넘는 배면뛰기가 생겨났다. 이 기술의 효과가 인정되어 이제는 높이뛰기 선수들은 모두 배면뛰기를 한다.

직장에서는 MZ 세대가 입사하자 다른 종류의 인간이 나타났다고 야단들이다. 화면에 평균 7개의 창을 동시에 열어 놓고 음악을 듣고, 메신저를 하고, 주식시세를 확인하고, 웹 서핑을 하면서 업무를 보는 신세대를 쉰 세대들이 이해할 수 있을 리 없다. 게다가 신세대에 대한 낙인이 있다. 이들은 자기중심적이고, 재미있어야만 일하고, 회사 회식을 싫어하고, 언제든 회사를 뛰쳐나갈 준비가 되어 있으며, 상사에게 당당히 요구하니 세대 간 소통이 점차 어려워진다고 회사 임원은 고충을 털어놓는다. 이들은 자신들에게 할당된 보너스가 적다고 집단적으로 사장과 면담을 신청하거나 회사 내에서 시위를 하기도 한다.

세대 간 소통 문제를 해결하려는 뒤집기가 이미 오래전 GE 회장 잭 웰치Jack Welch에 의해서 제안되고 실행되었다. 보통은 상사가 부하직원의 멘토가 되어 가르치는 것이 정상이다. 그러나 이런 방법으로는 세대 격차가 해소되기 어렵다고 판단한 웰치는 신입직원이 나이 든 임원의 멘토가 되는 '역 멘토링reverse mentoring' 제도를 만들었다. 결과는 대성공이었다. 신입직원이 가진 새로운 기술, 최신 트렌드와 아이디어, 새로운 지식, 젊은 감각이 구세대 임원에게 전수되었다. 지금은 미국 기업의 40%가 이 제도를 도입했다고 한다. 뒤집기라는 발상의 전환이 기업의 고질적인 세대 간 소통 문제를 완화하는 데 기여한 것이다.

360° 다면평가도 기업이 도입한 또 다른 뒤집기이다. 상사가 부하직원을 평가하듯 부하직원도 상사를 평가하게 만든 장치는 여러 부수적인 문제가 보고되고 있지만, 상사의 독선과 전횡을 막는 고육책이다. 사실 이 제도는 기업보다 대학이 먼저 도입했다고 보아야 한다. 교수가 학생을 일방적으로 평가하는 대신 학생도 교수를 평가하도록 강의 평가제를 도입한 것이다. 처음에는 스승의 그림자도 밟지 말라고 배웠던 교수들의 엄청난 반발이 있었지만, 결국은 채택되었다. 그에 따라 교수가 10년 동안 똑같은 강의 노트를 읽는 풍경이 대학가에서 사라졌다.

지하철 문은 중앙에서 양 옆으로 움직이며 열린다. 문이 움직이는 방향을 뒤집으면 어떻게 될까? 양 옆에서 가운데로 움직이면서 문이 열리면, 문이 두개가 생긴다. 출구와 입구가 각각 따로 만들어진다. 사람이 많이 붐비는 출퇴근 시간에 어떤 문이 더 편리할지 쉽게 상상이 가는 디자인이다.

경매 진행방식에도 뒤집기가 가능하다. 10원, 100원, 500원짜리 동전이 뒤섞여 들어 있는 유리병을 경매에 붙이고, 가장 비싼 값을 부른 사람에게 팔면, 최후의 승자는 대체로 유리병 안에 들어 있는 동전의 가치보다 높은 값에 사게 마련이다. 이 현상을 '승자의 저주'라고 한다(Thaler & Tucker, 1994). 경매에서의 경쟁이라는 구조 때문에 가장 극단적인 예측치가 낙찰되는 것이다.

〈그림 4-1〉 지하철 문 방향 뒤집어 보기

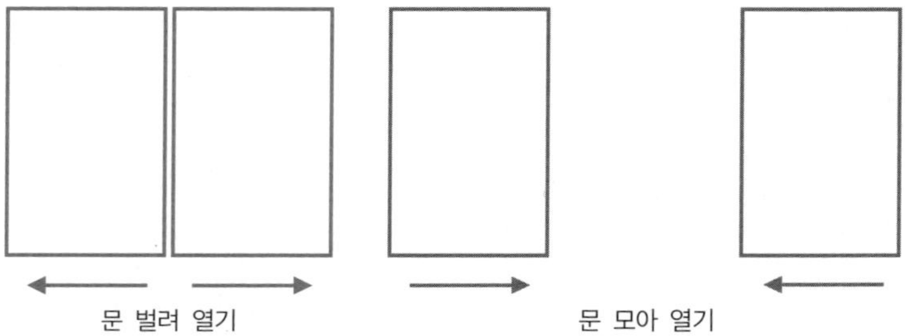


문 열리는 방향을 뒤집으면 지하철 문에 입구와 출구가 나뉜다.

실제로는 경매에 참여한 사람들이 사겠다고 제안한 가격들의 평균이 실제 동전 가치와 비슷하다고 한다(Surowiecki & Silverman, 2007). 대중의 지혜라는 말은 여기에서 생겨났다.

승자의 저주는 부분적으로는 경쟁심에서 비롯된다. 내가 상대방을 꺾고 반드시 그 물건을 얻고 말겠다는 욕심이 손해를 불러오는 것이다. 지난번에는 내가 졌지만 이번에는 질 수 없다는 식의 심리가 더 높은 값을 부르게 만들기도 한다. 낮은 값에서부터 올라가는 경매의 전형적인 방법을 뒤집어서, 높은 값에서부터 일정한 간격으로 가격이 내려오게 하면 어떻게 될까? 이런 뒤집기 경매에서는 맨 처음 손을 든 사람이 물건을 구하게 된다. 여러 경쟁자가 다 떨어져 나가고 최후의 경쟁자를 솎아 내는 경매보다 진행이 더 빠를 수도 있고, 과도한 경쟁을 순화시킬 수 있다. 실제로 이런 경매를 네덜란드에서 실행하고 있다 하여, 이를 '네덜란드식 경매'라고 한다(Nalebuff & Ayres, 2003).

내가 쓰레기통에 다가가는 것을 뒤집으면, 쓰레기통이 내가 손뼉 치는 곳으로 굴러오게 만들 수도 있다. 시장에서의 수요를 예측하고 미리 생산하는 것을 'push production'이라고 한다. 이것을 뒤집으면 주문이 들어올 때 생산하는 'pull production' 방식이 생긴다. 재고를 없앨 수 있는 방식이다. 토요타자동차 생산은 이런 뒤집기 혁신을 도입해서 효율성을 한층 더 높였다.

통조림은 일반적으로 선반에 오래 진열되어 있기 때문에 먼지가 가득 쌓여 있다. 통조림 상표 부착용지를 거꾸로 붙이면 밑바닥이 위로 오게 진열할 것이고, 그렇게 되면 열어 따는 윗부분은 언제나 바닥을 향해 놓여 있기 때문에 깨끗하게 보관된다. 캔을 딸 때 먼지로부터 자유로워진다. 비슷한 원리를 케첩에도 적용할 수 있다. 케첩을 음식에 뿌리려면 용기를 거꾸로 들고 한참을 내려쳐야 한다. 거꾸로 세워서 보관하면 입구 근처로 케첩이 모이기 때문에 그럴 필요가 없을 것이다. 여기에 착안하여 상표를 뒤집어 부착함으로써 사용자의 편의를 도모한다. 기발한 착상이다. 같은 문제를 가진 로션에 이 아이디어를 접목하면 좋지 않을까? 로션이 나오게 하기 위해서 손바닥에 대고 로션 병을 내리칠 필요가 없어진다. 케첩보다 더 자주 쓰는데 말이다.

## 프레임 뒤집기

손님: 오늘 어떤 메뉴가 됩니까?

식당 종업원: 곰탕과 비빔밥이 있는데요.

손님: 음…. 곰탕 주세요.

식당 종업원: 아 참, 스파게티도 있는데요.

손님: 아 그래요? 그럼 비빔밥 주세요.

식당 손님과 종업원 사이의 대화를 읽어 보면, 이 손님은 왜 그런지 비합리적인 사람처럼 보인다. 처음에 손님이 곰탕을 선택할 때, 스파게티는 아무런 영향을 미치지 않았다. 그러나 스파게티라는 새로운 대안이 제시되자 자신의 선택을 바꾼 행위는 경제학에서 전형적인 비합리적 행위로 여겨진다. 그러나 당사자는 나름대로의 합리적 이유를 갖고 있을 수 있다. 가령, 새로 등장한 메뉴인 스파게티가 곰탕 안의 국수를 떠올렸고, 자신은 시험 보기 전에 국수를 먹으면 안 되는 징크스가 있다고 믿어서, 비빔밥으로 바꿨을 수 있다. 그렇지만 경제학자가 가정하는 엄격한 의미의 합리성 기준에서 보면, 선택에 전혀 영향을 미치지 않은 제 3의 대안에 의해서 선택을 바꾼 이 사람은 비합리적이다.

비슷한 맥락에서 다음의 광고 문구를 검토해 보라.

① 우리 잡지를 온라인으로 읽을 권리를 구입하는 가격은 연간 1만 5천 원입니다.

② 하드카피를 구독하면 연간 12만 원입니다.

③ 온라인과 하드카피를 모두 구독하면 연간 12만 원입니다.

하드카피만 구독하는 가격과 하드카피에 온라인까지 얹어 구독하는 가격이 동일하다. 광고주의 실수인가? 아니다. 사람들의 심리를 활용한 광고이다. 사람들이 ①번과 ②번 사이에서 고민할 때, ③번의 제안을 보면 ③번 선택이 급증한다. 즉, ③번 선택을 유도하기 위해서 일부러 실수처럼 보이는 비합리적 가격을 제안해 놓은 것이다. 만일 ②번 선택을 없애고 구매의사를 물어보면 ③번 선택이 급감하고 ①번 선택이 증가한다. 쓸데없어 보이는 ②번 옵션을 제공함으로써 비싼 하드카피를 더 많이 팔 수 있다. 선택 대안이 제시되는 프레임을 뒤집어 선택을 유도한 것이다.

이런 현상을 보면 인간은 경제학자가 가정하듯이 그다지 합리적이지 않은 것 같다. 또 다른 실험을 보자. 〈그림 4-2〉는 하숙집을 정해야 하는 대학생에게 주어진 선택 대안이다. 학교에서 가깝게 위치한 하숙집은 월세가 비싸고, 멀리 떨어질수록 월세는 싸진다. 이 학생은 비싸더라도 거리가 가까운 A를 택할까 아니면 좀 먼 거리를 걷더라도 가격이 싼 B를 택할까 망설이고 있다. 이때 복덕방 주인은 제 3의 대안을 내놓는다. 즉, B보다 거리도 멀

〈그림 4-2〉 복덕방 주인이 내놓은 3가지 대안

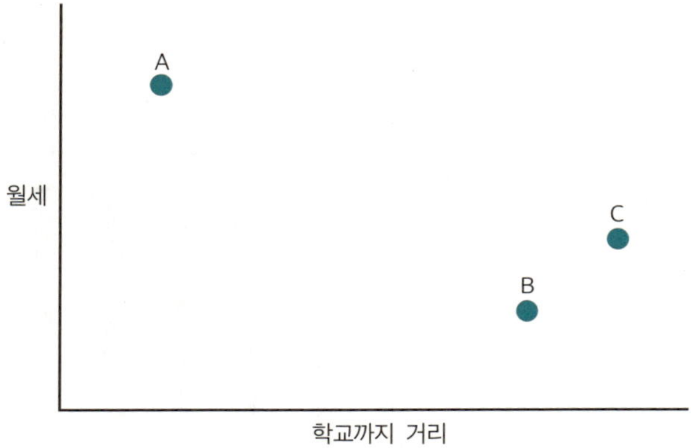


고, 가격도 더 비싼 대안 C를 B 근처에 제시한다. 그러면 사람들은 B를 선택할 확률이 급증한다. C가 등장함에 따라 B를 선택하는 확률이 올라가는 것을 이용하여, B를 처분하고 싶은 복덕방 주인은 일부러 C를 제시할 수도 있다. B가 제시된 프레임에 의해서 선택이 달라진다.

유럽 여러 나라의 장기기증 통계를 보면 국가별로 놀라운 기증 비율을 보게 된다(〈그림 4-3〉). 문화와 종교, 인종 등이 비슷한 유럽 국가 중에서 덴마크는 5% 미만, 독일은 12% 내외, 영국은 18%, 네덜란드는 28% 부근인 데 비하여, 프랑스, 오스트리아, 포르투갈, 폴란드 등은 모두 90% 이상 장기를 기증한다. 어떻게 이렇게 커다란 차이가 벌어지는지 궁금하지 않을 수 없다. 그 이유는 놀랍게도 단순하다. 기증 비율이 낮은 나라에서는 장기를

〈그림 4-3〉 각국의 장기 기증 비율

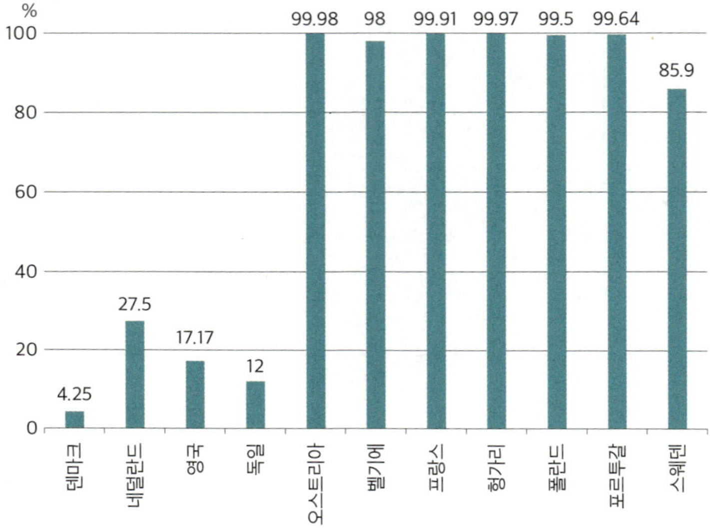


자료: Johnson & Goldstein, 2004: 1715.

'기증할 의사가 있으면' 서류에 체크하도록 했고, 높은 나라에서는 '기증하지 않으려면' 체크하도록 했다. 두 국가군 모두 사람들에게 자유로운 선택권을 주었으나, 기본적인 선택지default option가 무엇이었는가에 따라서 이처럼 다른 결과가 나온 것이다. 이런 현상은 인간이 완벽하게 합리적이지 않다는 증거이다.

〈그림 4-4〉의 왼쪽 그림에서 앞사람과 뒷사람은 크기가 동일하다. 하지만 착시 때문에 뒷사람이 훨씬 더 크다고 인식하게 된다. 또한 오른쪽 그림과 같이 직선이 여러 개의 원들을 지나면서

<그림 4-4> 착시효과 그림

자료: 왼쪽 - Lindsay, 2021; 오른쪽 - https://michaelbach.de/ot/ang-hering/

배치되면 구불거리는 곡선처럼 보인다. 어떤 틀에 놓여 있는가에 따라서 사람들의 생각과 판단이 달라진다는 것을 보여 주는 좋은 예이다.

또 다른 예로, 사람들이 거짓말을 할 수 있도록 실험 상황을 만들어 놓으면, 피실험자가 놓인 틀에 따라 거짓말하는 빈도에 차이가 난다. 한 집단에게는 십계명을 기억해 내면, 그리고 다른 집단에게는 고교 때 읽은 책 10권의 제목을 기억해 내면 상금을 지급하는 실험을 진행한다. 두 집단 모두 답안지는 검사하지 않고 본인 주장을 믿고 상금을 지급한다. 모두 기억해 냈다고 거짓말하고 상금을 탈 수 있도록 실험 상황을 꾸민 것이다. 그러면 흥미롭게도 십계명을 적은 집단이 뒤의 집단보다 현저하게 거짓말을 덜 하는 것으로 나타난다. 기독교 계명의 틀 안에 넣으면 사람이 더 정직해지기 때문이다. 모두 인간의 합리성은 제한적이라는 행동주의 경제학자들의 주장이다.

이와 비슷한 '프레이밍 효과'의 예를 한 가지만 더 들어 보자. 한 집단에게는 캐나다 출신의 노벨상 수상자가 18명이라는 사실을 알려 주고, 다른 집단에게는 미국 출신의 노벨상 수상자가 261명이라는 사실을 알려 준다. 그 다음 각국 출신들이 몇 명이나 노벨상을 수상했을지에 대한 질문을 던진다. 중국, 이탈리아 그리고 러시아는 노벨상 수상자를 몇 명이나 배출했을까? 동일한 질문임에도 후자 집단이 훨씬 더 큰 숫자를 각국의 노벨상 수상자로 추론한다.

컵에 물이 반이 차 있는 모습을 보고 어떤 사람은 반밖에 없다고 하고, 어떤 사람은 반이나 있다고 한다. 여대생이 밤에 술집에 나가 일한다고 하면, 곱지 않은 시선으로 바라보게 된다. 그러나 술집에서 일하는 여자 종업원이 밤에 돈을 벌어 낮에 대학에 다니고 있다고 이야기하면, 이 여성의 굳은 의지에 찬사를 보낸다. 동일한 여성인데 어떤 프레임에 놓여 있는가에 따라 반응이 달라지는 것이다. 다른 예로, 어느 유대인 신도가 기도 중에 담배를 피워도 되느냐고 랍비에게 물으면, 신성한 기도 중에는 안 된다는 답을 들을 것이다. 그러나 담배를 피우다 갑자기 기도하고 싶은 생각이 들면 기도해도 되는지 물으면, 아마 된다고 이야기할 것이다. 담배 피우기는 마찬가지인데 프레임에 따라 달리 반응하는 것이다.

인간행동의 또 다른 특이성은 같은 현상도 긍정적으로 표현될 때와 부정적으로 표현될 때 다르게 반응한다는 것이다. 같은 현상을 다르게 프레임한 다음의 문제 ①과 ②를 비교해 보라.

문제 ①

600명을 죽일 수 있는 어떤 질병을 없애기 위해 정부가 두 가지 대안을 제시했다.

- A 계획이 실행되면 200명을 살릴 수 있다.
- B 계획이 실행되면 600명을 살릴 가능성이 3분의 1 있다. 그리고 아무도 살리지 못할 확률은 3분의 2이다.

어떤 계획이 더 바람직한가?

문제 ②

- C 계획이 실행된다면 400명이 죽을 것이다.
- D 계획이 실행된다면 아무도 죽지 않을 확률이 3분의 1이고, 600명이 죽을 확률은 3분의 2이다.

600명 중 200명이 사는 것과 400명이 죽는 것은 같은 현상이다. 그러나 긍정에서 부정으로 뒤집어 표현하면 답이 달라진다.

사람들은 보통 긍정문인 '문제 ①'의 경우에는 A를 선택하고, 부정적인 표현인 '문제 ②'의 경우에는 D를 선택한다는 것이다. 즉, 긍정적으로 얻는 식으로 표현된 경우에는 확실한 결과를 내는 것을 선호하고, 부정적으로 잃는 식으로 표현된 경우에는 도박을 선호한다.

이런 프레이밍을 뒤집기에 활용하면 새로운 발상을 할 수 있다. 광고를 할 때, 신용카드를 쓰면 정가의 3%를 더 받는다는 말과 현금을 쓰면 정가의 3%를 더 내지 않는다는 말은 같은 말이다. 그러나 사람들은 후자를 더 좋아하고, 이렇게 표현될 때 현금을 내는 비율이 높아진다.

소고기에 25% 지방이 포함되어 있다는 말을 뒤집으면, 75% 무지방이 된다. 소비자는 후자로 표현된 것을 더 좋아한다. 돈을 벌기 위해서 이런 뒤집기를 활용하는 것에는 약간의 속임수가 들어 있다고 느낄 수 있다. 그러나 더 나은 사회를 위한 국가 정책이 프레이밍을 활용한 뒤집기로 홍보된다면 공익을 위해서 도움이 될 수도 있다. 물론 2022년 대통령 선거운동 기간에 정권교체에 찬성하는지, 아니면 국정안정에 찬성하는지를 물어보는 여론조사는 왜곡된 프레임이다. 정권교체의 반대말은 정권연장이지 국정안정이 아니다. 정권교체를 하면서도 국정안정을 이룰 수 있기 때문에 둘은 배타적인 개념이 아닌 것이 분명하다. 왜곡된 프레임으로 여론을 호도하는 것은 공익을 해친다.

영화를 보면서도 감독이 제시한 관점을 뒤집어 보면 새로운 해석이 가능해진다. 〈라이언 일병 구하기〉는 실화에 근거한 영화이다. 제 2차 세계대전 와중에 라이언가家 4형제 중 3명이 이미 전사하고 막내 동생 제임스 라이언 일병은 적진 깊숙이 고립되어 죽을 처지에 놓여 있는 상황에서 영화가 시작된다. 사령관은 한 가족 4형제 모두가 한 전쟁에서 전사하게 놓아 둘 수 없다고 판단한다. 그리고는 고립된 라이언 일병을 구하기 위해 8명의 정예 군인을 차출하여 적진 깊숙이 투입한다. 그가 살았는지 죽었는지도 모르는 가운데 투입된 군인들은 생명을 희생하면서 라이언 일병을 구출해 낸다. 이 영화의 프레임을 뒤집어 보자.

전쟁의 불확실한 상황에서 라이언 일병의 생사도 확실히 알 수 없고, 구해 올 수 있을지 확신도 없으며, 8명이 몰살당할 수도 있음에도 8명의 최정예 병사를 투입하는 것이 옳은 판단인가? 대부분의 관객들은 이런 질문을 하기보다는, 4형제를 모두 몰살시킬 수 없다는 신념에 공감하면서 영화를 본다. 새로운 프레임을 통해서 영화를 다시 보면, 사회적 가치나 상징이 공리주의적으로 계산할 수 있는 사람 목숨 수보다 더 중요할 수 있다는 사실을 깨닫게 된다. 공리주의 관점에서 보면 8명의 생명이 1명의 생명보다 몇 배나 더 가치가 있다.

## 다윈의 뒤집기

물고기는 대부분 등은 어두운 색이고 배는 흰색이다. 그 이유는 위에서 아래를 내려다보면 어두운 색이 눈에 안 뜨이고, 밑에서 위를 올려다보면 흰색이 잘 안 보이기 때문이다. 눈에 안 뜨이는 것이 생존에 유리하기에 그렇게 진화했다. 그러나 아무리 배가 흰색이라도, 수면 위에서 들어오는 빛만큼 밝을 수는 없다. 겨울철에 낙하하는 눈송이를 아래에서 쳐다보면, 눈송이 자신의 그림자 때문에 하늘보다 밝게 보일 수 없는 것과 마찬가지이다. 따라서 바닷속을 헤엄치는 물고기를 아래에서 바라보면 배의 흰색이 수면 쪽 빛보다 어둡기 마련이다. 그래서 주둥치라는 물고기는 스스로 발광하여 자신의 배를 수면 밖의 빛과 같은 밝기로 맞춘다(Williams & Burt, 1996). 보호색으로서는 획기적인 방법이다.

이처럼 신비한 조화가 생물 세계에 가득하다. 다윈의 진화론은 이런 신비한 현상을 설명하기 위한 특별한 논리를 개발했는데, 이것이 바로 '뒤집기의 논리'이다. 대부분의 인과론적 설명은 원인으로 결과를 설명한다. 제대로 된 설명이라면, 발광함(원인)으로써 생존과 번식에 성공했다(결과)고 해야 한다. 그러나 진화론은 결과로 원인을 설명하는 독특한 설명방식을 취한다. 배에서 발광함으로써 주둥치는 생존과 번식에 성공했고(결과), 그래서 배가 빛나게 되었다(원인)는 설명이다. 기능론이라고 불리는 진화 이론은 인과관계를 뒤집어 설명하는 논리이다.

진화론은 생물체의 행동을 설명할 때도 인과관계를 뒤집는다. 왜 인간은 단것을 좋아하는가? 단것은 에너지 원천이고, 단것을 좋아하게끔 두뇌가 진화했기 때문이다. 즉, 단 것을 좋아하는 것이 생존과 재생산에 도움을 주었고 그렇기 때문에 단것을 좋아한다는 설명이다. 왜 인간은 모든 문화권에서 여성의 허리와 궁둥이 비율이 0.7 대 1인 경우 섹시하다고 느끼는가? 이런 비율을 가진 여성이 건강하고 아이를 낳는 데 유리하기 때문에 남성이 이 비율을 좋아하도록 진화했다는 설명방식이다. 마찬가지로 암컷 원숭이 궁둥이는 인간이 보기에는 징그럽지만, 수컷 원숭이가 보기에는 매력적이라고 인지하게끔 원숭이 두뇌가 자연에 의해서 선택된 것이다.

이런 설명은 인간사회의 현상을 설명하는 데도 적용된다. 앞에서 잠깐 언급한 배면뛰기 기술이 정착된 과정을 보자. 40년 전만 해도 높이뛰기 선수들은 모두 복부 쪽이 지면을 향하도록 뛰었다. 어느 날 딕 포스베리라는 1명의 돌연변이 선수가 배가 하늘을 향하는 배면뛰기 기술을 연마했지만, 처음에는 그다지 좋은 성적을 내지 못했다. 다른 선수들은 이 선수의 기이한 행동을 비웃었을 뿐이다. 그러나 그가 1968년 멕시코시티 올림픽에서 올림픽 신기록을 세우며 금메달을 딴 이후, 지금은 모든 선수가 배면뛰기를 한다. 이것도 진화론으로 설명하면 인과관계가 뒤집힌

1968년 멕시코시티 올림픽에서 배면뛰기 기술을 처음 선보인 딕 포스베리

다. 대부분의 선수들은 예측하지 못했지만, 배면뛰기가 실제로 더 높은 장대를 넘을 수 있게 했고(좋은 결과), 이 좋은 결과가 배면뛰기 기술이 계속 재생산되도록 했다는 설명방식이다.

회사 면접시험에서 난감한 질문에 답을 못 해서 쩔쩔맬 상황에 처할 때, 과감하게 인과관계를 뒤집는 발상을 해보면 남들과는 다른 창의적인 답에 도달할 수도 있다. 예를 들어, 면접관이 우리나라에서는 왜 '나 죽고 너 죽자' 식의 사회갈등이 팽배한지를 물었다고 치자. 원인을 찾기가 어려우면, 결과로 원인을 설명하는 뒤집기를 시도해 보라. 예를 들면, 그런 식의 갈등 표출이 행위자에게 이득이 되는 결과를 가져오고, 그 결과 때문에 갈등이 존재한다는 식의 설명이다. 이득이라는 결과가 극심한 갈등의 원인이 되는 것이다. 다른 나라에서는 법률의 엄격한 적용으로 합리적인 갈등조정이 일어나지만, 한국에서는 법치가 정착되지 않았기 때문에 아직도 막가파식 갈등이 지속되고 있다는 설명에 도달할 수 있다. 이른바 '떼법'이 이득을 주기 때문에 떼법이 재생산된다는 설명이다. 이 답이 만족스럽지 않다고 하더라도, 원인과 결과를 뒤집어 보겠다는 시도 자체가 새롭게 여겨질 수 있다.

〈그림 4-5〉 그래프는 동물 세계에서 암컷과 수컷의 몸무게 차이가 수컷끼리 암컷을 차지하기 위해 거치는 경쟁의 치열함과 관련 있다는 점을 보여 준다. 수컷끼리 경쟁이 치열한 종일수록 수컷이 암컷보다 몸무게가 훨씬 더 나가는 것이다. 앞에서 예를 든 설명에서 발견할 수 있는 공통점을 활용하여 이러한 현상이 왜 생기는지를 추론해 보자.

**〈그림 4-5〉 수컷 경쟁과 수컷과 암컷의 몸무게 비율 간의 관계**

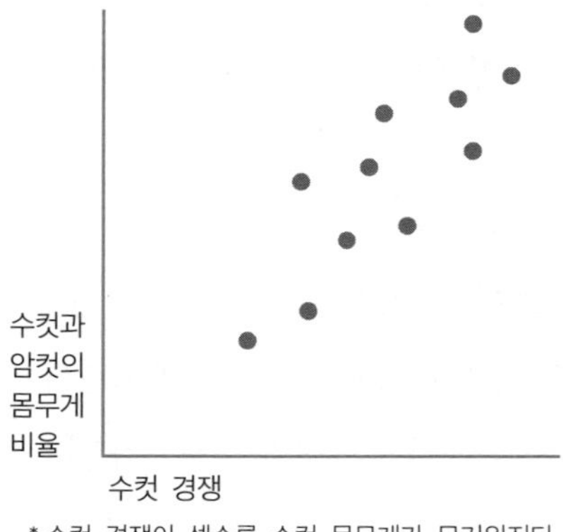


* 수컷 경쟁이 셀수록 수컷 몸무게가 무거워진다.

인간의 경우 여자와 남자의 몸무게 비율은 대략 1 대 1.3 정도 된다. 물개는 수컷이 암컷보다 훨씬 커서 1 대 3 정도이다. 생물 종마다 남녀 몸무게 비율이 다른데, 왜 이러한 현상이 생겨나는가? 이것을 설명하는 요인은 '수컷 경쟁'이다. 대부분의 종에서 수컷들은 암컷을 차지하기 위해서 심한 경쟁을 거치는데, 이 경쟁이 세면 셀수록 수컷의 몸무게는 늘어난다. 몸무게가 큰 수컷이 경쟁에서 이길 확률이 높고, 따라서 몸집이 큰 수컷이 암컷을 차지하고 씨를 퍼뜨린다. 즉, 수컷 경쟁이 극심할수록 수컷의 몸무게는 커진다. 수컷의 큰 몸무게가 주는 좋은 결과(싸움을 통해 암컷을 차지하는 결과)가 큰 수컷의 몸무게를 설명하는 것이다. 또한 암수 몸무게 비율이 커질수록 수컷이 차지하는 암컷의 숫자도 많아진다. 극심한 수컷 경쟁을 거쳐 차지한 암컷은 수컷의 소유가 된다. 그러나 약한 수컷 경쟁을 거치는 종은 암컷을 독점적으로 소유하지 않는다. 이런 종은 심한 수컷 경쟁을 거치는 종보다 고환이 매우 크고 정액을 많이 생산한다. 암컷 체내에서 난자를 향한 '수정 경쟁'을 거치기 때문이라고 한다.

큰 몸이 유리하다는 수컷 경쟁은 인간사회에도 작동한다. 글래드웰은 《아웃라이어》에서 왜 캐나다 하키 선수 중 절대다수가 1~2월에 태어났는지에 대해서 의문을 제기한다. 캐나다 학교들로 구성된 하키 리그에서는 학년별로 경기가 치러진다. 1~2월에 태어난 아이들은 약 10개월 후인 같은 해 12월에 태어난 아이들과 함께 경기를 하는 것이다. 따라서 1~2월에 태어난 아이들이 같은 팀에 속한 또래 중에서 개월 수로 따진 나이가 가장 많다. 더 큰 몸을 갖고 있고 더 성숙했기 때문에 코치나 감독에게 발탁되었을 것이고, 실제로 경기력도 더 좋았을 것이다. 어렸을 때 우수한 선수로 발탁되는 초기 조건의 유리함이 평생 유지된다고 한다.

인종에 따라 신체형이 다른 이유도 인과가 뒤집힌 설명을 필요로 한다. 아프리카의 마사이족과 알래스카의 이누이트족은 손가락과 몸의 길이가 다르다. 전자는 호리호리하고 후자는 뚱뚱하다. 이런 차이는 표면적과 관련 있다. 추운 곳에서는 몸의 부피 대 표면적 비율을 낮추어야 따뜻한 피를 유지할 수 있다. 반면에 더운 지방에서는 표면적 비율을 높여야 더 많은 열을 발산할 수 있다. 즉, 표면적의 효과(기능적 결과)가 표면적이 다르게 구성된 원인을 설명해 준다.

진화론은 결과와 원인을 뒤집음으로써 대단히 창조적인 이론으로 남게 되었다. 다음 장에서 다루겠지만, 원인변수와 결과변수를 맞바꾸면서 이론이 발전하는 경우도 과학이론의 역사에서 빈번하게 볼 수 있다.

## 영화 〈슈렉〉의 뒤집기

애니메이션 영화로서는 큰 흥행 성공을 거둔 〈슈렉〉은 창의적인 생각을 듬뿍 담은 영화이다. 픽사Pixar라는 제작사가 만든 이 영화는 그동안 거의 모든 애니메이션을 독점하다시피 한 디즈니의 동화fairy tale를 부정하기 위해 동화의 형식을 이용한다. 영화는 주인공인 슈렉이 디즈니 동화를 읽는 것으로 시작한다. 동화 속에 동화가 등장하는 것이다. 잠자는 공주가 왕자의 키스를 받고 깨어나 행복하게 살았다는 틀에 박힌 디즈니 동화의 맨 마지막 페이지에 이르러 슈렉은 이 페이지를 찢어 버린다. 그리고는 변을 본 후 밑을 닦는다. 밑 닦는 행위는 디즈니 동화에 대해 던지는 도전장이다.

피터 팬을 날도록 만드는 금가루, 백설공주와 일곱 난쟁이 등 여러 디즈니 캐릭터들이 영화의 앞부분에 화려하게 등장한다. 마치 꿈속에서 자신이 꿈을 꾸고 있다는 것을 부정하기 위하여 자신의 살점을 꼬집는 논리와 흡사하게 동화 안에서 동화를 부정하려는 몸짓이 보인다. 동화로 동화를 뒤집는 것이다. 그 과정에서 수많은 뒤집기가 등장한다.

이 영화의 뒤집기를 제대로 감상하기 위해서는 인류학자 클로드 레비스트로스Claude Lévi-Strauss의 구조주의를 이해해야 한다. 이 영화의 창의성은 구조주의에 의존하여 '이분법적 대립항'을 뒤집는 데에 있기 때문이다. 레비스트로스는 모든 문화의 깊은 구조에는 이분법적 대립이 있다고 주장한다. 동양의 음양 법칙이 대표적이다. 음식도 찬 음식과 더운 음식이 있으며, 사상四象 의학도 태-소, 음-양이라는 두 가지 대립된 축을 활용하여 사람들의 체질을 태양, 태음, 소양, 소음으로 나눈다. 모든 문화의 깊은 인식론적 구조에 이러한 이분법적 대립항이 자리 잡고 있다는 것이 레비스트로스 구조주의의 핵심이다. 서양의 경우 결혼식에서는 흰색 예복을, 장례식에서는 검은색 상복을 입는다. 결혼은 자식을 낳는 재생산의 시작이고 죽음은 재생산의 끝이다. 그렇기에 반대되는 흰색과 검정색이 의복으로 자리 잡았다고 본다.

우리는 일상생활에서도 구조주의적인 이분법적 대립항을 사용한다. 외출할 때 입을 옷을 고르는 과정에서도 '긴 옷-짧은 옷', '밝은 색 옷-어두운 색 옷' 등과 같이 대립항을 이용하여 선택을 한다. '나쁜 사람-좋은 사람', '키 큰 사람-키 작은 사람', '말 많은 사람-말수 없는 사람', '진보-보수' 등의 기준으로 사람을 분류하기도 한다. 레비스트로스는 모든 신화도 이분법적 대립항에 기초해 있다고 한다. '날것-익힌 것', '나는 것-기는 것', '선한 것-악한 것', '피와 관련된 것-피와 관련 없는 것' 등 대립항을 이용하여 신화가 전개된다는 것이다. 즉, 인간 사유의 깊은 곳에 공통되는 분류체계가 있는데, 그것이 바로 음양의 법칙과 같은 이분법적 대립이다. 모든 문화와 신화의 코드는 이러한 이분법적

〈표 4-1〉 영화 〈슈렉〉에서 뒤집힌 이분법적 대립항

| 상식 | 영화 〈슈렉〉 |
|---|---|
| 선한 사람 | 악한 오거(괴물) |
| 디즈니 캐릭터가 주인공 | 디즈니 캐릭터는 조연 |
| 바보 당나귀 | 말하는 똑똑한 당나귀 |
| 얌전한 공주 | 용맹스러운 공주 |
| 의적 로빈 후드 | 건달 로빈 후드 |
| 남성적인 사나운 드래곤 | 여성스러운 양순한 드래곤 |
| 뱀은 기는 것 | 뱀은 나는 것 |
| 마법이 풀리면 아름다워지는 공주 | 마법이 풀리면 평범한 공주 |

대립항으로 구성되어 있다는 것이 구조주의의 주장이다.

이제 영화 〈슈렉〉이 어떤 이분법적 대립항을 설정했으며 이들을 어떻게 뒤집었는지 살펴보자. 이 영화에서 웃음이 터져 나오는 장면에는 놀랍게도 항상 뒤집기가 있다. 디즈니 동화에서는 마법이 풀리면 추한 공주가 아름다운 공주로 돌아온다. 영화의 클라이맥스에서는 뒤집기가 생기는데, 마법이 풀리면 아리따운 공주가 평범한 여인으로 변한다. 주인공인 오거는 원래 악하고 사람이 선한 존재이다. 이것도 뒤집혀 오거가 착한 존재로 나타난다.

영어 문화권에서 당나귀는 바보를 뜻한다. 그런데 이 영화에서는 당나귀가 말을 하고 대단한 재치꾼으로 뒤집혔다. 마법의 성을 지키는 용(드래곤)은 보통 강하고 남성적이다. 그러나 여기서 용은 감성적이고 연약하고 여성스러운 존재로 뒤집힌다. 작고 앙

증맞은 수컷 당나귀와 사랑에 빠지면서 용의 여성성을 드러낸다. 통념에 의하면 공주는 양순하고 귀하고 여성적인데, 여기에서는 무술도 잘하고 로빈 후드 건달과 싸움을 하는 용맹한 여인으로 둔갑한다. 로빈 후드는 또 어떤가. 정의의 상징으로, 가난한 사람들에게 희망을 주는 의적이 이 영화에서는 공주를 괴롭히는 건달로 묘사된다. 뒤집히는 순간마다 관객의 웃음을 자아낸다.

슈렉이 공주를 구출하고 돌아가는 길에 개구리와 뱀을 잡아 바람을 훅 불어 풍선을 만들어서 공중에 날려 보낸다. 레비스트로스의 신화 분석에 나타나듯이, 개구리와 뱀은 기는 것이지 나는 것이 절대로 아니다. 구조주의가 강조하는 대립항조차 뒤집어 날려 버린 것이다. 이처럼 상식적인 모든 이분법적 대립항을 뒤집으면서 이 영화는 기발하고 창의적인 해학을 만들어 낸다. 결론적으로 〈슈렉〉은 모더니즘의 상징인 디즈니 동화의 담론을 파괴하고 장난기playfulness를 한껏 보여 주었다. 하지만 이 영화는 역설적으로 모더니즘의 핵심인 이분법적 대립을 설정하고 이를 뒤집는 정형화된 모더니즘의 방법을 사용했다.

〈슈렉〉이 공간적 뒤집기라면, 시간을 뒤집은 혁신적 스토리도 많이 있다. 타임머신을 타고 과거로 돌아가 그 순간부터 시간이 순방향으로 흐르는 것이 아니라, 영화 전체가 현재로부터 과거로 흐르도록 만드는 것이다. 〈박하사탕〉, 〈메멘토〉, 〈벤자민 버튼의 시간은 거꾸로 간다〉 등은 거꾸로 흐르는 시간을 따라 영화 줄

거리를 펼쳐 나감으로써 신선한 발상과 스토리를 전개한다.

이러한 뒤집기를 일상생활에 적용해 보자. 조기 은퇴자는 은퇴 후 식당을 차리고 싶은 유혹에 종종 빠진다. 다른 사람처럼 평범한 음식점을 차리기보다 무언가 다른 식당을 차리는 것이 경쟁에 도움이 되지 않을까? 기존 음식점의 본질적 성격을 설정하고 이것을 뒤집으면 새로운 종류가 생겨날 수 있다.

다음 3가지 사항은 모든 음식점에 존재하는 가장 공통적이고 기본적인 전제일 것이다. ① 음식점에는 메뉴가 있다. ② 음식점은 음식을 제공한다. ③ 음식점은 음식값을 받는다.

이 3가지 본질적 특징을 기계적으로 뒤집으면 ① 메뉴가 없는, ② 손님이 음식을 만드는, 그리고 ③ 음식값 대신 다른 종류의 비용을 받는 음식점을 상상할 수 있다.

메뉴를 없애는 방법은 항상 단품 메뉴만 제공하는 것이다. 예를 들면, 손님이 테이블에 앉으면 즉각적으로 칼국수가 제공되는 식이다. 아마 짧은 시간 안에 점심을 해결해야 하는 직장인이 많은 지역의 맛집으로 성공 가능성이 있을지 모른다. 손님이 음식을 선택하는 부담을 없애고, 주방장이 그날그날 마련하는 특선 메뉴만을 제공하는 것도 가능하다.

손님이 장보아 온 재료로 음식을 만들어 먹는 음식점도 생겨날 수 있다. ②를 뒤집어 손님들이 직접 테이블에서 자신이 준비한 재료로 음식을 만들어 먹도록 하는 음식점을 차리는 것이다. 남녀가 연애할 때 상대방의 음식 솜씨나 음식에 대한 관심을 확인하기 위해서, 또는 남녀평등에 의해 함께 음식을 만들어야 한다는 믿음을 확인하기 위해 이런 음식점을 애용하지는 않을까?

③을 뒤집어서 음식값을 지불하지 않는 식당은 가능한가? 이러한 곳은 주방기구나 식탁 등 공간 사용료만 받게 될 것이므로 경관이 좋거나 식사 중 아이들이 뛰어놀 수 있는 장소를 빌려 주는 음식점이 될 가능성이 높다. 음식은 주방장이 임의로 제공하고 입장료를 낸 손님들은 멋진 공간에서 경관을 감상하며 식사를 즐기게 될 것이다. 물론 이러한 뒤집기가 음식점의 성공을 보장하지는 못한다. 세상에 없는 음식점 또는 개성 있는 음식점을 만들기 위한 뒤집기 훈련의 예일 뿐이다.

같은 방식으로 대학교육을 뒤집어 보면 어떻게 될까?

① 교수가 학생에게 강의한다. → 학생이 강의하고 교수가 강의 내용을 보완하거나, 강의에 대한 토론을 진행한다.
② 학생은 등록금을 낸다. → 학교를 공짜로 다니고, 졸업한 다음 취직하면 일정 기간 매년 소득의 2~3%를 학교에 기부한다(국세청 협조 필요). 커다란 부를 모으게 될 극소수 학생이 이 학교의 재정에 큰 기여를 할 것이 분명하다.

이처럼 뒤집기가 가능한 것은 한 개념에 반대되는 이분법적 대립항이 있기 때문이다. 이분법적 대립항에 근거한 이론들은 앞서 언급한 인류학자 레비스트로스의 이론 이외에도 언어학과 사회학 등 사회과학 전반에 걸쳐 구조주의 이론이라는 이름으로 등장한다. 구조주의의 특징은 인과적 설명방식을 취하지 않고, 시공을 초월하는 형태학적 법칙인 공존의 법칙laws of coexistence을 찾으려 한다는 점에 있다(Scheff, 1977: 11). 예를 들어, 뉴턴은 모든 물체가 낙하하는 원인을 찾다 만유인력의 법칙이라는 인과법칙을 발견했다. 사과가 떨어지는 현상과 달이 지구를 공전하는 현상에 동일한 원인이 있다는 사실을 발견한 것이다. 달이 우주 저 멀리 달아나지 않고 지구에 붙잡혀 공전하는 현상은 사과가 땅으로 떨어지듯 달이 지구를 향해 끊임없이 떨어지기 때문이다. 당시에 원인을 찾으려는 노력은 과학의 보편적인 목표였다.

그러나 구조주의는 원인을 찾기보다는 구성의 원리를 찾으려고 노력한다. 예를 들어, 물($H_2O$)의 형태를 설명하기 위해서는 수소(H)와 산소(O) 사이에 작용하는 인과성을 찾는 것이 아니라 이들 구성인자들 사이에 존재하는 공존의 법칙을 찾는다. 은하가 나선형으로 자리 잡은 현상의 원인을 인과적으로 찾기보다는 모든 은하계에서 공통적인 구조의 형태를 찾는 것이다. 자연과학에서의 구조주의와 마찬가지로 사회과학에서의 구조주의도 과학에서 인과법칙이 차지하는 확고한 지위를 부인하면서, 사회체계가 특정한 형태로 구성되도록 하는 법칙을 찾으려 한다. 레인(Lane,

1970: 17)은 구조주의의 근본 원리를 다음과 같이 정리한다.

> 시간과 공간에 의해 분리된 사회관계의 두 형태를 비교할 때 … (일반과학에는) 한 형태가 다른 형태와 다른 이유는 특정한 요인들이 인과적으로 작용했기 때문이라고 주장하는 습관이 있다. 하지만 구조주의자들은 특정한 구조가 다른 구조로 변형되었다고 말할 뿐이다. 우리가 관찰을 반복하면 특정 구조가 다른 구조로 변형되는 데는 일정한 법칙이 있음을 알게 된다. 이러한 법칙은 인과법칙이 아니라 (구조에 내재한) 변형의 법칙이다.

이 주장을 조금 더 쉽게 이해하기 위해서는 언어구조주의자 소쉬르Saussure가 구분한 언어langue와 말parole의 관계를 이해할 필요가 있다. 말은 개인의 일상생활에서 말하는 구체적 행위를 일컫는다. 반면에 언어는 사회적으로 제도화된 구조를 의미한다. 말은 말하는 사람의 무한히 많은 개인적 차이로 인해 매번 다르게 표현된다. 하지만 언어는 무한한 가변성을 지닌 말을 지배하는 규칙을 제공한다. 예를 들어, "작은 – 아이들의 학교"와 "작은 아이들의 – 학교"라는 두 가지 문장을 읽는 방법은 개인마다 무한히 다를 것이다. 그러나 언어의 깊은 구조는 두 문장의 뜻의 차이를 말로 표현되기 이전에 이미 명확하게 드러낸다. 어느 부분에서 쉬는지가 뜻의 차이를 구분하는 것이다. 이것은 모든 언어에 공통적인데, 영어에서도 “small children’s – school”과 “small – children’s school”의 의미 차이는 어디에서 쉬었는가에 따라 드러난다. 쉼의 법칙은 모든 언어에 동일한 구조를 지니고 있기 때문이다. 우리가 관찰하는(듣는) 것은 말이다. 하지만 이 말을 규정하는 문법이 깊은 구조이다.

관찰되는 현상의 이면에 자리 잡은 깊은 구조를 찾으려는 구조주의는 마르크스주의까지 이어진다. 자본주의가 역사적으로 발전하는 과정에는 여러 가지 형태의 자본주의가 존재할 수 있다. 독일식, 영・미식, 그리고 스칸디나비아식 자본주의는 다른 모양으로 관찰된다.

그러나 마르크스 구조주의에 의하면 어떤 형태의 자본주의이든지 자본이 자기 자신을 확대재생산하는 과정은 똑같다. 모든 자본주의 사회에 숨어 있는 깊은 구조는 자본이 자기 자신을 증식하기 위해서 노동을 착취하는 것이다. 자기 증식을 위해서라면 자본은 자신의 팔다리를 잘라먹는다는 것이 마르크스의 ‘자본의 논리’이다. 즉, 자본주의 사회의 본질은 모든 자본주의에 공통인 자본의 자기 증식과정에 있다는 것이다.

이해를 돕기 위해서 비슷한 예를 들어 보자. 떼를 지어 다니면서 방향을 확확 바꾸는 벌 떼의 움직임, 물속의 고기 떼의 움직임, 새 떼의 움직임이 각각 달라 보여도 이면에는 공통적인 법칙이 있다. 무리와 너무 떨어지지 말 것, 진행 방향을 대체로 맞출 것, 너무 밀집되어 있으면 간격을 유지할 것 등과 같은 간단한 법칙으로 모든 무리의 움직임을 재생해 낼 수 있다는 것이다. 나라마다 다른 자본주의 전개과정에 자본의 논리라는 공통 법칙이 깔려 있다는 것이 마르크스 구조주의의 핵심 주장이다.

필자는 관찰된 현상의 이면에 '깊은 구조'가 있다는 구조주의의 통찰력이 나에게도 적용된다는 사실을 깨닫고 놀란 적이 있다. 미국 유학 당시, 여러 과목의 영어 페이퍼에 사용된 명사, 형용사, 관계대명사 등의 비율을 분석해 주는 간단한 내용분석 프로그램으로 내가 쓴 여러 논문들을 분석해 보았더니, 통계학 논문이건 사회학 이론 논문이건 종류와 내용에 관계없이 각각의 비율이 모든 논문에서 비슷하게 나타난 것이다. 내 글에서 사용된 형용사 비율은 미국 학생들보다 훨씬 높은 편이었는데, 이는 문화나 언어의 영향 때문이었을 것이다.

# PART 5

# 지식의 네트워킹

우주인의 상형문자를 접했다고 상상해 보자. 〈그림 5-1〉에서 어느 쪽이 '키키'이고 어느 쪽이 '부바'일까? 95% 이상의 사람이 뾰족한 모양이 키키이며 둥근 모양이 부바라고 추측했다(Maurer, Pathman & Mondloch, 2006). 어느 섬나라에서는 글을 읽을 줄 모르는 세 살배기 아이들도 동일하게 답했다고 한다. 왜 이런 공통점이 생길까? 인간의 감각에서 시각영역과 언어영역이 연결되어 있기 때문이다.

형태와 음이 연결되듯이, 한 영역의 감각이 다른 영역의 감각과 연결된 것을 '공감각synesthesia'이라고 부른다. 공감각 능력을 가진 사람 중에 창의적인 사람이 많다는 사실은 앞에서 이미 말했다. 어떤 사람은 숫자나 글자를 보면 색깔이 연상된다고 한다.

〈그림 5-1〉 우주인의 상형문자. 어느 쪽이 키키이고 어느 쪽이 부바인가?

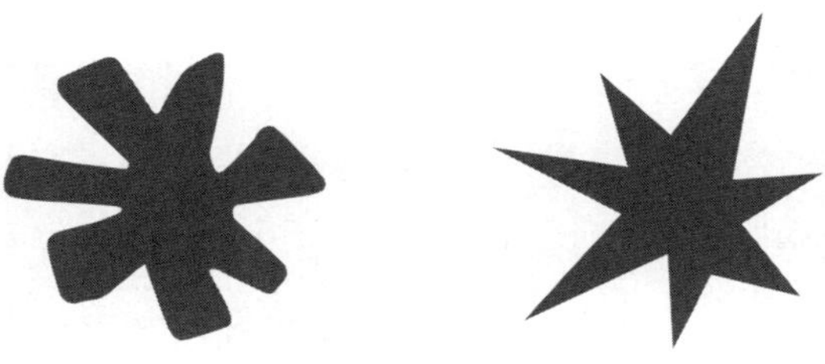

가령 7은 빨간색, 5는 노란색으로 보인다고 한다. 공감각 영역은 숫자와 색 사이에만 존재하는 것이 아니다. 음악을 듣고 색을 연상하거나, 드물기는 하지만 특정한 단어를 들으면 혀에서 맛을 느끼는 사람도 있다. 뇌 안에서 숫자를 처리하는 영역과 색을 처리하는 영역 또는 맛을 처리하는 영역이 서로 뉴럴 네트워크로 연결되어 있기 때문이라고 한다.

두뇌의 하드웨어가 경계를 넘어 연결되면 창의적인 사람이 나오듯이, 사회에서도 경계를 넘어서 이질적인 분야와 연결되면 창의적인 사람이 쏟아진다. 자신의 적성을 찾지 못해서 여러 전공을 방황하던 사람들 중에서 노벨상 수상자가 자주 나오듯이, 이질적인 전공으로 구성된 팀이 탁월한 성과나 연구업적을 내기도 한다(Uzzi, 2008). 마치 강물이 바다를 만나는 강 하구에서 가장 다양한 생물 생태계가 조성되듯이, 이질적인 것의 만남이 새로운 것을 만들어 낸다.

기업이나 조직에서도 구성원의 이질성은 중요하다. 어떤 문제에 부딪혀 이를 해결하기 위해서 긴급 위원회를 소집하고 토론을 벌일 경우, 같은 생각을 가진 사람들이 모여서 토론하면 효율성이 떨어진다. 매우 똑똑한 집단이나 조직이 멍청한 결정을 내리는 원인으로 사일로 효과Silo effect가 종종 지목된다. 조직 내의 다양한 의견들이 전혀 소통되지 않고, 심지어는 같은 문제를 풀어야 하는 두 팀 사이에도 높은 칸막이에 막혀 서로 다른 의견의 교환이 일어나지 않기 때문에 '맹점'을 보지 못하는 맹점에 의해 엉뚱한 집단적 의사결정을 내리는 것이다. 조직 내의 좋은 의사결정은 이질적인 팀 간의 협력이 있을 때에 가능해진다.

전통적으로 천주교에서는 사일로 효과를 피하기 위해서 '악마의 변론자devil's advocates'라는 제도를 만들어 새로운 의견이 제기될 수 있는 가능성을 늘 열어 두었다. 천주교 신부들이 모여서 회의하면 하느님의 종으로서 하느님의 뜻이라고 여겨지는 의견에 반대하기가 무척 어렵기 때문에 의사결정에 치명적 결함인 '집단적 사고group think'에 종종 빠진다. 때문에 신부들은 일부러 몇 명에게 악마의 견해를 대변하는 역할을 억지로 할당하여 전혀 다른 시각에서 문제를 제기하도록 강제하는 지혜를 발휘한 것이다. 이러한 전통은 현대에도 이어져, 학술대회에서 토론자가 스스로 악마의 변론자 역할을 자청하기도 한다. 이러한 예들은 서로 다른 종류의 사람들이 모여야 새로운 관점에서 문제를 바라보고 신선한 아이디어를 내놓을 수 있다는 점을 보여 준다(Sawyer, 2007).

말하는 방법을 연구하는 김미경 씨는 음악대학 작곡과 졸업생이다. 그녀는 명연설이나 명강의에 일정한 음악적 패턴이 있다는 사실을 발견하고, 말하는 법을 가르치는 아카데미를 설립했다. 그녀가 발명한 독창적인 스피치 방식은 말을 악보에 표현하고 모든 음악적인 기호를 활용한다. 포르테, 피아니시모, 점점 빠르게 등을 오선지에 쓴 연설문에 붙여서 청중들의 이목을 휘어잡는 명

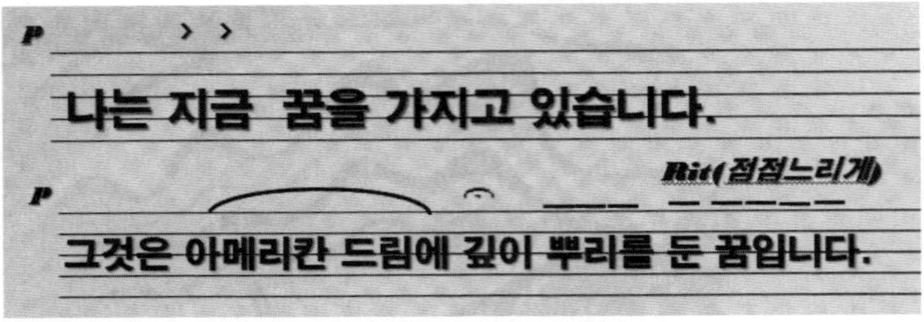


음악적 기호를 활용한 스피치 방식

연설을 음악적으로 표현하는 방식이다. 연설문 자체를 악보에 쓰고, 그 위에 모든 음악기호를 첨가하여 단어의 음률, 강조점, 속도 등을 기록하는 것이다(김미경, 2010). 만일 그녀가 대학 시절 작곡을 전공하지 않았다면, 이러한 특징을 찾아내 악보로 옮기기 어려웠을지도 모른다. 미국의 인권운동가 마틴 루터 킹 목사의 "나에겐 꿈이 있습니다"라는 명연설도 아름다운 선율을 가진 음악처럼 들린다.

기능이 경계를 넘어 결합하는 경우도 있다. 비 오는 날 우산을 쓰느라고 가방과 커피 잔을 들 손이 모자라는 경험은 누구나 한번쯤 해봤을 것이다. 우산대 밑에 컵 홀더를 결합하여 탄생한 아이디어 상품은 우리를 이런 곤란한 상황에서 벗어나게 해준다. 엑스레이 사진을 의학사진의 경계를 넘어 예술사진으로 승화시킨 연세대 영상의학과 정태섭 교수는 경계 넘기의 대표적인 사례를 제공한다. 엑스레이 사진은 해골이나 뼈와 같은 죽음의 상징을 보여 준다. 이런 죽음의 이미지에 생명의 상징인 아름다운 꽃을 함께 찍어 채색한 '모순의 결합'은 새로운 사진 장르를 탄생시켰고, 사진작가로서 정 교수의 창의성은 널리 인정받았다.

토스터를 투명하게 만들어 타기 전에 빵을 꺼낼 수 있게 만드는 것, 다리미를 유리처럼 투명하게 만들어 옷이 다려지는 상태를 직접 볼 수 있게 만드는 것, 컴퓨터 화면을 투명하게 만들어 화면 뒤의 상황을 볼 수 있게 만드는 것도 투명성이라는 개념을 불투명성에 결합시킨 창의성이다.

## 네트워크의 창발성

대부분의 사람들은 범람하는 정보에 지쳐서 누에고치처럼 자신만의 '정보 고치information cocoon'를 만들어 그 안에 스스로를 가둔 채 살아간다. 자신과 다른 의견을 만나면 곧바로 마음의 문을 닫아 버린다. 인터넷을 뒤지다가 자기와 다른 의사표현을 만나면 곧 그 사이트를 떠난다. 그러나 앞으로의 세상에서는 다양한 조력자를 만나 마음을 열고 더불어 노력하지 않으면 이룰 수 있는 일은 거의 없어진다. 다름을 이해하고 내 생각과 다른 관점을 받아들여 생각을 섞기 위해서는 관계의 다양성이 필요하다. 만나는 인간관계가 다양할수록 창의성이 창발한다. 창발성은 네트워크에 내재한 특성이다.

모든 네트워크는 노드와 링크로 구성된다. 친구 네트워크에서 노드는 사람이고, 링크는 친구관계이다. 먹이사슬 네트워크에서 노드는 먹고 먹히는 유기체이고, 링크는 누가 누구를 잡아먹는지에 대한 관계이다. 송전 네트워크에서 노드는 발전소와 변전소, 가정이나 공장이고, 링크는 이들을 이어 주는 전선이다. 항공 네트워크에서 노드는 공항이고, 링크는 비행기 항로이며, 삼국지 네트워크에서 노드는 삼국지 등장인물이고, 링크는 혈연관계나 유비와 관우 사이처럼 의형제를 맺은 관계, 혹은 전쟁을 치른 관계이다. 강줄기 네트워크에서 노드는 강이 갈라지는 지점이고, 링크는 강이 흐르는 줄기이며, 인터넷 네트워크에서 노드는 사이트, 링크는 클릭에 의해서 움직이는 동선을 의미하기도 한다. 논문인용 네트워크에서 노드는 논문이고, 링크는 논문에서 인용한 관계이다. 지식 네트워크에서 노드는 지식이고, 링크는 지식 상호작용의 관계이다.

이와 같이 네트워크는 인간세상, 생물세계, 인간이 구축한 세계, 자연현상 등 여러 종류의 세상에 존재한다. 그런데 이처럼 전혀 다른 세상에 존재하는 다양한 네트워크에는 신비할 정도로 공통적인 특징이 있다. 대표적인 특징은 네트워크가 모두 좁은 세상이라는 것이다. 좁은 세상에서는 하나의 노드가 몇 단계만 거치면 다른 노드에 도달할 수 있다. 필자의 연구에 의하면 우리나라 또한 전혀 모르는 2명이 평균 4.5단계 만에 서로 연결되는 좁은 세상이다. 앞에서 언급한 여러 종류의 네트워크도 모두 좁은 세상을 구성한다.

네트워크가 좁은 세상이라는 것은 어떤 노드도 다른 노드에 금방 연결될 수 있다는 뜻이다. 아이디어나 지식 네트워크에서도 마찬가지로 전혀 연결될 것 같지 않은 것들이 연결되어 새로운 지식으로 창발하는 경우가 빈번하다. 네트워크에 의해서 생겨난 창발 현상을 이해하기 위해 흥미로운 사례를 살펴보자.

영국은 새천년을 맞이하면서 런던 템스강을 가로지르는 '새천년교Millennium Bridge'라는 이름의 보행교를 개통했다. 이 다리는 사진에서 보듯이 교각 사이가 아주 멀고, 다리를 줄에 매단 현수교이다. 준공식 이틀 후, 새로 생긴 다리의 개통을 축하할 겸 어린이 환자를 위한 모금 행사에 참여한 사람들이 다리 위에 몰려들었다. 그런데 690톤의 쇠와 알루미늄으로 만들어진 다리가 갑자기 뱀처럼 구불거리며 휘청거리기 시작했다. 다리가 위험하다고 판단한 당국은 그날 당장 다리를 폐쇄했다(Strogatz, 2003). 최고의 공학자가 설계하고 시공한 다리가 이 지경이 된 것은 믿기 어려운 일이었다. 다리는 2년 동안의 보강공사를 거친 다음 다시 개통되었다.

다시 2년의 시간이 흐른 후, 〈네이처〉지에 4년 전 다리가 폐쇄된 원인을 분석한 수학 논문이 실렸다(Strogatz, Abrams, McRobie

런던의 새천년교

et al., 2005). 수학으로 풀어낸 원인은 다음과 같았다. 그날 강 아래쪽에서 바람이 불자 현수교인 다리가 살짝 흔들렸다. 다리 위에 있던 사람들은 자신의 몸이 약간 흔들리자, 균형을 맞추기 위해서 발을 동시에 내딛었다. 동시적 발맞춤은 다리에 힘을 가했고, 다리는 반대 방향으로 조금 더 흔들렸다. 그러자 사람들은 또다시 발을 맞추어 균형을 잡으려고 했다. 1초에 두 번 생겨난 발맞춤의 사이클은 그네를 타듯이 다리를 흔들었고, 마치 뱀처럼 휘청거리도록 만들었다. 이것은 연결된 사람들 사이의 네트워크에 의해서 생겨난 창발 현상이었다.

이와 같은 창발 현상을 물리학에서는 '상전이相轉移 현상'이라고 부른다. 상전이는 특정한 임계값에 도달하면 한 상태에서 다른 상태로 급작스러운 전이가 일어나는 현상을 일컫는다. 방울만 뽀글뽀글하던 물이 섭씨 100도 가까이에 이르면 갑자기 요동치며 끓기 시작하는 것도 대표적인 상전이 현상이다. 런던의 새천년교가 공진을 통해 자기증폭 현상을 거쳐 뱀처럼 흔들린 것도 상전이이다. 작은 충격에 의해서 다리 위에 있던 사람들이 손을 맞잡고 연결되어, 마치 군무라도 하듯이 발을 맞춘 행동이 다리를 흔드는 에너지를 증폭시킨 것이다.

상전이는 종종 네트워크에 의해서 발생한다. 네트워크는 '동조화'라는 현상을 만들어 내기 때문에 증폭기라고 불린다. 서로 다른 진동 주기로 시끄럽게 울던 귀뚜라미 무리가 어느 순간 네트워크에 의해 모두 연결되면서 진동 주기를 맞추어 합창하듯이 우는 것과 마찬가지이다. 반딧불이 동시에 빛을 점멸하여 장관을 만들어 내는 것도 동조이고(Strogatz, 2003; Watts, 2004), 강당에 모인 청중들이 제멋대로 박수를 치다가 갑자기 리듬에 맞춰 같은 박자로 박수를 치는 현상(Neda, Ravasz, Brechet et al., 2000)도 동조화 현상이다. 그리고 옆으로 늘어선 여러 개의 회중시계 추가 함께 주기를 맞추어 흔들리는 현상(Bak, 1996)도 동조화이다.

친구 네트워크에서도 동조화가 일어난다. 친구들 중에 일정 비율 이상이 폴더블 폰을 갖고 있으면 자신도 폴더블 폰을 사야 한다는 욕구가 점차로 강해진다. 폴더블 폰을 구매하게 되는 압

〈그림 5-2〉 동조화된 비율

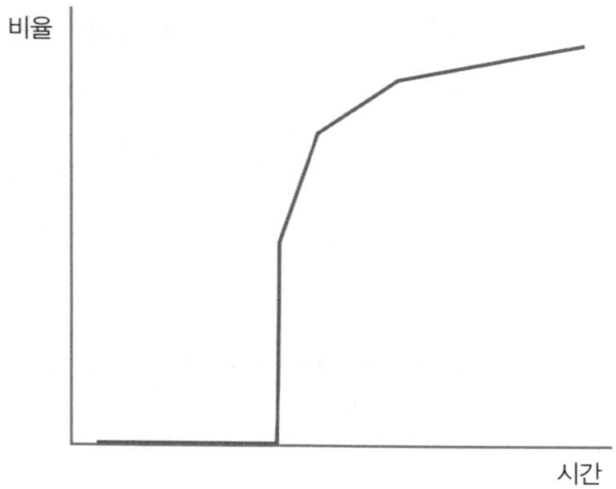


력이 사람마다 다르게 분포되어 있다고 할지라도, 네트워크상에서의 도미노에 의해서 갑자기 대부분의 학생들이 폴더블 폰을 구매하는 현상이 생긴다. 이와 같은 '뜨는 현상tipping'은 네트워크를 타고 영향력이 급속히 전파됨으로써 생겨난다. 백인 마을이 갑자기 흑인 마을로 변하는 것도 네트워크에서 발생하는 상전이 현상이다(Watts, 2003).

셸링의 자동 세포cellular automata 모델(Schelling, 2006)은 티핑이라는 상전이가 생겨나는 과정을 간단명료하게 설명한다. 가로 3 세로 3의 격자판에는 9개의 칸이 생긴다. 각 칸에 한 개의 집이 있고, 집에는 모두 백인들이 살고 있다. 정 중앙에 놓인 칸 주위에 8개의 칸이 있다. 모두 백인들이 살고 있는 마을에 점점 흑인들이 이사 들어오는 상황이다. 한가운데 사는 백인은 자신의 집 주변 8칸 중 4분의 1 이상이 흑인으로 채워지면 흑인들과 섞여 사는 것이 싫어서 다른 백인 마을로 이사 갈 것이라고 결심한다. 만일 모든 백인이 똑같은 생각을 하고 있으면, 어느 순간 1명의 흑인 이주자가 일으키는 연쇄적 파급효과에 의해서 백인 마을은 갑자기 흑인 마을로 변한다.

이 현상에서 흥미로운 점은 개인들의 의도보다 훨씬 더 심한 인종적 분리가 집합적 차원에서 일어난다는 점이다. 예를 들어 모든 백인이 자신의 집 주위에 사는 흑인 비율이 2분의 1이 될 때까지 참을 수 있다고 하더라도, 같은 인종끼리 인접해서 사는 비율은 90%에 육박하게 된다. 개인 행위의 의도하지 않은 결과, 혹은 개인의 의도보다 훨씬 더 심한 인종적 분리의 결과가 생겨나는 것이다.

우리가 살아 숨 쉬는 원리에도 동조화가 숨어 있다. 우리 몸의 어느 부분도 심장이 특정한 리듬을 가지고 뛰도록 명령하지 않는다. 심장의 페이스메이커를 구성하는 수많은 세포들이 동시에 전기를 발사하는 동조화 원리에 의해 심장은 일정한 간격으로 박동하는 것이다(Strogatz, 2003). 이와 같은 동조화는 네트워크의 기본 원리이다. 반딧불이가 동시에 반짝거리는 것도, 갑자기 특정 상품의 소비가 뜨는 것도 네트워크에 의한 동조화 결과이다. 대규모 촛불시위도 네트워크의 동조화에 의한 것이다. 금융시장에 몰아닥친 금융위기는 복잡하게 얽힌 금융 네트워크 때문에, 갑자기 〈기생충〉이라는 영화가 뜬 것은 소셜 네트워크 때문에 생긴 동조화의 결과로 인한 창발현상이다.

이처럼 네트워크에 연결된 것이 사람이건, 반딧불이건, 귀뚜라미이건, 또는 지식이건 모두 창발현상을 만들어 낸다. 그렇다면 아이디어가 네트워크에 의해 연결되면서 상호작용할 때 창발하는 현상은 무엇일까? 새로운 창의적 아이디어의 폭발현상이다. 네트워크 이론은 런던의 새천년교가 갑자기 뱀처럼 휘청거린 현상과 갑자기 창의적인 생각들이 폭발하는 현상이 모두 같은 메커니즘을 갖고 있다고 본다(Ogle, 2007). 최근 과학기술의 비약적 발전이나 창의적인 아이디어들의 폭발적 양산은 아이디어 네트워크와 관련 있다. 지식은 일정한 속도로 선형적으로 발전하기보다는 비선형적으로 또는 기하급수적으로 발전한다. 노드의 수가 N개이면, 연결선의 수는 $N^2$에 비례하기 때문이다. 모든 지식을 인터넷에서 검색할 수 있을 정도로 정보 네트워크가 발달한 경우에 지식 결합의 경우의 수는 기하급수적으로 발전한다.

현재와 같이 과학이 빠르게 발전하면 그 발전 속도가 무한대에 이르는 지점이 다가올 것이라는 예측도 있다. '특이점'이라고 불리는 이 지점에 이르면(2045년 즈음으로 전망) 인간이 질병과 죽음을 극복하고, 기계의 지능과 인간의 지능이 결합되며, 인체와 인공장기가 결합하여 여태까지 인류가 가꾸어 왔던 삶의 의미가 근원적으로 뒤흔들릴 것이라는 주장이다(Kurzweil, 2005). 기계로 만든 인공 장기를 부착한 반신반기 또는 동물의 장기를 부착한 반인반수伴人伴獸가 살아가는 포스트 휴먼 시대가 열리는 것이다.

특이점에 대한 예측 역시 기술 발전에서의 제곱 법칙에 근거한다. '무어의 법칙'이란 18개월마다 컴퓨터 칩의 집적도가 두 배로 늘어난다는 내용인데, 이는 지난 50년간 계속 지켜져 왔다. 또한 삼성전자 황창규 사장은 2002년 미국 샌프란시스코에서 열린 ISSCC(국제반도체회로 학술회의)에서 메모리 반도체의 집적도가 18개월이 아니라 1년에 2배씩 늘어난다는 '황의 법칙'을 제안했다. 뿐만 아니라, 인간 DNA의 32억 개 염기서열을 해독하는데 걸리는 시간은 매년 절반으로 줄고 있다. 미국의 어느 생명과학 회사가 1개월 동안 읽어 내는 각종 DNA 정보가 미국 국회의사당 도서관에 보관된 책들의 정보량보다 많은 정도이다. 이런 기막힌 발전 속도가 계속된다면, 2040년대쯤에 특이점에 도달할 것이라는 예측이 특이점 논쟁을 불러일으킨 것이다. 만일 정보처리 능력이나 정보생산 능력이 몇 개월 안에 2배로 증가한다면, 언젠가 이 증가 속도의 기울기가 무한대에 가까워지는 시점이 오지 않겠냐는 예측이 특이점 논쟁의 요지이다.

특이점이 올 것인지, 온다면 언제 올지 나는 모른다. 여기서 중요한 것은 아이디어 스페이스가 확장되고 또 연결되는 자기조직화 과정을 통해서 창발적으로 새로운 아이디어들이 생산된다는 점이다.

의학과 물리학 지식이 결합되어 나온 fMRI(기능성 자기공명영상) 기계는 인간의 두뇌를 촬영하면서 심리학과 결합하여 인간의 분노와 사랑, 감정이입, 도덕적 판단, 정신집중 등에 대한 새로운 이론들을 쏟아 내고 있다. 예를 들어, 프로 골퍼가 샷을 할 때는 두뇌의 아주 작은 부분만 활성화되는 데 반해 아마추어 골퍼들의 경우는 두뇌의 여러 부분이 동시다발적으로 활성화된다고 한다. 아마추어 선수는 샷을 하기 전에 이런저런 생각이 많다는 증거이다. '다리는 이렇게', '무게 중심은 왼발에, 공의 위치는 발 가운데에 놓고', '스윙은 천천히' 등 매번 생각을 거쳐야 하는 데 반해 프로 선수는 동작들이 몸에 배어 있으므로 기계처럼 자동적으로 스윙을 한다는 말이다.

철학과 심리학 그리고 과학기술인 fMRI가 만나서 인간의 도덕적 판단의 신비로움을 밝혀내기도 한다. '트롤리 문제'로 일컬어지는 패러독스에 대한 연구를 살펴보자(Keim, 2008). 패러독스 상황은 〈그림 5-3〉에 표현되어 있다. 위쪽 그림을 보면 브레이크가 고장 난 기차가 질주하는데, 한쪽 레일에는 5명이, 다른 한쪽 레일에는 1명이 묶여 있는 긴급한 상황이다. 당신이 기관사라면 스위치를 당겨서 5명이 묶여 있는 레일을 향해 달려가는 기차의 트랙을 바꿔 1명이 묶여 있는 레일로 옮기겠는가? 아래쪽 그림도 비슷한 상황인데, 더 긴장감 있다. 5명이 묶여 있는 방향으로 달려가는 기차를 세우기 위한 유일한 방법은 다리 위에 있는

〈그림 5-3〉 트롤리 문제

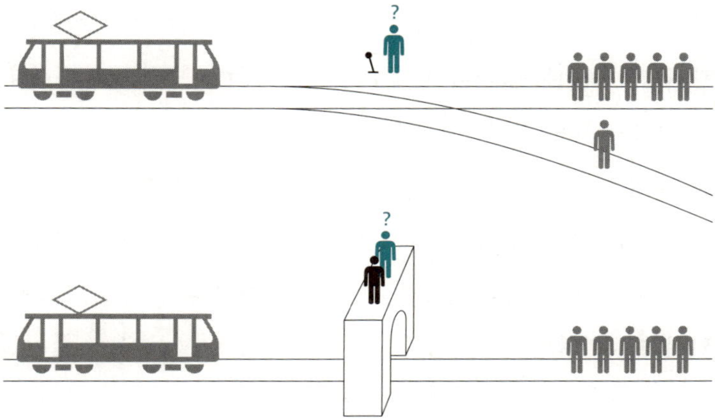


사람을 기찻길로 밀어 넣는 것밖에 없는 상황이다. 다리에서 떨어진 사람이 브레이크 역할을 해서 기차가 묶인 사람들 앞에서 멈추게 되어 있는 상황 설정인 것이다. 당신은 다리 위에 있는 사람을 밀겠는가? 두 문제 모두 5명을 살리기 위해 1명을 희생시키겠느냐고 묻는 공통점이 있다. 각각의 경우 여러분은 어떤 선택을 하겠는가?

결과는 예상한 대로, 대부분의 사람(85% 이상)이 위쪽 상황에서는 트랙을 바꾼다. 그러나 아래쪽 상황에서는 다리 위의 사람을 밀지 않는다. 1명을 희생시켜서 5명을 살리는 똑같은 문제인데 한쪽은 괜찮고 다른 쪽은 안 된다는 도덕적 판단을 내리는 이유는 무엇일까? 철학자들은 이 차이점이 무엇인지를 논의한다.

학자들은 위쪽 상황은 5명을 구하려는 행위의 의도하지 않은 부수적 결과로 한 사람이 죽는 반면, 아래쪽 상황은 한 사람을 의도적으로 죽이는 상황이기 때문에 두 경우는 도덕적으로 다르다고 이야기한다. 그렇지만, 왜 대다수의 사람들이 위쪽 상황의 경우 트랙을 바꾼다고 판단하는가? 그 이유는 공리주의라는 철학 원리를 받아들이기 때문이다. 만인에 의한 만인의 행복이라는 말로 표현되듯이, 5명의 생명이 1명의 생명보다 더 가치 있다고 판단하는 것이다.

공리주의 철학의 관점에서는 5명을 살리기 위해서 1명이 죽는 것을 용인해도 되지만, 칸트의 철학categorical imperative에 의하면 인간이 개입해서 다른 사람이 죽는 것 자체가 도덕적인 문제가 된다. 하나님이 주신 생명인데, 인간이 무슨 근거로 1명이 다른 5명보다 가치가 적다고 개입하여, 그의 생명을 앗아갈 수 있다는 말인가?

신경과학자는 철학자와는 다른 측면에서 패러독스에 다가간다. fMRI 판독에 의하면 아주 흥미로운 사실이 드러난다는 것이다. 위쪽 상황을 제시받은 사람들의 두뇌를 fMRI로 찍으면 논리적 사고와 계산을 담당하는 뇌가 활성화된다. 아래쪽을 제시받은 사람은 감정을 제어하는 부위와 의사결정에서의 갈등을 조정하는 부위가 극도로 활성화된다. 그런데 감정을 담당하는 부위가 사고로 손상된 사람은 철로에 사람을 밀어 넣겠다고 답한다고 한다. 도덕성의 근원은 측은지심惻隱之心, 즉 불쌍한 마음이 드는 감정이라는 성리학의 통찰을 확인하는 것만 같다.

하버드대의 심리학자 조슈아 그린Joshua Greene은 문화, 연령, 성별 등에 따라 트롤리 패러독스에서의 선택이 달라지는지를 100여 개국의 2만 명 이상을 대상으로 반복 실험해 보고, 차이가 없음을 확인했다. 이처럼 이전에는 만날 수 없었던 학문분야들이 서로 상호작용하면서, 도덕성은 문화에 관계없이 인간의 논리적 영역보다는 감정의 영역에서 이루어진다는 새로운 가설을 만들어 내고 있다. 비슷한 맥락에서, 굶주린 사람을 도와줘야 한다는 도덕적 명제도 감정에 호소할 때 더 효과적이라고 한다. 거지가 "한 푼 줍쇼"라고 구걸할 때보다 "배고파요"라고 구걸할 때 도움을 주는 사람들이 훨씬 많아서, 공감이 인간행동의 근원이라는 주장에 힘을 싣는다.

앞에서 다양한 사례를 통해 살펴보았듯이, 지식 네트워크에 의해서 새로운 지식이 융합학문이라는 이름으로 창발하고 있다. "모든 경계에는 꽃이 핀다"라는 함민복 시인의 시 〈꽃〉의 첫 구절이 학문의 영역에서 입증된 것이다. 창의적인 지식들이 지식 네트워크에서 상호작용하면서 나온다는 것은 이 책에서 여러 차례 강조한 바이다. 런던의 새천년교가 네트워크에 의해 연결된 사람들의 동조화된 발맞춤에 의해 휘청거렸듯이, 지식들이 어느 순간 네트워킹하면 새로운 지식으로 창발한다.

## 진화 훔쳐 오기

생물 세계에는 신비한 현상들이 즐비하다. 게코 도마뱀은 아무리 유리처럼 매끄러운 표면이라도 수직으로 기어오를 수 있다. 과학자들은 이들이 발바닥 빨판의 마찰력을 이용하는 것이 아니라, 분자 사이에 작용하는 전기력을 이용하여 미끄러지지 않는다는 점을 발견했다. 그리하여 게코 도마뱀 발바닥의 전기력을 활용한 장갑이 개발되어, 인간도 장갑을 끼고 수직 유리벽을 기어오를 수 있게 되었다. 한편, 비가 내리지 않는 사막에서 몸의 표면구조를 이용해서 습기를 채취하는 곤충의 원리가 건물 벽면에 적용되어 물을 생산하는 건축물이 생겨났다. 연꽃잎의 나노구조를 모방해 물이 전혀 배어들지 않는 방수의류가 개발되었으며, 아마존강에 사는 전기뱀장어가 전기를 생산하는 화학적 과정을 적용하여 전기를 효율적으로 생산하기도 한다. 조개껍데기가 형성되는 자기 조직화 과정을 흉내내 분자들이 스스로 조립하여 형태를 만들어 내는 나노 공정으로 수차收差가 전혀 없는 렌즈를 만들어 낸다. 이처럼 생물체를 흉내 내는 생물모방학은 생물체에서 발견되는 창의적이고도 신비로운 현상을 인간의 공학기술로 재현하려 한다.

벌이 꿀을 어느 정도 채취한 다음에 집으로 돌아가는지, 또 한 꽃 무더기에 얼마 정도 머무는지를 설명하는 수학 모델이 있다.

벌이 꿀을 채집할 때 특정한 행동규칙이 있으며, 이 규칙은 최소의 에너지로 최대의 수확을 얻는 최적화 모델로 설명된다. 진화가 이미 수많은 시행착오를 거쳐, 자연선택의 과정을 거치면서 최적화된 경제활동을 하도록 만들었기 때문에 수학 모델의 예측을 따라 행동한다는 것이다.

신비로운 진화과정을 모방하여 창조적인 결과물을 얻으려는 또 다른 시도가 '유전자 알고리즘'이다. 진화는 이성 간의 교배와 돌연변이를 통해서 생겨난다. 단성생식보다는 양성생식에서 진화의 속도가 훨씬 빠르다. 이성 간의 교배란 엄마와 아빠의 형질을 반씩 가져오는 것인데, 이러한 이성 교배가 돌연변이와 유전적 다양성을 만들어 내고, 자연선택을 거쳐서 예상치 못한 새로운 종자를 탄생시키는 원천이 된다. 이러한 이성 교배의 진화 원리를 이용해서 제품을 창조하기도 한다. 진화과정을 컴퓨터 안에서 재현함으로써 태양광 전지의 곡면을 디자인하거나, 거미처럼 움직이는 우주 탐사선을 설계하기도 한다. 유전자 알고리즘의 이해를 돕는 쉬운 예를 들어 보자.

도둑이 어느 상점을 털러 들어갔더니 〈표 5-1〉과 같은 물건들이 놓여 있었다고 상상해 보자. 도둑은 50킬로그램 이상을 들고 나올 힘이 없다. 어떤 물건을 자루에 담아 나오는 것이 가장 돈의 가치가 큰가? 이런 상황이라면 도둑도 공부해야 더 좋은 수익을 내는 세상이 되었다. 그러나 도둑이 수학의 천재라도 이 간단한

〈표 5-1〉 물건당 시가와 무게 목록

| 물건 | 시가 | 무게 |
|---|---|---|
| 금붙이 | 500만 원 | 3kg |
| 저금통 | 220만 원 | 5kg |
| TV | 210만 원 | 40kg |
| 노트북 | 200만 원 | 8kg |
| 은수저 세트 | 120만 원 | 10kg |
| 앰프 | 80만 원 | 25kg |
| 태블릿 | 60만 원 | 1kg |
| 시계 | 30만 원 | 4kg |

문제를 방정식을 세워서 풀 수는 없다. 방정식은 하나뿐인데 미지수가 너무 많기 때문이다. 이때 활용할 수 있는 방식이 진화의 과정을 이용한 유전자 알고리즘이다.

가령 50킬로그램이 넘지 않을 때까지 가장 비싼 물건을 순서대로 고르면 다음의 조합이 나온다.

금붙이 + 저금통 + TV + 태블릿 = 49킬로그램, 990만 원

그러나 이 조합은 더 가벼우면서도 값은 더 나가는 아래의 조합보다 훨씬 못하다. 예를 들어,

금붙이 + 저금통 + 노트북 + 은수저 세트 + 태블릿 + 시계 =
31킬로그램, 1,130만 원

과연 이 값은 최댓값인가? 답을 알기 위해서는 온갖 조합들을 점검해 보아야 한다. 도둑이 들어간 집에 8개의 물건만 있다면 최상의 조합을 주먹구구식으로 찾아낼 수 있을지 모른다. 그러나 물건이 200개쯤 된다면, 주먹구구가 통할 리 없다. 이런 경우에 쓸 수 있는 방식이 '유전자 알고리즘'이라 불리는, 진화를 모방한 시뮬레이션이다. 먼저 각 물건을 갖고 나오면 1, 아니면 0이라고 표현해 보자. 11100000은 맨 앞의 3개(금붙이 + 저금통 + TV)를 갖고 나오고, 나머지는 두고 나온다는 뜻이다. 01010000은 두 번째와 네 번째 물건(저금통 + 노트북)을 훔칠 대상으로 택했다는 뜻이다.

유전자 알고리즘은 제일 먼저 무작위로 0과 1의 조합을 여러 개 만들어 낸다. 각각의 조합은 DNA 염기서열과 흡사하다. 산출되는 가격을 '적합도'라 부르고, 이 적합도의 최댓값을 구한다. 무작위 조합이 50킬로그램을 넘으면 적합도(가격)는 0이 된다.

무작위 배열로 출발한 부모 세대의 4가지 유전자 조합

| | |
|---|---|
| 11100000(적합도 = 9300) | 01101000(적합도 = 0) |
| 11001011(적합도 = 9300) | 11010000(적합도 = 9200) |
| 00010100(적합도 = 2800) | 01001011(적합도 = 4300) |
| 11110111(적합도 = 0) | 10011000(적합도 = 8200) |

(적합도 0으로 표시된 결합은 나쁜 성과를 내서 도태될 것들임)

다음 단계는 좋은 성과를 낸 조합을 서로 교배하는 것이다. 한 유전자 일부분(가령 절반 혹은 4분의 1), 그리고 상대 유전자의 일부분(절반 혹은 4분의 3)을 조합하여 자식의 유전자를 만든다. 이 과정에서 1을 0으로, 또는 0을 1로 바꾸는 돌연변이가 가끔씩 발생하도록 한다. 예를 들어 아빠의 유전자가 1110|0000이고 엄마의 유전자가 0110|1000이라고 하자. 유전자를 절반씩 나누어 가지면, 그 자식들은 아빠의 왼쪽 절반과 엄마의 오른쪽 절반을 갖는 11101000 그리고 그 반대인 01100000의 유전자를 갖게 된다. 성과가 좋은 조합 4개를 골라내어 교배하는데, 이번에는 유전자를 절반씩 나누어 갖는 것이 아니라 잘라지는 자릿수를 무작위로 바꾸어 가면서 교배한다.

111000|00 + 110010|11 → 11100011 1100100<u>1</u>* (돌연변이)
110|10000 + 100|11000 → 11011000 10010000

돌연변이를 넣는 것은 진화과정을 그대로 모방하기 위해서다. 진화에서 돌연변이는 국지적인 최대 적합도에 머물지 않도록 하는 역할을 한다. 작은 산봉우리에 올라가 주변에서 최고로 높은 지점을 찾았다고 안주하지 않고, 다른 산봉우리를 탐색하게 하는 역할을 하는 것이다. 자식 세대에서 나온 4개의 조합을 부모 세대에서 도태된 조합의 자리에 넣고 적합도를 계산한다. 부모 세대에서 사라지는 조합은 마치 진화과정에서 자연선택에 의해 도태된 유전인자와 같은 과정을 거친다.

11100000(적합도=9300)　11100011(적합도=0)

11001011(적합도=9300)　11010000(적합도=9200)

11001001(적합도=8700)　11011000(적합도=10400)

10010000(적합도=7000)　10011000(적합도=8200)

이러한 교배 과정을 계속하면, 결국 가장 비싼 물건들의 조합을 찾아 준다. 여기에서 핵심은 교배crossover에 있다. 교배하는 대상이 이질적일수록 진화는 더 역동적으로 나아간다. 마치 창의성이 이질성의 결합이듯이, 진화는 이질성을 교환·결합하는 방식으로서 섹스를 고안해 낸 것이다. 단성생식을 하는 생물은 이성생식을 하는 생물보다 진화의 역동성이 급격히 떨어지는 것을 보아도 알 수 있다. 고속도로가 생겨남에 따라서 지리적으로 이동할 수 없이 격리된 동물들이 유전적 다양성을 확보하지 못해서 멸종하는 경우도 있다. 전염병인 구제역이 창궐할 때 유전적 다양성이 없으면 모든 가축이 멸종할 가능성은 더 커진다. 우연히 구제역을 견딜 수 있는 돼지나 소의 '다른' 유전자가 종의 생존 가능성을 높여 주는 것이다.

유전자 알고리즘을 통해서 생물체에서 진화과정을 재현해 보려는 흥미로운 시도가 있다(Sims, 1994). 짧고 굵은 직사각형 블록, 얇고 긴 직사각형 블록, 정육면체 블록 등 여러 형태의 나무 조각을 컴퓨터 안 가상의 강에 풀어 놓았다. 이들은 관절을 통해서 서로 연결될 수 있고, 연결된 각 부위는 독립적으로 움직일 수 있는, 컴퓨터에 존재하는 가상 생물체이다. 이 블록들을 무작위로 조립하고, 또 조립된 조각을 움직이게 하는 무작위 DNA를 만들었다. 조립도 움직임도 무작위이기 때문에 대부분의 가상 생물체들은 연결된 블록이 제멋대로 움직이며 물속에서 허우적거리기만 한다.

무작위로 움직이는 형체들 중에서 제자리에서 허우적거리는 것은 제거하고, 앞으로 전진하는 가상 생물들만 골라서 교배를 시켰다. 앞의 도둑의 예에서는 50킬로그램이 넘지 않는 가운데 가장 값진 물건의 조합을 찾아야 했다면, 이번에는 수영을 하면서 빠르게 앞으로 전진하는 모양과 움직임이 적합도가 높다고 보는 것이다. 마찬가지로 돌연변이도 생기도록 했다. 다음 페이지의 사진은 그 적합도가 높게 선택된 모양들의 대표적인 것들이다. 왼쪽 것은 뱀처럼 움직이고 오른쪽 것은 가오리처럼 수영한다.● 각주에 소개된 사이트에 올려진 동영상을 보면 신비로움에

---

● 동영상 파일은 다음을 참조할 것. http://www.archive.org/details/sims_

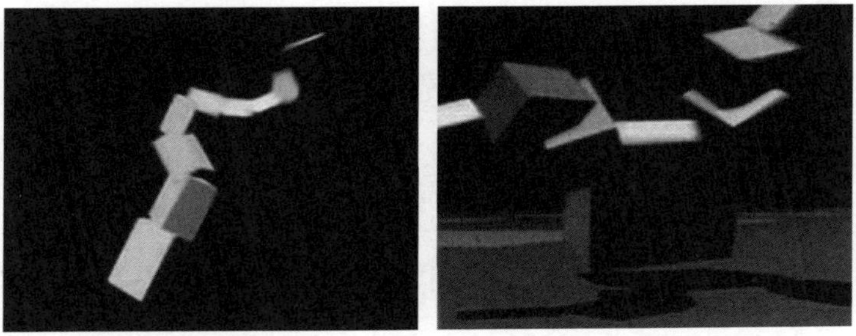

가상 생태계에서 진화한 가상 생물들

감탄사가 절로 나온다. 무작위로 조립되고, 무작위로 움직이도록 출발한 가상 생태계에서 적합도가 높은 것끼리 교배한 후 자연선택을 한 결과, 우리가 관찰하는 생물들과 비슷하게 생기고 움직이는 기본적 원형이 탄생한 것이다.

진화가 창의성과 무슨 관계가 있는지 의문을 품는 독자가 있을 것이다. 다양한 형태의 생명체, 기이한 행동을 하는 생명체가 모두 '다름' 또는 '새로움'을 의미하고, 또 생명체의 생존과 재생산에 도움을 주는 돌연변이라면, 모든 생명체는 창의적인 산물이다. 이러한 생각을 셔츠 디자인에 적용해 보자. 지금 독자가 입고 있는 셔츠는 유명하지는 않을지 몰라도 익명의 디자이너가 만든 작품으로서 조선시대의 두루마기와 다르고, 또 다른 셔츠들과 구분되는 독특한 디자인과 색깔을 갖고 있을 것이다. 나름대로의

---

evolved_virtual_creatures_1994

창의성이 녹아 있는 당신의 셔츠는 옷이 갖추어야 할 기본적인 기능을 구현하려는 아이디어가 결합되어 생겨난 것이다. 입고 벗기 편하게 하는 단추의 진화, 부드러운 옷감의 진화, 모양을 내기 위해 깃을 세우는 아이디어의 진화, 이런 모든 진화의 결과가 우리가 입고 있는 셔츠에 결합되어 있다.

컴퓨터가 다양한 아이디어를 무작위로 결합하여 셔츠를 만들어 시장에 내놓았다고 가정해 보자. 대부분의 셔츠는 사람들이 외면하여 팔리지 않을 것이다. 그러나 수백만 혹은 수억 번의 무작위적 결합 가운데 사람들이 좋아하는 셔츠가 생겨날 확률이 있다. 자연이 특정한 생명체를 선택하듯이 시장은 이 셔츠를 선택한 것이고, 이 셔츠는 결과적으로 창의적인 셔츠이다. 사실 우리가 핸드폰을 선택하여 구매하는 과정도 비슷한 진화의 관점에서 이해할 수 있다. 엄청나게 다양한 휴대폰의 변이 중에서 특정한 휴대폰이 시장에서 선택되었고, 이 휴대폰이 결과적으로 창의적인 것이다.

기술의 진화, 사회제도의 진화, 혹은 경제제도의 진화도 마찬가지 맥락에서 이해할 수 있다. 결국 우리는 무엇을 선택할 것인가에 대한 적합도라는 기준만 명확하게 하면, 유전자 알고리즘을 통해서 창의적인 것들을 만들어 낼 수 있다.

과학자들은 새로운 디자인을 만드는 데 이런 방법을 동원한다. 태양전지 채광판의 예를 들어 보자. 현재의 태양전지 채광판은 평면인데, 이 평면이 태양을 좇아가면서 움직인다면, 최대 효율을 낼 수 있을 것이다. 그러나 고정된 채광판으로 최대 효율을 내도록 하려면 어떻게 디자인해야 할까? 유전자 알고리즘을 사용하면 기이한 형태의 곡면 채광판이 생겨난다.• 또 다른 예로 화성에서 가장 효율적으로 움직이는 로봇을 같은 방법으로 디자인하면, 바퀴 대신 지네 형태의 발을 가진 로봇이 만들어진다.

생물체의 교배와 자연선택을 흉내 낸 유전자 알고리즘은 사회규범이나 기술의 진화를 설명하는 데도 적용된다(Axelrod, 1997; Epstein & Axtell, 1997). 이들의 연구는 생물체가 서로 협동할 때 적합도가 높아진다는 결론에 도달한다. 즉, 협동하는 사회규범이 생기는 이유는 그 규범이 높은 적합도를 갖기 때문이라는 것이다. 복잡계 과학이라는 학문분야가 생겨나서 교배과정을 흉내 내는 다양한 연구를 수행한다. 이들은 복잡하고 정교하며 질서 잡혀 있는 세상에서의 창조는 무작위로 출발한 단순한 행동이나 모양의 교배가 (자연) 선택의 결과라는 점을 다양한 분야에서 보여준다. 결국 창조, 창의는 이질성의 교배와 우연적인 돌연변이에서 생겨난다는 점을 알려 주는 것이다.

---

• http://www.ted.com/talks/lang/eng/bill_gross_on_new_energy

## 구글이 강자가 된 이유

창의성은 어느 시기에나 중요했다. 철기시대에 쇠를 녹이기 위해 고안된 풀무에서부터 고구려 고분에서 출토된 낚싯바늘의 다양한 형태에 이르기까지, 대부분의 유물에서 옛사람들의 뛰어난 창의성을 엿볼 수 있다. 고대 문명에서도 경탄할 만한 창의적 지식과 지혜를 만들어 냈던 것이다. 흙을 빚어 구워 만든 토기의 모양과 문양을 보면 당시 사람들의 지혜를 엿볼 수 있다. 이집트 고분에서는 전기를 만드는 항아리가 발견되어 그 용도가 무엇이었을까 궁금증을 자아내기도 한다. 칼을 단단하게 만들기 위해 쇠를 여러 차례 달구었다 찬물에 담그는 담금질의 과학적 원리는 현대에 와서야 밝혀졌지만, 이미 오래전부터 인류는 이런 방법을 고안해서 사용했을 정도로 창의성은 역사 곳곳에 숨 쉬고 있다.

그런데 근래에 더욱 유별나게 창의성 또는 창조성이라는 개념이 범람하고 사회적 관심이 급증하고 있다. 대학은 '창의성 교육'이라는 화두를 내세우고, 서점가에는 창의력 향상법에 대한 책이 넘쳐난다.● 대학입시, 특히 논술시험에서 창의력을 강조해서인지 창의성 학원까지 생겼다. 창의력 경시대회도 날로 늘고 있으

---

● 대표적인 책이 《천재들의 창의적 습관(*The Creative Habit: Learn it and Use it for Life*)》〔트와일라 타프 지음, 노진선 옮김(2006), 문예출판사〕이다.

며, 기업도 면접시험에서 창의성을 평가항목에 넣고 있다. 창의성에 대한 이런 지대한 관심은 지나가는 유행에 불과한가, 아니면 알파고와 같은 가공할 만한 AI가 출현한 이후의 사회적 메가트렌드 때문인가?

나는 거시적인 사회변동의 힘 때문에 창의성이 각광받는다고 믿는다. 그 첫 번째 추동력은 정보화와 세계화 진전에 따른 네트워크 사회의 심화이다. 사회 각 영역이 네트워크에 의해서 엮이고, 이질적인 분야들이 교류하며, 심지어는 국제적인 네트워크에 의해서 지역과 세계가 하나로 통합되어 간다. 정보 네트워크에 의해 시간과 공간이 압축된 결과, 이제는 수신자가 지구 어느 편에 있든지 몇 초 후면 이메일을 수신할 수 있다.

창의성을 부추기는 두 번째 추동력은 점차 짧아지는 상품주기이다. LCD TV는 개발된 지 몇 년 되지 않아 LED TV에 의해서 도전받을 정도로 하나의 상품이 세상의 빛을 보는 기간이 짧아졌다. 흑백 TV가 컬러 TV로 교체되는 데 수십 년이 걸린 것과 비교하면 상품 주기가 얼마나 짧아졌는지를 알 수 있다. 고프로라는 액션캠은 출시한 지 몇 년 안 되었지만, 거의 매년 한두 번씩 새 버전을 내놓고 있다.

세 번째 추동력은 네트워크에 의해 빈번해지는 경계 넘기다. 기존에 존재하던 벽과 경계는 무너져 내리고, 상상할 수 없었던 영역들까지 서로 연결되고 있다. 토마토의 유전자와 물고기의 유전자가 연결되어 병충해에 강한 새로운 토마토 종을 만들어 내는 세상이 되고 말았다.

이 3가지 메가트렌드는 사회를 근본적으로 변화시키면서, 창의성이 교육과 경영과 일상생활의 핵심어가 되도록 만들었다.

캐나다의 키플링이라는 도시에는 세계에서 가장 큰 페이퍼 클립이 조각으로 세워져 있다. 카일 맥도널드라는 이름을 가진 한 젊은이가 발휘한 창의성을 기념하기 위해서이다. 이 젊은이는 어느 날 무료하게 시간을 보내던 중, 책상 위에 놓인 빨간 페이퍼 클립에 눈이 갔다. 그것으로 무엇을 할 수 있을지를 궁리하던 그는 다른 물건과 바꿔 보고 싶다는 생각이 떠올랐다. 바꾼 물건을 또 다른 물건과 바꾸면, 그리고 교환 단계마다 '더 크고 좋은 물건으로' 바꾼다는 원칙을 고수한다면, 나중에는 제법 가치 있는 물건을 갖게 될 것이라는 생각이 들었다. 페이퍼 클립을 다른 물건과 교환하겠다는 광고를 인터넷에 올리자, 여기에 흥미를 느낀 밴쿠버에 사는 어느 여대생이 자기가 안 쓰는 볼펜과 바꾸자고 제안했다. 그는 비행기를 타고 밴쿠버로 날아가 펜과 바꿨다. 그리고는 펜 교환 광고를 다시 인터넷에 올렸다. 또 다른 호기심 많은 사람을 만나서 교환했다. 이런 식으로 캠핑용 버너와 눈썰매를 거쳐서 열네 번째 교환 때는 버젓한 2층짜리 농장 집을 소유하게 되었다는 황당한 실화이다. 미국 TV에서 빅뉴스로 다룬, 아이디어 하나로 인터넷 네트워크를 활용하여 돈을 번 이야기이다.

이미 오래전 일이 되었지만, 비슷한 사례를 서울의 어느 갈비 음식점에서도 찾을 수 있다. 갈비집 주인은 손님 중에서 트위터를 사용하는 사람이 있으면, 그가 거느리고 있는 팔로어 수에 따라, 1명당 10원을 할인해 주겠다는 광고를 냈다. 무려 2만 명의 팔로어를 거느린 어떤 사람이 우연히 이 음식점을 방문하여 갈비를 실컷 먹고는 단돈 몇천 원만 지불했다고 한다. 의기양양해진 이 사람은 자신의 팔로어들에게 자신이 경험한 바를 자랑스럽게 전했다. 1인당 10원의 원가가 투입된 광고의 효과는 대단했다. 트위터 네트워크를 타고 이 소식은 꼬리를 물고 퍼졌고, 팔로어를 많이 거느린 사람들이 줄지어 이 음식점을 찾았다. 갈비집 주인은 엄청난 손해를 보는 듯했고, 이 음식점이 얼마나 버틸 수 있을지에 대한 우려가 인터넷에 돌았다. 주인은 기다렸다는 듯이, 자신은 망할 때까지 할인행사를 고집하겠다고 선언했다. 네티즌은 이 소식에 열광했고, 한때 예약 없이는 자리를 잡을 수 없을 만큼 성공한 음식점이 되었다. 트위터 네트워크를 활용한 기발한 광고전략이자 영업전략이다.

미국 굴지의 기업으로 급성장한 구글도 아이디어 하나로 성공한 기업이다. 구글 창업자 래리 페이지는 스탠퍼드대에서 박사과정을 밟고 있을 때 검색엔진을 구상했다. 당시 검색시장을 장악하고 있던 야후는 검색된 내용을 자동으로 분류해 주는 자동화 소프트웨어를 사용하고 있었다. 우리나라의 네이버가 지금도 그러하듯이 사용자가 입력한 키워드를 담고 있는 사이트를 찾은 후 뉴스, 웹문서, 블로그 등으로 자동 분류하여 사용자에게 제시하는 방식이다. 구글은 야후와는 전혀 다른 방식을 고안해 냈다. 찾은 내용을 분류하지 않고, 대신에 사용자들이 원하는 가장 적절한 정보를 맨 위에 보여 줄 수 있는 방법을 고안해 낸 것이다.

검색하면 나타나는 수억 개의 사이트 중에서 사용자에게 적절한 정보를 어떻게 판별해 낼 수 있을까? 2021년 12월 현재 'love'라는 단어를 포함하는 영문 사이트를 검색하면 96억 8천만여 개의 사이트가 검색되고, 'sex'라는 단어는 56억여 개의 사이트를 찾아낸다. 이렇게 많은 정보 중에서 페이지의 맨 위에 어떤 검색 결과를 보여 줄 것인가?

도대체 어떻게 했기에 전 세계 사람들이 구글에 빠져들게 되었는가? 그 비밀 중 하나는 수많은 사람들이 자신들의 웹사이트에 걸어 놓은 링크를 활용하는 데에 있었다. 웹페이지를 만들 때 사람들은 자신의 사이트와 관련 있고 중요하다고 생각하는 사이트를 골라서 링크를 건다. 수많은 사이트가 걸어 놓은 무수한 링크의 네트워크를 활용하면 자연히 검색 키워드를 다룬 핵심적인 사이트(링크 네트워크에서 중심을 차지하는 사이트)를 선별해 낼 수 있다. 같은 주제어라도 그 주제가 다루어질 수 있는 문맥은 무수하다. 하지만 링크를 거는 사람은 자신이 만든 사이트의 주제와 비슷한 내용의 사이트를 골라 링크를 건다. 유사하면서도 네트워크의 중앙에 위치한 사이트를 추천한 것이 구글의 최대 성공 요인이었다. 인터넷 은하계의 하이퍼링크에 녹아 있는 집단지성을 활용한 것이다.

수많은 사람들의 작은 노력으로 만들어진 인터넷 링크를 전 세계적 차원에서 모으면, 인터넷 은하계의 지도를 그릴 수 있는 엄청난 네트워크 자료가 형성된다. 방대한 분량의 빅데이터 중에서 이 링크를 따라가면서 적합한 자료를 선별하는 것을 '협력 여과collaborative filtering'라고 부른다. 구글은 링크 네트워크에 의해 선별된 사이트들 중에서 한 번 더 적합한 사이트를 걸러 낸다. '페이지 순위Pagerank'라는 방법을 써서, 페이지 순위가 높은 사이트를 맨 위쪽에 제시하는 것이다. 사이트가 다른 중요 사이트로부터 인용을 많이 받을수록, 그리고 다른 중요한 사이트를 많이 인용할수록 페이지 순위는 높아진다. 즉, 링크 네트워크의 중앙에 놓일수록 페이지 순위가 높아진다. 더 많은 사이트에서 링크를 걸어 놓은 사이트가 더 양질의 유용한 정보를 담고 있을 확률이 높은 것이다. 결국 하이퍼링크 네트워크를 활용해서 가장 적절하고 중요한 내용을 찾아 준 것이 구글의 성공 요인이다. 여기에서 한 걸음 더 나아가, 검색 키워드를 커다란 폰트로 표시한 사이트, 키워드가 더 많이 등장하는 사이트 등의 정보를 부가적으로 활용한다.

지금까지의 논의를 간단히 정리하자면, 창의성은 어느 시대, 어느 나라에서나 매우 중요했다. 그런데 요즘 갑자기 창의성에 관한 관심이 급증한 이유는 창의성의 효과가 이전 사회보다 한층 강력해졌기 때문이며, 정보사회에서 새로운 생산방식이 생겨났기 때문이다. 산업사회에서는 아무리 좋은 아이디어가 있어도 대규모 자본이 있어야 토지나 공장 등 생산수단을 확보하고 제품을 만들어 낼 수 있었다. 높은 시장 진입장벽이 존재한 사회였던 것이다. 그러나 정보사회에서는 경제논리가 바뀌었다. 자본 없이 아이디어 하나로 네트워크를 활용하여 가치를 생산할 수 있게 된 것이다.

무형의 아이디어로 만든 정보 상품은 상품 하나를 더 생산하는 데 드는 한계비용이 거의 제로에 가깝다는 특징이 있다(Shapiro & Varian, 1999). 예를 들어, 이메일을 1명에게 추가로 보내는 비용은 편지 1장을 더 부치는 비용에 비하면 없다고 해도 과언이 아니다. 편지의 경우는 편지를 복사하고, 우표를 구입해 풀칠하여 붙이고, 봉투에 넣고, 긴 주소를 써서 우체통에 넣는 수고를 해야 한다. 이에 비하면 이메일의 한계생산비용은 거의 제로이다. 이처럼 정보사회는 정보 및 지식의 생산과 유통에 소요되는 비용을 가히 혁명적인 수준으로 절감시켰다. 창의적인 아이디어 하나만으로도 큰돈 없이 생산할 수 있는 네트워크라는 인프라가 갖춰진 사회가 도래한 것이다.

일의 크기를 조립식으로 잘게 나눌 수 있다는 점 역시 정보 상품의 특징이다. 인류가 만든 가장 방대한 지식의 보고인 '위키피디아'라는 백과사전을 보라. 2018년 8월 말 현재 293개 언어로 쓰인 4천만 개의 주제 글은 270억 단어로 이루어져 있다. 여기에 참여하는 무수한 개인들에 의해 잘게 나뉘어 쓰이고 편집된 글들이 합쳐진 것이다. 이 백과사전은 이미 가장 위대한 백과사전이라는 브리태니커보다 정보의 질이나 양 면에서 월등하다는 평가를 받고 있다.

리눅스처럼 규모가 엄청난 프로그램도 잘게 나누어 짠 프로그램들이 조합된 결과물이고, 오픈소스 라이브러리에 가면 작은 크기의 프로그램 모듈들을 무수히 만날 수 있다. 공개 소프트웨어 운동에 참여한 75만 명의 전 세계 프로그래머들은 자신들이 개발한 프로그램을 누구나 자유롭게 사용하고 개조할 수 있도록 프로그램 코드를 무상으로 공급한다. 1명의 천재 프로그래머가 기본 구조를 만들어 공개한 리눅스는 익명의 프로그래머들의 집단적 노력에 의해 무료 컴퓨터 운영체제로 자리 잡았다. 잘게 나누어진 일이 조합되어 1억 줄이 넘는 프로그램으로 탄생한 것이다. 프로그램 한 줄을 개발하는 데 드는 미국 업계의 통상 비용이 100달러라는 기준을 적용하면, 100억 달러라는 가치가 익명의 다수에 의해 무상으로 창출된 것이다.

지금은 AI가 사람의 목소리를 거의 완벽하게 재생해서 과거의 유물이 되어 버렸지만, 맹인을 위한 오디오북을 만드는 봉사단체 사람들은 책 전체를 읽지 않고, 시간 날 때마다 문단이나 페이지 단위로 읽어서 웹에 올렸다. 그리고 이러한 작은 파일들이 자동으로 조립되어 오디오북으로 완성된 것이다.

스레드리스(www.threadless.com)라는 미국 의류회사에는 디자인실이 없다. 이 회사는 네티즌들이 디자인하여 회사 웹사이트에 올린 티셔츠를 만들어 판매해서 크게 성공했다. 수많은 아마추어 디자이너가 올린 디자인 중에서 많은 사람들이 좋다고 클릭한 것만 만들어 20달러 내외에 파는 것이다. 코로나 팬데믹 이후에는 마스크를 일반인들이 디자인하여 스레드리스 회사에 제안한다. 선택된 디자인을 제공한 사람은 회사로부터 일정한 보상을 받는다. 이처럼 네트워크에 연결된 여러 사람들의 집단지성을 활용한 것이 이 의류회사의 성공 요인이다. 여러 사람들로부터 조금씩 아이디어를 갹출하여 큰 가치를 만들어 낼 수 있는 대규모 집단 협동이 가능해진 것이다(Tapscott & Williams, 2006).

창의성이 중요해진 또 다른 구조적 원인은 정보와 지식에 접근하기가 그 어느 때보다 쉬워졌다는 데서 찾을 수 있다. 이 주장과 관련해서 〈사랑이 머무는 풍경〉이라는 영화가 던져 주는 강한 메시지를 살펴보자. 실화에 바탕을 둔 이 영화의 주인공은 평생 맹인으로 지낸 버질이라는 이름의 남성이다. 휴양지의 안마사로 일하던 버질은 손님으로 찾아온 한 여성에게 안마를 해주게 된다.

시원하게 안마해 준 멋진 남성에게 마음이 끌린 이 여성은 맹인 남성과 사귀기 시작한다. 사귈수록 여성은 남성이 갖고 있는 신비한 능력에 놀란다. 자신은 눈이 있어도 보지 못하는 여러 가지를 맹인은 느낌으로 알기 때문이다. 그는 일상의 경계 안에서는 눈 뜬 사람보다 더 많은 것을 느끼고 볼 수 있었다. 그러나 익숙한 세계의 경계선만 넘어서면 그는 다시 암흑의 세계에 들어선다. 맹인을 사랑하게 된 여성은 그에게 개안 수술을 받을 것을 권한다.

수술 전에 안과 의사는 눈 뜨면 지옥 불에 떨어지는 것과 같은 고통을 겪을 것이라고 말해 주지만 관객들은 이 경고의 뜻을 이해하지 못한다. 개안한 맹인은 《심청전》의 심 봉사처럼 기뻐서 춤출 것으로 기대하기 때문이다. 그러나 영화는 의사의 경고가 거짓이 아니었음을 이내 보여 준다. 수술에 성공해서 눈을 뜬 주인공은 보이는 모든 것에 혼란을 겪는다. 모양, 색, 색감, 원근, 깊이, 밝기 등 쏟아지는 모든 시각정보가 혼란 그 자체였던 것이다. 자신이 즐겨 마시던 콜라 캔을 보고는 무엇인지 모르다가 만져 보고 나서야 그것이 콜라 캔이라는 것을 아는 식이다. 이처럼 우리가 무의식적으로 인지하는 대상들이 오랜 기간의 훈련 결과라는 점을 이 영화는 잘 보여 준다. 주인공은 특히 사랑하는 여인의 얼굴에 나타나는 다양한 표정을 해독하지 못해 곤혹스러워하면서, 방금 그 표정이 무엇을 뜻하느냐고 매번 묻는다. 보통 사람들에게는 상대방의 얼굴에 살짝 스쳐가는 불쾌한 표정까지도 놓치지 않고 잡아내는 능력이 있지 않은가. 하지만 평생을 맹인으로 살아온 주인공에게 그런 눈치가 있을 리 없다. 처음 눈 떠서 본 세상은 혼란 그 자체이며, 그런 세상을 살아가는 것이 지옥과 같은 고통이라는 역설을 영화는 보여 준다.

눈 뜬 후 주인공이 맨 처음 노력하는 일은 분류 작업이다. 찡그린 얼굴과 웃는 얼굴, 붉은색 콜라 캔과 검은색 글씨, 둥근 것과 모난 것, 여성과 남성 … . 시각적인 정보의 분류는 끝이 없을 정도로 많다. 우리는 어릴 적부터 오랜 기간의 훈련을 거쳐 거의 무한한 시각적 정보들을 자연스럽게 실시간으로 분류해 낸다. 그러나 인터넷에는 자동적으로 분류할 수 없는 지식과 정보가 넘쳐 난다. '손가락 끝에 이어진 정보'라는 표현에 농축되어 있듯이, 인터넷은 우리가 일상적으로 접하던 범위를 넘어서 온갖 종류의 정보와 지식에 접할 수 있도록 인식의 지평을 혁명적으로 확대했다. 결국 우리는 개안한 맹인처럼, 무분별하게 쏟아지는 정보를 분류 처리하는 훈련을 시작해야 할 처지에 놓이게 된 것이다.

이것이 부정적인 것만은 아니다. 누구라도 인터넷이라는 고속도로를 타고 전문가 주변에까지 쉽게 다다를 수 있는 길이 열린 긍정적 측면도 있다. 이런 사람들은 곳곳에서 발견할 수 있다. 의사에게 사형선고를 받은 환자는 다음 날부터 자신의 병에 대해 인터넷을 뒤지면서 밤을 새우며 공부한다. 살겠다는 집념으로 그는 몇 달이면 그 질병에 관해서 전문의보다 더 많은 최신 정보를 알게 될 수도 있다. 자신의 죽을 병과 관련되어 있다면 미국의 어느 의과대학에서 진행 중인 연구의 내용까지도 찾아서 뒤져 보고, 주치의에게 그 연구에 대해서 알고 있느냐고 당돌한 질문을 던지기도 한다. 이런 질문에는 오랜 기간 수련을 거친 전문의도 당황한다. 요즘 전문가에 대한 불신이 늘어나는 것은 이와 관련 있다. 국가기관에 대한 신뢰도, 의사와 같은 전문인에 대한 신뢰도 모두 하향곡선을 그리는 것이 세계적인 추세이다.

학생들도 마찬가지이다. 요즘 대학생들은 노트북을 통해 실시간으로 인터넷을 검색하면서 강의를 듣기 때문에 교수가 잘못 가르치는 것을 당장 집어낼 수도 있게 되었다. 실시간으로 강의의 오류에 대해 지적하는 것이다. 학기 말에는 구글을 동원하여 온갖 종류의 정보를 가공해서 교수가 내준 리포트를 작성한다. 이런 사회에서는 학벌보다는 쏟아지는 정보를 정확하게 처리할 수 있는 능력이 점차로 중요해진다. 정보처리 능력은 창의성과 관련 있다. 연결되지 않았던 정보를 새롭게 연결할 수 있는 능력은 창의성의 중요한 부분이다. 즉, 이 시대에 창의성이 더욱 중요해지도록 만든 한 가지 중요한 구조적 원인이 인터넷에 있다는 말이다. 널려 있는 다양한 지식과 정보를 연결하여 새로운 아이디어를 만들어 낼 수 있는 장소가 온라인에 있다.

## 혁신은 속도전

마이크로소프트의 창업자인 빌 게이츠는 《빌게이츠@생각의 속도》라는 책을 내면서 급변하는 경영환경에서 정보를 활용하여 빠르게 적응해야 할 필요성을 역설했다. 새로운 기술이 쏟아져 나오고 경쟁이 치열해지면서 기업도 늘 새로운 혁신을 해야 하는 시대가 되었다는 것이다. 이러한 환경의 변화는 상품 주기와 연관이 있다(Vernon, 1966).

〈그림 5-4〉는 미국의 매체 종류별 음반 판매액의 시간적 추이이다. 첫 번째 곡선은 LP 음반 판매액, 두 번째 곡선은 카세트 음반 판매액, 세 번째가 CD 음반 판매액이다. 첫째 봉우리와 둘째 봉우리 사이의 간격은 15년, 둘째와 셋째 사이는 약 10년이다. 즉, 새로운 테크놀로지가 이전 테크놀로지를 대체하는 기간이 15년에서 10년으로 좁아진 것을 알 수 있다.

이런 현상은 음반에만 국한된 것이 아니다. 흑백 TV가 처음 발명되어 대부분의 가정에 보급되는 데는 수십 년이 걸렸다. 흑백 TV가 거의 모든 가정에 보급되어 포화상태에 이르고 난 다음에야 컬러 TV가 발명되었다. 그러나 이제는 하나의 발명품이 상품으로 시장에 나오면 불과 몇 년 또는 몇 개월 만에 새로운 기술혁신에 의한 신상품이 나온다. 시장이 포화되기도 전에 신상품이 구상품을 갈아 치우는 것이다.

〈그림 5-4〉 미국의 LP, 카세트, CD 판매액 추이

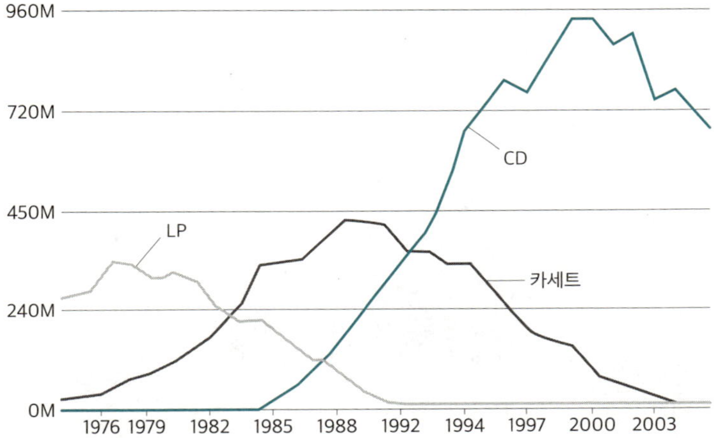


신상품이 개발되어 시장에 출시되고 확산되면 개발자는 이익을 얻게 된다. 그 과정은 〈그림 5-5〉와 같이 표현할 수 있다. 초기에는 개발에 투입된 비용 때문에 적자를 보다가, 상품이 성장하면서 이익을 올리게 된다. 그러나 상품 주기가 짧아지면 이러한 정규분포의 그래프가 깨지게 된다. 오랜 기간 독점적 지위를 누렸던 브라운관 TV에서 프로젝션 TV, LCD를 거쳐 LED, 그리고 AMOLED TV를 거쳐 퀀텀닷 TV에 이르기까지 신기술이 숨가쁘게 개발되었다. 화면 전송방식에서도 공중파에서 케이블 TV, 그리고 케이블 TV가 시장에 포화되기도 전에 위성 TV, 인터넷 IPTV가 연이어 나타나 이전 기술과 극심한 경쟁을 하였다. 여기에 환경문제에 대응하는 초절전형 저탄소 TV까지 가세했다.

〈그림 5-5〉 상품의 확산 과정과 이익

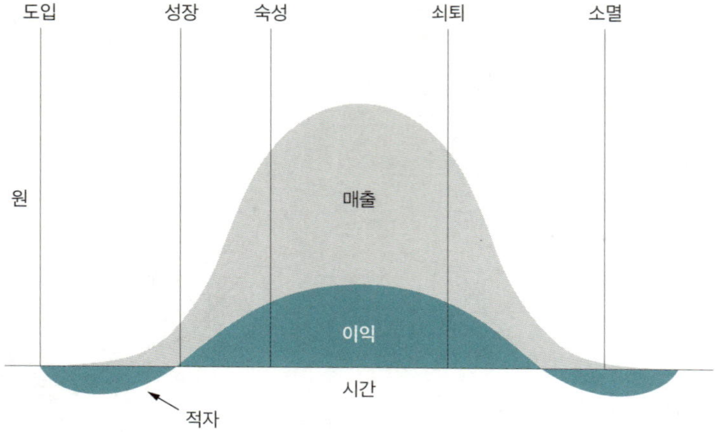


상품 주기가 산업사회보다 무척 짧아진 것이다.

이런 경쟁 환경에서 기업은 새로운 기술을 빠른 시간에 개발해야 생존할 수 있게 되었다. 케이블 TV와 인터넷 IPTV는 각기 나름대로 고화질 전송을 위한 기술을 개발해야만 한다. 이것이 창의성을 부추기는 이유이다. 사실 한국의 전자산업체가 소니를 앞지를 수 있었던 것은 상품 주기가 짧아졌기 때문이다. 만일 브라운관 TV가 아직도 대세였다면, 소니가 특허를 갖고 있던 트리니트론 방식의 깨끗한 화질을 능가하는 신기술을 개발하는 것이 브라운관 TV 기술 내에서는 불가능했을지도 모른다. 전혀 다른 방식의 LCD TV가 우리나라 전자업계의 구세주였던 것이다.

이런 현상은 〈그림 5-6〉의 그래프와 같이 표현할 수 있다. 과

〈그림 5-6〉 시장 포화와 상품 주기

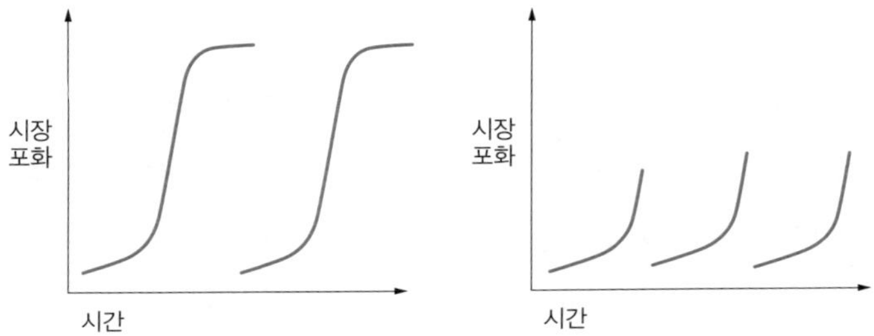


거에는 왼쪽 그래프와 같이 하나의 상품이 출현한 후 오랜 시간이 지나 시장이 포화상태에 이를 즈음에 새로운 상품이 등장했다. 하지만 최근에는 오른쪽 그래프처럼 시장이 포화되기도 전에 재빠르게 신상품이 출현하는 모델로 바뀌었다. 이런 환경에서는 경쟁에서 이기기 위한 끊임없는 혁신이 요구되며, 혁신하는 기업만이 생존할 수 있다. 빌 게이츠는 어느 인터뷰에서 마이크로소프트와 같은 굴지의 회사에 다니는 사람들도 망하기 6개월 전이라는 위기의식을 갖고 일한다고 말했다. 클라우드 컴퓨팅 형태로 모든 소프트웨어를 웹에서 무료로 구동하도록 만들겠다는 구글의 전략은 소프트웨어를 판매하여 수익을 올리는 마이크로소프트에게는 커다란 위협이 되었고, 결국 마이크로소프트도 Azure라는 클라우드 컴퓨팅을 제공하면서, 소프트웨어를 팔아 개별 컴퓨터에 깔도록 하기보다는 클라우드에서 구동시키는 전략으로 전환했다.

## 혁신을 만드는 방식이 바뀌다

시장에 하루가 다르게 쏟아지는 신제품을 보면, 새로운 제품과 지식을 만들어 내는 방식이 바뀐 것이 확실하다. 핸드폰 신제품은 거의 1년을 주기로 나오고, 새로운 기술도 경쟁적으로 쏟아져 나온다. 이런 현상은 이전 사회에는 없던 속도감으로 진행된다. 산업사회가 시작되기 전에는 길드에서 생산이 이루어졌다. 장인을 중심으로 가내수공업 기술자들이 소규모로 물건을 생산했다. 산업사회에 이르러 길드 체제는 대량생산 체제로 바뀌었다. 후기산업사회에 접어들면서 대량생산 체제는 다양한 종류의 상품을 소량으로 생산하는 유연생산 체제로 바뀌었다. 산업사회에서는 대량으로 생산된 똑같은 신발을 신고 있는 사람을 쉽게 볼 수 있었다. 그러나 후기산업사회에서는 사람들의 기호가 다양해짐에 따라, 그리고 다양한 기호를 반영하여 제품을 생산할 수 있는 기술이 발달함에 따라 신발의 종류가 엄청나게 많아졌고, 한 가지 모양의 신발이 시장을 점유하는 경우는 사라졌다.

대량생산 사회에서는 표준적인 기술과 지식이 필요했기 때문에 '대량교육'을 수행했다. 수많은 학생들이 한 명의 선생님에게 배우고, 모든 학생들은 동일한 교과서에서 지식을 습득했다. 공장마다 사용하는 기술이 비슷했기에 비슷한 교육 내용을 가르치는 대량교육이 발전한 것이다. 표준화된 생산방식에 알맞은 표준화된 교육 방식이 자리 잡았다. 그러나 신기술 중심의 유연생산 체제에서 교육 환경은 급변하고 있다. 새로운 지식은 계속 쏟아져 나오고, 교육 내용이 지식의 발전에 따라 빠르게 변한다. 산업의 영역도 다각화하면서, 과학과 기술도 세분화했다. 교육은 국경과 캠퍼스의 경계를 넘어서 탈국적화하고, 국가의 경쟁력을 좌우하는 기술혁신 과정은 점차로 복잡해졌다.

이런 변화의 원인은 쉽게 이해할 수 있다. 산업사회에서 대부분의 기술은 한 기업이나 대학 연구소에서 독자적으로 개발할 수 있었다. 그러나 후기산업사회에 이르러서는 기업과 대학, 정부가 모두 혁신체제의 핵심요소로 자리 잡으면서 기술혁신 과정이 복합적인 시스템 과정으로 변하고 있다. 빅데이터는 대기업이나 정부가 소유함으로써 개별 중소기업이나 대학 연구팀 수준의 기술개발은 점차 어려워지고 있다. 특히 기술혁신이 단순히 어떤 특정 부문에서의 창의성만으로 가능한 것이 아니라, 기술과 관련된 조직적 · 사회적 요소들이 적절하게 배치될 때 일어난다는 사실이 밝혀지고 있다. 따라서 기술혁신 과정과 관련된 다양한 혁신 주체들 사이의 긴밀한 연결망을 구축하고, 연결망을 통해 혁신을 만들어 내는 데에 관심이 모이고 있다. 이러한 현상을 이론화한 것이 '삼중나선螺線 모델'이다.

삼중나선 모델은 3단계를 거치면서 발달해 왔다(그림 〈5-7〉 참조). 모델 I은 국가가 학계와 산업 부문을 포괄하면서 양자 간 관

〈그림 5-7〉 삼중나선 모델

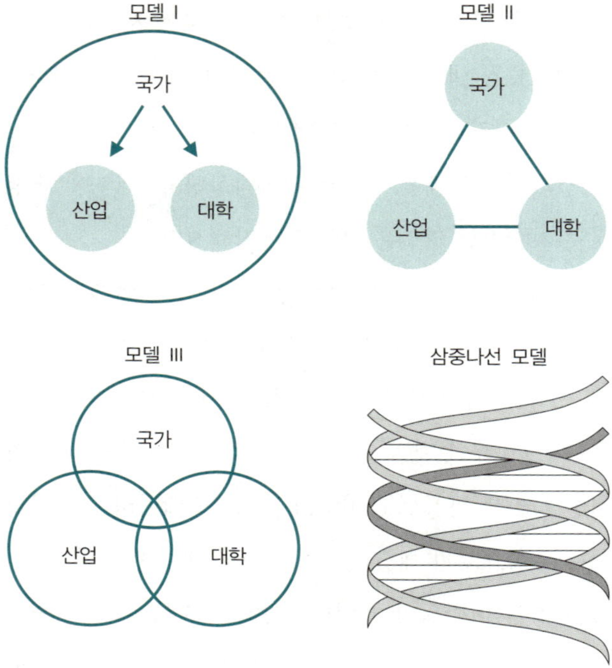


계를 지시하는 모습을 띤다. 이 모델이 강하게 적용된 곳은 구 소련, 동유럽 등 사회주의 국가이다. 이보다 약하기는 하지만 한국을 비롯하여 대다수 라틴아메리카 국가나 노르웨이와 같은 유럽 국가들에서도 모델 I을 발견할 수 있다. 모델 II는 국가와 대학, 산업의 경계가 분명하게 분리된 가운데 그 영역들 사이에 연결이 맺어지는 것으로, 스웨덴의 사이언스파크 사례에서 나타난다. 반면 '삼중나선 모델'이라고 불리는 모델 III에서는 국가, 산업,

대학 각 부문이 상호 침투하여 중첩적으로 역할을 수행한다.

모델 I은 개발국가의 국가주도형 과학기술개발 모델이다. 국가가 주도권을 쥐고 과학기술 정책을 펴기 때문에 '아래에서 위'로의 자생적 혁신이 발생할 여지를 남겨 두지 않는다. 그렇기 때문에 혁신을 고양하기보다는 오히려 위축시킨다는 점에서 실패한 발전 모델로 평가되어 왔다. 반면 모델 I에서 담당했던 국가의 역할을 축소하고 민간부문의 자율성을 향상시키고자 하는 모델 II의 경우 정부가 직접 간섭하지 않은 채 민간에 대한 지원정책을 편다.

그러나 오늘날 대부분의 선진국은 모델 III의 형태를 띠고 있다. 이 모델은 자원을 배분하는 정부, 기업과 대학에서 분리 신설한 벤처기업, 그리고 (정부) 연구기관 및 대학 연구집단들의 기능을 상호 중첩시킴으로써 기술혁신을 만든다. 국가와 기업 그리고 대학이나 연구집단 상호 간에 서로 영향을 주는 모델이다.

삼중나선 모델은 국가의 각 부서, 산업 내의 다양한 기업, 그리고 대학 내의 다양한 연구조직들을 긴밀하게 엮어 주는 네트워크가 기술혁신을 창출하는 모형이다. DNA 이중나선 모델에 한 가닥 나선이 추가된 모양새이다. 적과의 동침이라는 말이 상징하듯이, 여기에는 나와 남이 따로 구분되지 않을 정도로 유연하고 긴밀한 협동체제가 갖춰져 있다. 전 세계적 차원에서 기술(지식)의 혁신 모델은 삼중나선 모델로 진화하고 있다. 이러한 혁신 생산체제하에서는 국가영역 참여자들에게도 창의성이 요구된다.

삼중나선 모델하에서는 일반인들도 혁신체제에 포섭된다. 기업의 R&D 모델이 기업 내에서만 혁신을 추구하지 않고 기업 밖의 창의성을 네트워크로 끌어들이려는 새로운 개방혁신을 추구하기 때문이다(Chesbrough, 2007). 기존에는 모든 아이디어를 조직의 경계선 안에서 만들었다. 그러나 창의성이 위계조직 내에서 배양되는 데에는 한계가 있다. 조직에는 위에서부터 내려오는 명령이 있게 마련이고, 이러한 상명하달식 체계는 조직 구성원들의 창의성과 충돌한다. 따라서 조직 밖에 흩어져 있는 창의성을 네트워크로 연결하고 결합하는 것이 개방혁신 모델의 핵심이다. OECD에서는 개방혁신을 유럽연합의 각 나라에 장려하고 전파하기 위해 정책 전환을 모색하고 있다.

나는 향후 개방혁신 모델을 통해서 창출되는 가치의 상대적 비중이 점차 증가할 것으로 예상한다.

돈 탭스콧Don Tapscott은 《위키노믹스》라는 책에서 다양한 개방혁신의 성공 사례를 모아 분석했다. 한 가지 예만 간단히 소개하자면, 앞서 언급한 미국 의류회사 스레드리스의 혁신 프로젝트 사례를 들 수 있다. 이 회사는 소비자가 티셔츠를 직접 디자인한 다음 자사 홈페이지에 올리도록 한다. 그리고 역시 소비자들이 이 디자인을 평가한다. 회사는 사람들이 높은 평가를 한 옷만 선별 생산해서 큰 수익을 올렸다. 선택된 옷을 디자인한 사람에게는 디자인비로 1만 2,500달러를 지급하고, 보통 셔츠 150만 개를 생산하여 20달러씩에 판다고 한다. 독자들도 스레드리스(www.threadless.com)를 방문하여 어떤 디자인의 옷이 팔리고 있는지 구경해 보기 바란다.

혁신의 세 행위주체인 국가, 기업, 대학이 상호 얽힌 네트워크에 더해서 이제 주체 밖의 창의적인 지식이나 아이디어마저 연결시키는 복잡 네트워크complex network가 혁신의 산실이 되어 간다. 각 행위주체들의 엑스텔리전스가 혁신의 원동력이 된 것이다.

# PART 6

# 누구나 창의적일 수 있다

'창의성creativity'이라는 단어는 역사적으로 다른 의미로 변해 왔다. 그리스와 로마에서는 존재를 알 수 없는 먼 곳으로부터 목소리를 듣거나 영감을 얻음으로써 새로운 생각을 갖게 된다고 믿었다. 자신의 노력이기보다는, 그 근원은 알 수 없으되 외부에 실재하는 그 무엇이 주는 선물로 인식한 것이다. 실제로 이렇게 생겨나는 창작물들도 있다. 톰 웨이츠Tom Waits라는 음악가는 기막힌 악상이 떠올랐는데 마침 고속도로에서 운전 중이라 악보를 기록할 수가 없었다. 떠오른 악상을 기억하려고 한참 노력하던 그는 하늘을 향해 소리쳤다고 한다. "내가 운전하고 있는 게 안 보입니까? 나중에 다시 찾아오세요."●

기독교의 영향을 받아, 우주를 창조한 하나님의 전능한 창조create 능력을 인간 능력과 구분 짓기 위해 창의성이라는 단어의 사용을 엄격히 제한한 시기도 있었다. 창의성은 무에서 유를 만든 하나님의 창조에만 사용할 수 있는 단어였기 때문이다.●●

르네상스 시대에 접어들어서야 신의 영역을 벗어나 처음으로

● Elizabeth Gilbert, "Nurturing Creativity", www.ted.com

●● en.wikipedia.org/wiki/Creativity

인간의 시詩에 창조라는 개념이 적용되기 시작했다고 한다. 신뿐만 아니라 인간도 창조할 수 있다는 것을 처음으로 인정한 것이다. 계몽주의 시대에는 창의성이라는 말이 점차 더 자주 등장하면서 예술적 상상력과 연관을 맺기 시작했다. 과학에서 창의성이 언급되기 시작한 것은 19세기에 접어들어서이다.

## 창의성이란?

오늘날에는 창의성이라는 단어가 예술 영역뿐 아니라 광고나 과학에서까지 두루 쓰이고 있다. 하지만 정작 창의성이 무엇이냐고 물으면 평생 창의성을 연구해 온 학자들도 개념을 정의하는 데 어려움을 겪는다. 그동안 여러 사람이 정의를 내렸지만 누구나 받아들이는, 합의된 창의성 개념은 아직 없어 보인다. 단지 자신이 좋아하는 정의를 택할 뿐이다. 피카소처럼 위대한 창의적 예술가도 "어떤 작품을 보면 그 작품이 창의적인지 아닌지 알 수 있지만, 막상 나에게 무엇이 창의적인지를 말하라면 모르겠다"라고 할 정도로, 창의성은 정의하기가 무척 어렵다. 음란물과 예술작품의 차이는 보면 알지만, 그 차이를 말로 설명하기는 어렵다는 어느 판사의 고백과 흡사하다.

매년 창의적인 인재들을 뽑아 일명 '천재상'으로 불리는 맥아더

펠로십MacArthur Fellowship을 시상하는 맥아더 재단은 창의성을 다음과 같이 정의한다.

> 창의성이란 전혀 연결되지 않을 것처럼 보이는 것들을 연결하거나 새로운 것을 만들어 내서 우리 자신이나 사회, 지구 그리고 우주에 대한 이해를 풍족하게 하는 열정이나 능력을 일컫는다. 창의성은 매우 다양한 모습을 띨 수 있다. 이전에 없던 질문을 던져서 아직 알려지지 않은 세계로 통하는 문을 열어 주거나, 매우 어려운 난제를 풀어내거나, 새로운 방법이나 도구 혹은 예술작품을 만들어 내거나, 다양한 분야의 아이디어들을 녹여 내어 온전히 새로운 것을 만들거나, 우리의 상상의 지평을 넓히는 작품을 만드는 능력이다. ●

우리가 유머를 들으면 즉각 웃지만, 그것을 몇 마디로 정의하기란 어려운 것처럼, 창의성도 그 가변적 성격 때문에 정의하기가 무척 어렵다. 유머는 무한하게 다양한 형태를 띠는 것이 마치 창의성과 흡사하다. 이런 창의성이 어디에서 오는지는 더욱 알기 어렵다. 빛의 속도로 번뜩 떠오르는 생각이 어디서 오는가에 대한 연구는 뇌과학의 영역이며, 아직 갈 길이 먼 주제이다. 최근

---

● https://www.macfound.org/fellows-faq/

의 연구 동향은 창의성이 보통 사람들과는 달리 뇌의 여러 영역이 동시에 활성화되기 때문이라고 보는 정도이다(Heilman, Nadeau & Beversdorf, 2003). 즉, 두뇌의 뉴럴 네트워크가 보통 사람과 다르게 연결된 사람들이 더 창의적이며, 번쩍 떠오르는 새로운 생각은 평소에는 연결되어 있지 않던 뉴럴 네트워크가 갑자기 연결된 결과라는 것이다.

나는 새롭고 유용한 아이디어나 개념을 떠올릴 수 있는 능력이 창의성이라고 간단히 정의하고 출발하고자 한다. 문제를 정의하거나 해결할 때, 상식적인 규칙이나 전형적인 사고 유형과 고정관념 혹은 기존의 틀을 벗어나서 새로운 생각이나 개념을 떠올릴 수 있는 능력 말이다. 문제의 해결만이 중요한 것이 아니라, 무엇이 문제인지를 파악할 수 있는 능력도 창의성을 요구한다. '학문學問'이라는 한자말의 의미도 곰곰이 생각해 보면, 지식을 배우는 것이 아니라 물음을 배우는 것, 혹은 질문하는 방법을 배우는 것이 학문이라는 깊은 뜻을 깨달을 수 있다.

학문에서 위대한 업적을 이룬 성인들은 남들이 보지 못했던 질문을 던진 사람들이다. 왜 사과는 땅을 향해 떨어지는가? 혹은 달은 우주를 향해 직진하지 않고 왜 지구를 향해 끊임없이 떨어지는가? 왜 합리적 자본주의는 서구에서만 발생했는가? 왜 자살률은 특정한 사회에서만 유독 높은가? 장례식은 죽은 자를 위한 것인가 아니면 산 자를 위한 것인가? 미국에서는 왜 유럽과 달리 사회주의 운동이 미약했는가? 또는 한국의 경제발전 속도가 빨랐던 이유는 무엇인가? 이와 같은 질문들은 다양한 학문분야에서 제기되었던 고전적 질문이고, 곱씹어 볼수록 창의적인 질문이다. 해답도 중요하지만, 더 중요한 것은 이런 질문을 만들어 낼 수 있는 능력이며, 남들이 제기하지 못한 질문을 발견하는 것도 통찰력이다.

물론 창의성은 질문을 제기할 때뿐 아니라 문제를 해결하는 데에서도 발휘된다. 해결해야 할 문제란 기술적 문제일 수도, 디자인의 문제일 수도, 혹은 윤리적 문제일 수도 있다. 문제가 제기되는 영역은 끝이 없으며, 일상적으로 발생하는 작은 문제일 수도 있고, 인류가 직면한 큰 문제일 수도 있다. 그런데 보통 창의성이라고 하면 역사상 처음 푼 문제, 즉 새로운 혁신적 해답과 관련짓기 쉽다. 가령 뉴턴이 나무에서 떨어지는 사과를 보고 영감을 얻었다는 만유인력 법칙의 발견이나, 아인슈타인의 상대성이론과 같은 역사에 길이 남을 만한 창의성을 떠올리는 것이다.

그러나 인류에 큰 영향을 끼치는 창의성도 있지만, 평범한 사람들이 일상생활에서 떠올리는 작은 생각들 중에 창의적인 것들이 많이 있다. 오히려 이것이 일상생활에서 더 유용한 창의성들이며, 누구나 관심 있어 하는 주제이다.

예를 들어, 라면 봉지를 열면 딱딱한 국수가 꼬불거리는 모양으로 포장되어 있는 것을 볼 수 있다. 하지만 왜 그러한 모양으로

되어 있는지에 대해 생각해 본 사람은 드물 것이다. 라면 국수의 꼬불거림은 여러 문제들을 해결하기 위해 고안된 것처럼 보인다. 첫째, 끓는 물과 접촉하는 표면적을 최대화할 수 있어서 비교적 빨리 익는다. 둘째, 국수 가락 사이에 빈 공간이 생기고 따라서 라면 덩어리의 크기가 커 보이면서 소비자의 만족감을 높인다. 같은 값이라면 큰 물건을 선호하는 소비자의 기호에 맞춘 것이다. 셋째, 충격에 강해 쉽게 부서지지 않는다. 면발이 곧은 국수는 직각으로 내려오는 충격에 쉽게 부서진다. 곧게 만든 국수는 충격방지 포장재가 추가로 필요하다. 라면이 부서지면 젓가락으로 집어 먹기도 불편해서 소비자에게 외면당하기 쉽다. 또한 꼬불거리는 국수는 젓가락 사이에서 미끄러짐을 줄일 수 있다. 이처럼 우리 주변에 흔히 있는 물건에도 창의적인 해결책이 농축되어 있다.

가위바위보와 같은, 손가락 모양으로 이기고 지는 게임을 처음 만들어 낸 것 역시 대단한 창의적 발명이다. 페이퍼 클립을 옷핀 대용으로 쓴다든지, 임시변통으로 클립의 다른 용도를 찾아내는 것 또한 일상적인 소소한 창의성이다. 미국 드라마 주인공 맥가이버가 주변의 물건들을 이용하여 위기에서 탈출하는 방법도 대단히 창의적이다. 점잖은 자리에서 방귀를 뀌어 당황한 사람이 가죽 소파를 문질러 그와 비슷한 소리를 내서 위장하려는 시도도 개인 창의성의 발현이다. 개와 소가 소방관으로 등장하여 불을 끄는 모습을 그린 후, '개나 소나 불조심'이란 제목을 붙인 초등학생 포스터도 대단히 창의적이다. 생각하지 못한 기발한 아이디어로 시청자들을 웃기는 코미디언들 역시 창의적인 사람들이다.

심리학자들은 사회에 끼친 영향력의 차이에 따라 창의성을 분류하기도 한다. 역사적인 창의성을 H^Historical^ 창의성, 그리고 일상생활에서의 창의성을 P^Personal^ 창의성으로 분류하는 것이다 (Boden, 1994). H 창의성은 말 그대로 역사적으로 새롭게 등장한 획기적인 아이디어를 일컫는다. 전파를 이용하여 무선통신을 성공시킨 것, 지동설의 발견, 아인슈타인의 상대성 이론 같은 것이 대표적이다.

그러나 역사적으로 대단한 발상인 H 창의성도 따지고 보면 점진적으로 발전된 것인 경우가 많다. 창의성은 이전의 지식이나 아이디어에 의존해야 하고, 또 당대 사람들에게 받아들여져야 하기 때문에 역사적인 제약을 갖는다. 아무도 못 알아듣고 인정하지 않는 혁명적인 H 창의성은 당대에는 받아들여지지 않는다는 뜻이다. 후세에 가서야 H 창의성으로 인정받은 경우는 기원후 64년 알렉산드리아의 헤론^Heron^에 의해서 발명된 증기기관이 대표적이다.● 헤론은 증기기관을 이용해서 움직이는 장난감이나 자동으로 움직이는 연극 무대장치를 만들었다. 그가 증기를 이용해

● www. smith. edu/hsc/museum/ancient_inventions/steamengine2. html

〈그림 6-1〉 헤론의 증기동력을 이용한 회전체

만든 회전체는 산업혁명을 일으킨 증기동력과 유사하다. 그러나 당시에는 노예 노동력이 풍부했으므로 굳이 증기를 이용해 동력을 얻을 필요가 없었다. 그렇기 때문에 그의 발명은 산업혁명으로 이어지지 않았던 것이다.

H 창의성과 대비되는 P 창의성은 한 개인이 만들어 내는 새로운 아이디어로서, 일상생활에서 발현한다. 나는 이러한 작은 창의성들을 '마이크로 창의성'이라고 부른다. 도화지에 직선을 하나 긋고 그 직선을 이용해서 그림을 그리라고 하면, 어떤 사람에게는 그 직선이 수평선이 되고, 다른 사람에게는 창틀이 된다. 이 경우 각자가 그림을 그리는 과정에서 P 창의성이 발현된다. 퀴즈를 풀 때 기상천외하고 기발한 답을 내는 경우도, 시중에 유포되는 재미있는 유머를 만든 사람도 매우 창의적이다.

아이디어 상품에서도 번득이는 창의성을 쉽게 찾아 볼 수 있다. 펜 끝에 달린 조그만 자외선 램프를 쪼여야만 글씨가 보이는 펜은 비밀 내용을 적어 보낼 때 사용하기에 좋을 것이다. 이런 아이디어는 천재만 발상할 수 있는 것이 아니라, 누구나 필요할 경우 생각해 낼 수 있는 P 창의성의 대표적인 예이다. 구글의 이미지 검색에서 '아이디어 제품'이라는 단어를 쳐보라. 세상 사람들의 톡톡 튀는 기발한 창의성이 끝도 없이 많은 제품으로 형상화되어 나와 있는 것을 볼 수 있다.

기업들은 일반 사람들의 P 창의성을 활용하기 위해 '개방 혁신'을 시도한다. 개방혁신을 제일 먼저 채택한 회사 중 하나인 노키아는 멋진 디자인의 휴대전화와 독특한 기능을 갖는 휴대전화를 개발하기 위해 소비자들의 아이디어를 모아 생산에 적용한 개방혁신으로 유명하다.

또한 레고는 레고 블록으로 조립해 만든 마인드스톰Mindstorm이라는 장난감 로봇의 움직임을 개선하는 데 소비자들이 짠 프로그램을 적용하기도 한다. 사실 레고는 처음에는 소비자들이 자사 프로그램을 해킹하는 것을 지적재산권 보호라는 명목으로 막으려고 했다. 그러나 해커들이 로봇의 기발한 춤동작까지 만들어낼 뿐만 아니라 유튜브 같은 사이트에 자신의 프로그래밍 결과를 동영상으로 올려놓으면서 자사 제품을 홍보해 주자, 회사는 정책을 바꾸어 개방혁신을 적극적으로 수용하게 되었다. 팔이 없는 한 장애인 학생은 레고를 조립해서 로봇 팔을 만들어 공개하기도 하고 움직이는 멋진 트럭을 만들기도 했다.

개방혁신은 사회혁신으로까지 발전하여, 사회가 안고 있는 문제를 해결하는 데 활용된다. 교통지옥 문제를 해결하기 위해서는 지방자치단체 공무원이나 사회단체 전문가들에게 의존하기보다 전국에 흩어져 있는 일반인들의 창의적인 아이디어들을 모으는 편이 훨씬 더 효과적일 수 있다. 한 도시의 생태지도를 만드는 데 다수의 시민이 참여하여, 그들이 발견한 식물이나 곤충 등을 촬영하여 웹에 올리도록 하기도 한다. 사회적기업들도 종종 개방혁신을 활용한다. 가령 교도소를 출감한 범죄자의 재범률이 높다는 문제를 해결하려는 사회적기업은 시민들로부터 취업알선이나 재교육 프로그램 등의 도움을 받아 재범률을 낮추기도 한다.

창의성 연구의 선구자인 길버트 길포드(Guilford, 1957)는 사람의 사고를 '발산적 사고'와 '수렴적 사고'로 나눈다. 수렴적 사고는 여러 가지 대안들을 하나씩 제거해 나가거나 새로운 대안을 검증해 보면서 하나밖에 없는 최선의 정답을 찾아가는 사고이다. 사지선다형에서 답을 고르거나 퀴즈 정답을 푸는 데 필요한 사고방식이다. 예를 들어, 네 그루의 나무를 서로 거리가 일정하게 심는 방법을 고안해 내라는 문제에는 정답이 하나밖에 없다. 창의성을 다루는 책에서 자주 등장하는 문제(Sawyer, 2007; Thaler & Sunstein, 2008)이니 독자 여러분도 풀어 보기 바란다. 언뜻 정사각형으로 심는 것이 답일 것 같지만, 대각선의 길이가 변의 길이와 다르기 때문에 답이 될 수 없다. 정답은 정삼각형 꼭짓점에 세 그루를 심고 마지막 한 그루는 삼각형의 중심에 높이를 높여서 심는 방법 이외에는 없다. 수학 경시대회에서 출제되는 문제는 대부분 이런 수렴적 사고에서의 창의성을 요구한다.

반면 발산적 사고는, 정답은 없지만 비교적 타당한 답을 찾아가는 사고이다. 길포드는 이러한 발산적 사고가 창의성과 관련이 더 많다고 주장한다. 가령 담요(혹은 벽돌)를 갖고 할 수 있는 일을 제한된 시간 안에 최대한 많이 열거해 보아라(Gladwell, 2008). 여기에는 정답이 없다. 그러나 창의성이 낮은 사람은 물건이 갖고 있는 본연의 기능 주변에서만 맴돌며 사고한다. '덮는다', '몸에 두른다', '둘둘 말아 벤다' 등이 그것이다. 반면 창의적 잠재력이 있는 사람은 담요의 기능에서 멀리 떨어진 발산적 사고를 한다. 가령 담요는 덮는 기능 외에 배의 돛이나, 그릇이 없을 때 물을 나르는 용기(담요를 물에 적셔 물을 옮기기)가 될 수도 있으며, 불을 덮어 끄는 데, 고기를 잡는 데, 그리고 칸막이로도 사용할 수 있다. 짧은 시간에 열거된 수가 많을수록, 담요의 기능적 용도가 다양할수록, 그리고 독특할수록 창의적이라고 측정한다.

면접시험에서 간단한 문제를 던져 보면 발산적 창의성이 쉽게 판별된다. 필자가 자주 쓰는 방법인데, 주변에서 눈에 띄는 5가지 정도의 물건을 제시한 후, 이 물건을 연결하여 짧은 이야기를 만들어 보라고 주문하는 것이다. 지금 내 주변에 놓여 있는 꽃, 마이크, 커피잔, 컴퓨터, 전화기, 이 다섯 단어를 제시한다면 독자들은 이들을 연결하여 어떤 이야기를 1분 안에 만들어 낼 수 있을까? 입사원서와 함께 제출하는 서류에는 수렴적 사고능력을 증명하는 내용들이 대부분이다. 성적표, 학력증명서, 외국어 성적증명서 등은 대부분 정답을 얼마나 잘 맞히는지, 즉 수렴적 사고능력을 증명하는 내용들이다. 창의성과 관련 있는 발산적 사고능력을 알고 싶으면 정답이 없는 이와 같은 면접문제가 좋은 방법이다.

이처럼 창의성은 천재들의 전유물이 아니라 보통 사람들에게도 P 창의성이 있으며, 늘 새로운 아이디어를 만들어 낼 수 있다. 작지만 유용하고 톡톡 튀는 아이디어를 만들어 내는 능력이 마이크로 창의성이다. 극한 상황에서 서바이벌 게임에 참여하는 사람이나 난파된 후 오지에 격리되어 생존해 가는 사람들은 생존을 위해 새로운 아이디어를 낸다. 물고기를 잡기 위해 나무와 돌로 세상에 하나뿐인 작살을 만들어 내기도 한다. 양파 담는 망은 물고기 잡는 통발로 변신하고, 얼음은 볼록렌즈 모양으로 깎여 햇빛을 모아 불 피우는 도구가 된다. 김병만 씨가 출연한 TV 프로그램 〈정글의 법칙〉에서 출연자들은 가끔 독특한 해결책을 고안하기도 했다.

경계를 넘는 모방도 창의성의 원천이다. 오리와 돌고래의 모습

돌고래 모양을 본떠 공기저항을 줄이는 에어버스 사의 비행기 벨루가

을 비행기 디자인에 적용한 것은 유체역학적으로 저항을 줄이는 독창적인 시도이다. 자연이 공기저항을 줄여 주는 방향으로 진화한 결과인 돌고래 모양을 비행기 디자인에 그대로 모방한 것이다. 모방이나 복사도 창의적일 수 있는 것이다.

어떤 평가이든 평가자의 속성이 반영되기 때문에 창의성 평가도 주관적일 수밖에 없다. 그러나 창의성 평가 기준 자체가 개인마다, 시대마다 다르다면 문제는 심각해진다. 어떤 아이디어는 당대에는 전혀 인정받지 못하기도 한다. 니체Nietzsche의 《차라투스트라는 이렇게 말했다》라는 실존철학 서적은 당대에는 저자가 산 것을 포함하여 40여 권밖에 팔리지 않을 정도로 인정받지 못했다. 정반대의 경우도 있다. 한 실험에 의하면 쇼팽Chopin 작품의 경우, 전문 연주가보다 학생이 연주한 것을 더 독창적이라고 판단하는 경향이 있다고 한다(Repp, 1997). 전문 연주자는 감정을 표현하기 위해 일부러 악보를 살짝 벗어나려고 애쓰는 반면 학생들은 악보에 있는 그대로 연주하려고 애쓰는데, 아마추어 음악 애호가들은 이 중 후자가 더 신선한 연주라고 평가한다는 것이다. 창의성 판단이 평가자에 따라 달라질 수 있다는 예이다.

그렇다고 개인적 주관성 때문에 창의성의 평가에 합의가 불가능하다고 말하는 것은 무리이다. 한 사회 내에서 일반인들이 공감하는 창의성이 분명히 존재하기 때문이다. 무엇이 창의적인지에 대한 대략적인 사회적 합의가 있다는 말은 창조하는 과정뿐만 아니라 창의성을 판단하는 기준에도 사회가 개입한다는 것을 의미한다.

그렇다면 한 사람을 창의적으로 만드는 개인적 요소에는 어떤 것들이 있을까? 먼저 지능을 꼽을 수 있다. 그러나 반드시 지능이 높아야 창의적이 될 수 있다고 말하기는 어렵다. 지적 장애를 가지고 있으면서도 그림을 새로운 시각으로 잘 그리는 사람, 또는 자폐아처럼 특별한 문제를 잘 푸는 사람도 있으니 말이다. 그렇다면 지식은 창의성과 어떤 관련이 있을까? 공부 자체가 문제풀이 훈련이기 때문에 지식을 많이 가진 사람이 더 창의적일 가능성이 높은 것은 사실이다. 학교교육이 표준화된 방식 때문에 창의성을 말살한다는 비판이 있지만, 논리적인 사고를 훈련시키고, 생각할 수 있는 소재를 머릿속에 쌓아 주기 때문에 창의성 훈련에 도움이 된다는 사실을 부정할 수는 없다. 개인의 성격, 예를 들면 반항적이거나 삐딱한 성격의 소유자가 창의적일 가능성도 있다. 남들이 하는 대로, 또는 시키는 대로 따라 하기 싫어하는 사람들은 늘 새로운 것을 모색하기 때문이다.

어느 날 번뜩 떠오른 새로운 생각에 혼자서 좋아하다가, 이미 다른 사람이 똑같은 생각으로 글을 썼거나 제품을 만들어 놓은 것을 알고 실망한 적이 있을 것이다. 이런 경험도 창의성을 발휘한 경우라고 할 수 있을까? 심리학자들은 개인적으로 창의적인 것과 사회적으로 창의적인 것을 구분한다(Weisberg, 2006: 60). 이런 경험을 해본 사람은 개인적으로 창의적이라는 것이다.

누구나 처음이라고 인정해 주는 새로운 생각들은 그 생각의 가치와 관련 없이 희귀한 사건이다. 개인적으로 창의적인 사람들은 특정한 성품을 갖는 경향이 있다. 나는 호기심과 장난기, 몰입 그리고 유연성이 가장 중요한 개인적인 창의성 요소이고, 이것은 노력을 통해서 누구나 얻을 수 있는 '끼'라고 본다.

## 호기심, 도쿄에 까마귀는 몇 마리 있을까?

나의 인생을 움직인 한 권의 책을 꼽으라면, 나는 주저 없이 빅터 프랭클Viktor Frankl의 《죽음의 수용소에서》(1963)라는 책을 꼽는다. 이 책은 젊은 시절 삶의 현장에서 학문이 무엇인지를 깨닫게 함으로써 내가 학자의 길을 선택하도록 이끌어 준 책이다.

군대생활을 하면서 나는 후임병들에게 폭력을 행사하고 인간적인 모멸감을 주던 악한 고참을 상관으로 만났다. 처음에는 그가 인간성이 원래 나쁜 종자인 줄로만 알았다. 나는 평생 그런 사람을 만나지 않아도 되는 환경에서 자라났다는 사실에 감사한 마음을 가졌다. 그러던 어느 날, 그 악한 고참이 면회실에서 자신을 면회 온 친구들과 이야기하면서 환히 웃는 얼굴을 보고는 충격을 받았다. 친구들 앞에서 웃는 그의 모습은 참으로 선한 천사의 얼굴이었다. 만일 우리가 군대가 아닌 사회에서 만났다면, 그는 나의 절친한 친구가 되었을지도 모른다는 생각이 스쳤다. 어떻게 그 고참은 자기 친구 앞에서는 천사, 그리고 군대 내무반에서는 악마라는 두 얼굴을 함께 갖고 있을 수 있을까? 이것이 나의 첫 궁금증이자 호기심이었다.

당시에 나는 빅터 프랭클의 《죽음의 수용소에서》를 우연히 접하게 되었다. 심리학자인 프랭클이 나치 아우슈비츠 수용소에서 직접 겪은 삶을 학문적으로 분석한 책이었다. 그가 던진 질문은 당시 내가 군대에서 고민하던 문제와 비슷한 것이었다. 나는 이 책을 통해 삶의 현장에서 생긴 궁금증에 대한 답을 학문이 구체적으로 제시해 줄 수 있다는 사실을 처음으로 깨달았다. 이런 깨달음은 나에게 첫 '유레카'였고, 이 첫 유레카의 즐거움이 나로 하여금 학자의 길을 선택하도록 한 것이다.

프랭클은 나의 궁금증과 흡사한 2개의 질문을 던졌다. 첫째, 상관의 잔혹한 행위에 저항하던 신참 게슈타포는 어째서 동일한 전철을 밟아 가며 점차 악독한 상관을 닮아 가는가? 둘째, 유대인들로 하여금 그토록 고통스러운 수용소의 삶을 견뎌 내게 만든 에너지는 무엇인가?

첫 번째 질문에 답하기 위해서 프랭클은 동일한 자극에 대해 둔감해지는 '탈脫감각화'라는 개념을 동원한다. 처음에는 그토록 잔학하게 느껴지던 행위도 자꾸 경험하다 보면 그 잔학성에 둔감해진다는 것이다. 첫 키스의 강렬함이 키스를 반복함에 따라 점차 '탈감각화'하는 것과 마찬가지다. 또 인간은 남을 학대하고자 하는 사디즘적 욕구를 내재하고 있는데, 자신의 잔혹행위에 대해서 책임지지 않아도 될 상황이 도래하면 다른 사람을 학대하는 사디즘을 표출한다고 프랭클은 주장한다.

두 번째 질문과 관련하여, 프랭클은 인간이란 '의미에의 의지 will to the meaning'에 의해 살아가는 존재라고 본다. 생사의 갈림길에서 연명해 가던 수용소 유대인들은 자신이 사랑하는 사람이 죽었다는 소식을 접하면 며칠 지나지 않아 희미해진 생의 불꽃을 접는다. 유대인 포로들의 고통스러운 삶을 간신히 유지시켜 주었던 것은 그들이 늘 가슴 속에 간직한 사진 속 주인공이었고, 그 주인공의 죽음은 자신이 살아야 할 의미를 앗아간 사건이 된 것이다. 최악의 상황에서도 살아남기 위해서는 인생에 살아야 할 의미가 있다는 것을 깨닫는 것보다 더 효과적인 방법은 없다고 프랭클은 말한다. 그런 의미가 있는 사람은 어떤 고통도 견딜 수 있다는 말이다. 게슈타포가 유대인 포로의 육신을 통제하고 강탈할 수 있었지만 그의 생각만은, 그의 살아야 할 이유만은 건드릴 수 없었다. 그것은 포로 자신의 자유의 영역에 속했다.

'의미에의 의지'를 추구하는 인간에게 가장 잔인한 형벌은 무의미를 강요하는 것이다. 영겁의 시간 동안 바위를 산꼭대기로 굴려 올리도록 하고, 산 아래로 굴러 떨어지면 또다시 올리도록 하는 시시포스가 받은 형벌이야말로 무의미성을 강요한 끔찍한 처벌이다. 실제로 수용소에서도 시시포스의 형벌이 재현되었다. 벌판에 벽돌담을 쌓았다가 그 다음 날 허무는 일을 반복시키는 형벌은 정말로 참기 어려웠다고 한다.

인간이 처할 수 있는 가장 극한적인 상황에서 가해자와 피해자의 심리를 분석한 프랭클의 책은 사회구조, 사회화 그리고 폭력 등에 대해 많은 시사점을 던져주며, 과연 인간이란 무엇인가라는 가장 근원적인 질문에 대한 답을 제시한다. 내게 궁금증과 호기심이 없었으면 프랭클의 책은 단지 읽은 책 목록에 추가되는 한 권의 책에 불과했을 것이다. 하지만 나는 그의 답에서 내가 군생활을 하면서 고민하던 문제의 답을 찾을 수 있었고 '아하!'를 외칠 수 있었다. 유레카의 희열을 맛볼 수 있었던 것이다.

호기심이 있는 사람만이 일상생활에서도 다양한 분야에 귀를 열어 놓을 수 있다. 창의적인 사람은 호기심이 발동할 때면 귀를 쫑긋하고 눈을 반짝거리며 책을 찾아 읽거나 남의 이야기를 경청한다. 호기심이나 궁금증이 있어야만 새로운 해결책을 접하거나 제시했을 때 유레카를 외칠 수 있다. 과학하는 사람이 오랜 탐구의 과정을 지속할 수 있는 에너지의 근원은 호기심이다. 보통 사람은 사과가 떨어지거나 달이 끊임없이 지구를 향해 떨어지는 공전 현상에 대해 궁금증을 갖지 않는다. 뉴턴 같은 위대한 과학자는 호기심에서 발아한다.

내가 군대생활을 시작하기 한참 전에 이미 스탠리 밀그램Stanley Milgram이라는 학자는 다른 식으로 게슈타포의 잔인성의 근원을 설명해 놓았다(Milgram, 1974). 밀그램은 나치의 잔학한 명령에 왜 선량한 군인들이 순종하는지를 알아보기 위해 〈그림 6-2〉와 같은 독창적인 실험을 설계했다. 그림에서 A는 피실험자, S는 실험조수, E는 실험자로 자리에 앉아 있다.

'처벌과 학습 효과'라고 이름 붙여진 이 실험은 피실험자에게 한 쌍씩 짝지어진 단어 여러 개를 들려준 후, 알려준 단어를 기억

〈그림 6-2〉 스탠리 밀그램의 '처벌과 학습 효과' 실험

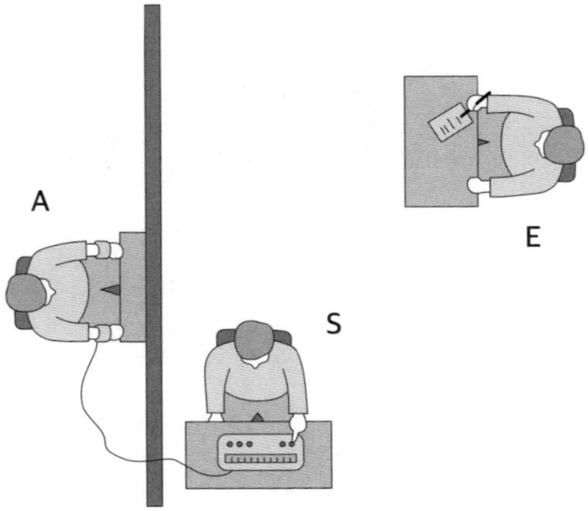


해 내지 못하면 전기 자극을 가하는 실험이다. S의 책상 위에 놓인 전기판에는 15볼트에서부터 450볼트까지 눈금이 새겨져 있다. 그리고 전기 자극의 강도를 높이면 기억을 잘 해내는지를 알아보려는 실험이라고 S에게 알려준다. 그런데 이 실험에는 속임수가 있다. 사실은 실험실에 앉아 있는 A가 아니라, 실험 조수인 S가 피실험자이다. 즉, 실험자가 조수 역할을 맡은 피실험자 S에게 전압을 높일 것을 지시하면, 과연 피실험자는 생명의 위험이 있는 정도까지 전압을 올릴 것인가를 보는 것이다. 물론 전기는 가짜이고, 전기 충격을 받는 사람도 고통스러운 것처럼 연기를 할 뿐이다.

밀그램은 독일 사람들은 "생명이 위험함"이라고 쓰여 있는 한

계 이상으로 전압을 올릴 것이라고 보았고, 이것이 나치즘의 심리라고 보았다. 상부의 명령을 받으면 생명을 앗아갈 만한 행동도 서슴지 않는 것이 독일 국민성이라고 믿었고, 게슈타포가 잔인하게 행동하는 과정을 실험실에서 재현해 보려고 한 것이다.

독일인들을 대상으로 실험하기 전에, 실험 디자인을 테스트하기 위해 미국인들을 대상으로 진행한 사전실험pretest 결과는 놀라웠다. 실험 참가자 중에서 3분의 2 이상이 생명 위험선 이상으로 전압을 올린 것이다. 그들은 잔인한 성품을 지닌 사람도, 성격파탄자들도 아니었다. 단지 실험에 참여한 평범한 사람들이었고, 실험 참여자로서 임무를 수행한다고 생각한 사람들일 뿐이었다. 전압 올리기를 주저하는 사람들에게 실험을 계속해야 한다고 말하면, 결국은 대부분 실험자의 지시에 따랐다.● 나중에 왜 전압을 올렸는지 물어보자 그들은 과학적 지식을 밝히는 데 도움을 주고 있다는 책임감 때문이라고 답했다.

이 실험은 나치의 잔혹성뿐만 아니라 1980년 광주 민주화운동 진압에 투입된 우리나라 군인들이 자국민들에게 가한 잔인한 폭력, 그리고 독재정권 시절 운동권 학생을 잔학하게 고문한 경찰

---

● 밀그램이 남긴 연구노트를 다시 분석한 브레흐만은 그의 연구진이 실험 참여자에게 전압을 올리도록 집요하게 요구했다고 주장한다(Bregman, 2020: 8장). 밀그램의 실험에서 나타난 현상은 강요된 거짓이며, 인간은 다른 인간을 쉽게 해치려고 하지 않는다고 브레흐만은 주장한다.

관들의 행동까지도 설명해 준다. 개인이 책임지지 않아도 되는 상황에서, 조직원(군인, 경찰)으로서의 역할을 수행하라는 명령에 복종한 것이 잔학성의 원인이었던 것이다.

이러한 실험 결과에 흥미를 느끼지 못하는 독자도 물론 있을 것이다. 던져진 질문에 대한 호기심이 있을 때에만 주어진 답이 깨달음의 희열을 준다. 이런 희열을 맛본 사람은 스스로 생각하기를 즐긴다. 나는 경험을 통해 사회 지도층들은 대부분 호기심이 많다는 것을 알게 되었다. 모 대기업 회장이 일본 지사를 방문하여 한 임원에게 도쿄에 까마귀가 몇 마리 사느냐고 물어보았다고 한다.• 물론 정답을 아는 사람은 없을 것이고, 답을 추론해 가는 과정에 창의성이 있는지를 알아보려는 물음이었을 것이다. 평소 주변에 대한 호기심이 없다면 답을 시도할 엄두조차 낼 수 없을 것이다. 자신의 아파트 단지에 애완견이 몇 마리나 사는지, 혹은 바퀴벌레가 몇 마리 사는지 추론해 볼 만큼의 지적 호기심이 있다면 창의적인 직종에 적성이 맞는 사람일 것이다.

---

• 이건희 회장 작고 후 삼성전자 사장을 지낸 진대제 씨가 〈서울경제〉와의 인터뷰에서 한 회고. www.sedaily.com/NewsVIew/1Z9AMB5O8V

## 장난기, 즐겁게 사물 바라보기

노벨상을 수상한 과학자들이 갖는 공통점은 장난기를 지녔다는 점이라고 한다. 장난기는 고정관념이나 자기중심적 사고에서 벗어나게 해주며, 문제를 다양한 관점에서 보도록 도와준다. 또한 논리적인 것에만 치우치지 않게 해주고, 감정이나 직관과 즐거움의 관점에서 사물을 바라보게 도와준다. 게다가 전혀 이질적인 것을 장난삼아 붙여 보면 아무도 착상하지 못한 새로운 혁신이 떠오른다.

장난기 넘치는 노벨상 수상자 중 대표적인 인물이 리처드 파인만Richard Feynman인데, 그는 삶 자체가 농담과 장난으로 어우러진 것으로 유명하다(Feynman, Leighton & Hutchings, 1997). 그가 노벨상을 받게 한 양자역학에 관한 이론도 코넬대 구내식당에서 어느 대학생이 접시를 허공에 돌려 던지며 노는 모습에서 영감을 얻은 것이라고 한다. 친구가 장난삼아 던진 접시의 로고가 돌아가는 속도와 접시가 아래위로 흔들리는 속도 사이의 차이에 호기심을 느끼고, 그 이유를 밝혀 가는 과정에서 양자역학의 원리를 발견했다는 것이다. 이를 발전시켜 복잡한 이론을 직관적인 그림으로 표현한 '파인만 다이어그램'을 만들어 냈고, 이 업적이 노벨상 수상으로 이어진다.

나는 대기업의 새 전자제품 개발 아이디어를 구하기 위하여 대학생들과 함께 여러 차례 브레인스토밍을 해보면서, 대학생들의 장난기가 어떻게 창의적인 아이디어로 발산되는지를 관찰할 수 있었다. 한 가지 사례만 소개해 본다.

이 모임에서 학생들은 로봇 청소기를 어떻게 개량할 것인지에 대해 토론을 시작했다. 한 학생이 청소기가 애완동물 같았으면 좋겠다는 제안을 했다. 주인이 돌아왔을 때 현관으로 쪼르르 달려와서 꼬리를 흔들어 주면, 특히 혼자 사는 사람들은 외로움을 달랠 수 있을 것이라고 제안했다. 그러자 한 학생이 쓰레기통이 자기에게 굴러오면 기분이 좋을지에 대한 반론을 제기했고, 모두 웃음을 터뜨렸다. 이어 원통 모양에 쇠붙이 느낌이 나는 외관 윗부분을 털이 복슬복슬한 강아지 모양으로 바꾸자는 제안이 들어왔다. 많이 나아졌지만, 지금의 청소기는 장애물에 부딪히면 뒤로 물러섰다가 다시 전진해서 부딪히기를 반복하기 때문에 애완동물의 느낌이 나지 않는다는 문제도 제기되었다. 그렇다면 처음 로봇 청소기를 구입한 날 청소할 동선으로 끌고 다니면 그 동선 좌표가 컴퓨터에 저장될 것이고, 무선 인터넷으로 그 좌표 값을 보내주면 될 것 아니냐는 아이디어가 제기되었다. 기술적인 문제는 차치하고, 가장 효율적으로 청소하면서 주인에게 정감도 주는 애완 로봇 청소기 아이디어는 장난기에서 출발하여 점차 세련되어 갔다.

장난기는 자유로운 공간이다. 장난기와 관련된 재미있는 창의성 실험이 하나 있다(Finke, 1990). '유도된 상상 실험'이라고 이름 붙인 이 실험(〈그림 6-3〉)은 제시된 물건들 중에서 3개를 무작위로 뽑아 준 다음에 그 세 물건을 결합하여 새로운 물건을 만들

〈그림 6-3〉 **유도된 상상 실험**

제시된 물건들

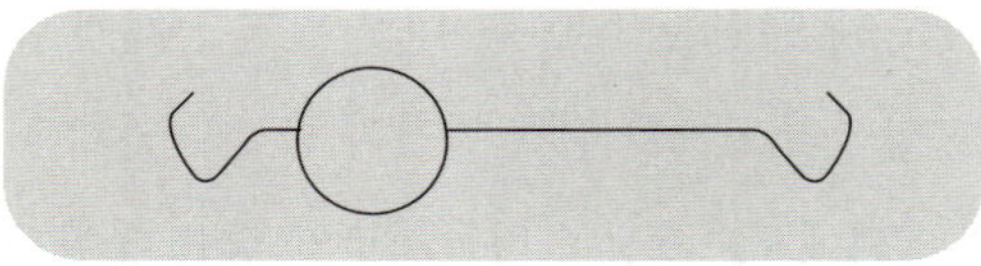

만들어 낸 결과물의 예시

**지침**

① 발명할 것을 하나 정한 다음 모양을 고르시오.
② 모양을 마음대로 고른 다음 발명할 것을 정하시오.
③ 발명할 것을 마음대로 정한 다음 모양을 고르시오.
④ 발명할 것과 모양을 마음대로 정하시오.

어 보라는 것이었다. 어떤 사람은 손이 닿지 않는 곳에 있는 물건을 건져 내는 갈고리 같은 도구를 만들어 내기도 하는 등, 대부분의 사람들이 나름대로의 창의성을 드러낸다.

여기에서 한 걸음 더 나아가, 〈그림 6-3〉의 4가지 지침 중 하나를 제시한 후 지침에 따라 모양을 이용하여 새로운 것을 만들어 보라고 요구하면, 창의성은 제약이 없어질수록 잘 드러난다고 한다(Boden, 1994). 지침 중 ①을 제시한 경우보다는 ②를 제시했을 때, 그리고 순차적으로 ④를 제시한 경우 창의성 수준이 점점 더 높아졌다는 것이다. 아무런 선입견이나 제약 없이 출발할 때 더욱 대담한 발상이 나온다는 상식을 입증하는 결과이다.

'어른은 장난치면 안 된다', '그런 건 생각하지도 말라' 등의 금기시하는 사고, 혹은 '하던 식대로 하라' 같은 관성적 사고는 창의성을 발휘하는 데 걸림돌이 된다. 너무 일찍 문제에 대해 판단을 내리는 것도 상상의 날개를 펼칠 시간과 공간을 잃게 되므로 금물이다. 같은 맥락에서, 학생이 나름대로의 답을 찾아가는 과정에 선생님이 너무 일찍 개입하면 아이는 더 이상 자신의 생각을 발전시키려고 노력하지 않는다. 선생님의 권위에 의해 자유로운 생각이 침해당하기 때문이다. 학생이 여러 각도에서 문제를 갖고 놀도록 오래 기다려야 한다는 것이 창의성 교육의 핵심이다.

## 몰입, 한 가지 생각으로만 머리 채우기

하버드대 졸업자들을 추적한 연구 결과는 열정의 중요성을 알려준다. 월급을 많이 주는 직장을 택한 사람과 보수는 낮지만 자기가 좋아하는 일을 택한 사람들이 졸업 후 40년이 지난 다음 어떻게 살고 있는지를 비교한 연구이다. 월급을 많이 주는 일보다 좋아하는 일을 택한 사람들이 사회적으로 성공했을 뿐만 아니라 더 행복한 인생을 살고 있다고 한다. 자동차 디자이너로 성공하려면 좋은 미술대학을 나와 디자인 테크닉을 키우는 것보다는 자동차를 좋아하는 열정이 중요하다는 것이다(Robinson, 2009).

열정은 몰입과도 연관되어 있다. 지금 이 글은 내 머릿속에 떠오른 내용이 컴퓨터 자판으로 흘러가면서 쓰이고 있다. 춤추는 사람들의 경우 머릿속에 그려진 동작이 몸의 움직임으로 표현된다. 이처럼 모든 창작활동은 두뇌활동의 흐름에 의해서 생겨난다. 어떤 순간에는 이 흐름이 너무도 자연 발생적이어서 자신도 모르게 춤 동작이 생기고, 악보가 쓰이고, 글이 쓰이는 경우가 있다. 의식을 거치지 않은 듯한 이런 흐름 안에서 자아는 '몰입'이라는 무아無我의 상태를 경험하게 되고, 창의성은 이때 가장 잘 발현된다(Csikszentmihalyi, 1990).

운동선수들의 몰입은 '개 발에 땀 났다'라는 상태로 표현되기도 한다. 선수들은 어느 순간 몸이 약간 흥분상태에 이르면서 무아

지경과 유사한 상태에 도달하는데, 이때는 던지면 골인이요, 서브를 하면 서비스 에이스가 난다. 이것이 운동에서의 몰입이다. 나는 2002년 월드컵 때 한국 축구선수들이 개 발에 땀 난 몰입의 상태를 경험했기에 자신의 능력의 한계를 벗어나 멋진 경기를 펼쳤다고 생각한다. 골프 선수들도 어느 날 갑자기 골프가 잘되는 경험을 하는데, 그들은 이때 종종 무아지경의 상태를 느낀다고 한다.

창조적인 활동을 하는 사람들도 몰입을 경험한다. 안 쓰이던 소설이 어느 날 갑자기 머릿속에서 쏟아져 나온다. 소설가는 착상만으로 몇 년을 보내다가 마지막 몇 달 동안 하루 10시간 이상씩 집중적으로 집필하면서 두문불출하는 경우가 있다. 과학자도 마찬가지이다. 그들도 운동선수처럼 어느 한순간 막혔던 생각이 마구 쏟아진다. 리포트를 제출하는 경우, 대부분의 사람들은 마감일까지 고민만 하고 있다가 마감일 아침부터 마구 써내려 간다. 이때 몰입을 경험한다.

몰입에 대한 연구로 유명한 시카고대 심리학자 미하이 칙센트미하이Mihaly Csikszentmihalyi는 평범한 사람들도 몰입해야 한다고 말한다(Csikszentmihalyi, 1997). 그는 어느 공장 기계공의 삶에 대해서 언급했다. 대부분의 근로자들이 시계만 쳐다보면서 퇴근 시간만 기다릴 때, 한 기계공은 몰입하여 일했다. 그는 자신의 일에 열심일 뿐만 아니라, 옆 사람의 고장 난 기계를 고쳐 주고, 옆 부서 사람의 문제까지도 관심 있어 했다. 주변에 기술적인 문제가 생기면 여기저기 돌아다니면서 해결해 주었다. 같은 일을 하더라도 항상 몰입하는 이 사람은 삶이 지루할 리 없다. 칙센트미하이는 이렇게 몰입하는 사람이 친구도 많고, 삶에 행복이 넘치며, 창의적인 생각도 자주 낸다고 한다. 옆 사람이 떠들어도 아랑곳하지 않고 책 읽기에 몰두하는 사람, 경제적 궁핍에도 불구하고 연극배우로 역할에 몰입하는 사람들은 길게 보면 반드시 자신의 꿈을 이룬다. 이것이 창의성을 오랜 기간 연구한 학자의 간명한 결론이다.

비슷한 맥락에서, 사회적으로 크게 성공한 사람들은 최소 1만 시간을 자신이 좋아하는 일에 몰입했다고 말콤 글래드웰Malcolm Gladwell은 주장한다(Gladwell, 2008). IT 산업에서 크게 성공한 3명의 기업가로는 빌 게이츠, 스티브 잡스, 폴 앨런을 들 수 있다. 그런데 특이하게도 이 세 사람은 모두 1955년생이다. 우연일까? 글래드웰은 우연이 아니라고 주장한다. 이들이 태어난 해는 최초의 진공관 컴퓨터인 에니악이 발명된 해이고, 이들이 성장하는 동안 컴퓨터 혁명이 진행되었다. 이 세 사람은 모두 소년기와 청년기에 걸쳐 빠른 속도로 발전하는 컴퓨터 기술에 매료되어 소프트웨어와 하드웨어에 몰입한 사람들이었으며, 이것이 그들의 성공요인이라는 것이다.

성공을 위해 필요한 최소 몰입시간인 1만 시간이 얼마나 긴 시간인지 햇수로 계산해 보자. 하루에 8시간씩 1년에 300일을 몰입하면, 약 4년이면 1만 시간을 채울 수 있다. 과연 4년만 몰입하여 투자하면 성공할 수 있을까? 우리나라에서 성공한 스포츠 영웅이나 소설가로서 성장하기 위해 엄청난 시간을 투자한 작가, 또는 박사학위 과정에서 연구와 학업에 몰입한 사람들이 투자했을 시간을 계산해 보면, 족히 2~3만 시간은 될 것이다. 박인비나 최경주 같은 세계 정상급 골프 선수들, 김연아의 뛰어난 기량이 1만 시간의 피나는 연습과정으로 가능했을까? 몸을 움직이는 운동 시간은 피곤 때문에 매일 8시간씩 지속할 수 없을지라도, 그들은 머릿속으로 이론을 떠올리며 이를 실전에 적용하는 상상훈련에 몰입했을 것이다. 이런 시간까지 포함하면 1만 시간은 턱없이 부족한 시간처럼 느껴진다. 연습벌레, 일벌레, 공부벌레 같은 단어가 일상화된 한국인은 글래드웰이라는 미국인 작가가 제시한 1만 시간보다는 적어도 두세 배 많은 몰입 과정을 거쳤을 것이다.

운동선수도 피나는 훈련의 몰입을 거쳐야 창의성이 생기고 정상에 오를 수 있듯이, 예술가나 과학자 또한 몰입을 통해 위대한 업적을 낸다. 머릿속이 한 가지 생각으로 꽉 차야만 번득하는 직관과 생각 덩어리가 어떤 순간에 치솟아 오른다.

## 유연성, 고정관념 깨기

고정관념에서 벗어나 자유롭게 상상하고 유연하게 적용하는 것도 창의성의 중요한 요소이다. '촛불 문제candle problem'라고 불리는 실험은 일반적으로 사람들이 얼마나 고정관념에 사로잡혀 있는지를 잘 보여 준다. 실험자는 피험자에게 〈그림 6-4〉의 왼쪽처럼 압핀과 상자 등의 물건을 탁자 위에 올려놓고, 초를 벽에 붙여 촛농이 탁자 위에 떨어지지 않게 하라고 지시한다. 그러면 대부분의 사람들은 압핀을 이용해서 초를 직접 벽에 박으려고 하거나, 촛농을 녹여 초를 직접 벽에 붙이려고 한다. 소수의 사람들만 오른쪽 그림처럼 압핀과 박스를 이용해서 벽에 붙인다. 물건의 기능에 대한 고정관념 때문에 대부분의 사람들은 압핀이 들어 있는 상자를 상자의 기능을 벗어나 다른 용도로 활용할 엄두를 내지 못하는 것이다. 또한 압핀은 물건을 부착시키는 기능을 갖고

〈그림 6-4〉 촛불 문제

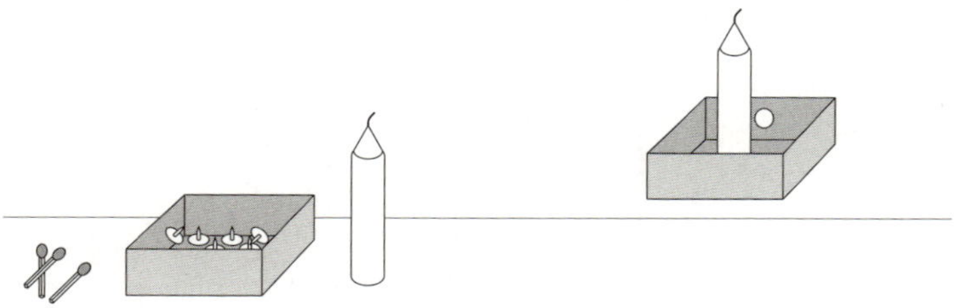

있다는 고정관념 때문에 압핀으로 초를 직접 벽에 박으려고 시도한다. 소수만이 상자를 비우고 이를 촛대 받침으로 벽에 붙이는 유연성을 발휘한다.

이 실험에서 더욱 재미있는 발견은, 문제를 풀면 상금을 지급한다는 조건을 달았을 때 문제 푸는 시간이 더 오래 걸린다는 점이다. 상금이 오히려 고정관념을 강화해서 유연성을 발휘하는 데 장애가 되는 것이다. 금전적인 인센티브를 줘야 조직 내에서 창의성이 발휘된다는 일반적인 이론을 뒤집는 발견이다. 그러나 인센티브가 창의성을 낮춘다고 일반화하기는 어렵다. 과제 수행에 인센티브가 주어지지 않고, 유연한 사고 자체에 인센티브가 주어지면 창의성은 증가할 수 있기 때문이다.

〈그림 6-5〉를 보자. 천장에서 내려온 밧줄 2개는 양팔을 벌려도 한 번에 닫지 않는다. 이런 상황에서 동시에 두 밧줄을 잡아서

〈그림 6-5〉 늘어진 두 밧줄을 묶는 문제

묶으라고 하면, 사람들은 의자를 끌어다 올라가 보기도 하면서 여러 가지 궁리를 한다. 올바른 답은 의자를 한쪽 밧줄에 매달아 그네처럼 흔들고 다른 쪽 밧줄 근처에 가서 흔들리는 의자를 붙잡아 매는 것이다. 의자의 기능을 추의 기능으로 바꾸는 생각의 유연성이 이 문제를 푸는 방법이다.

앞에서 이야기한 경계 넘기의 사고도 결국은 유연성 있는 사고라고 말할 수 있다. 틀을 벗어난 사고, 고정관념을 깨뜨리는 생각, 뒤집어서 생각하기(역발상), 전혀 관계없는 영역을 연결하면서 생각하기 등 새로운 사고는 유연성을 필요로 한다.

# PART 7

# 과학기술에서의 뒤집기와 경계 넘기

인터넷이 발달하면서 사회과학에는 개인 정체성에 관한 새로운 질문이 생겼다. 인터넷 게임을 하는 유소년들은 다른 게임으로 옮겨 갈 때마다 자신의 역할도 바꾼다. 온라인 커뮤니티에서는 자신의 신분도 바꿔서 한때는 남성으로, 다른 때는 여성으로, 또 다른 때는 자신이 평소 경험해 보고 싶던 역할을 만들어 내서(예를 들면, 바람피우는 유부남을 가장하여) 상대방과 상호작용한다는 것이다. 메타버스와 같은 가상공간에서 겪는 다양한 역할의 경험도 현실세계 못지않게 매우 강렬하기 때문에 과연 아이들이 커가면서 자아정체성을 확립할 수 있을 것인가에 대해 의문이 제기된다(Turkle, 1995). 혹시 "내 속에 내가 너무나 많은" 다중 자아정체성multiple identities을 갖게 되는 것은 아닌지 우려하는 학자조차 있다. 다중 자아정체성은 "Who am I"가 아니라 "Who am we?"라는 영문법에 어긋난 질문으로 표현된다.

그런데, 정체성 위기를 겪는 과학자가 창의적이라고 한다. 자신의 전공이 무엇인지 간단히 말할 수 없는 과학자, 즉 다양한 학문분야에 노출되어 정체성이 모호한 과학자 중에 창의적인 사람이 많다는 것이다. 노벨상을 받은 과학자들의 전공을 분석해 보면, 노벨 의학상의 경우 의학을 학부에서 전공한 비율은 3분의 1

이 안 되고, 박사학위를 의학 분야에서 받은 경우도 절반을 조금 넘는 정도이다(Li et al., 2021). 최고의 전문성이 요구되는 화학상의 경우도 학부에서 화학을 전공한 비율은 59%, 박사 전공 비율은 69%에 불과하다. 노벨 물리학상의 경우는 각각의 비율이 55%, 92%로서, 8%의 수상자는 박사학위를 물리학 분야에서 받지 않은 사람들이다. 이른바 융합적 사고, 또는 잡종 사고hybrid thinking에 뛰어난 과학자들은 여러 학문을 접했거나, 한 분야에서 다른 분야로 전공을 바꾼 경험이 있거나, 또는 이사를 자주 다닌 사람들이라는 것이다(Dunbar, 1999).

## 이질적 팀의 창의성

창의성은 과학의 생명이다. 우리가 일상적으로 사용하는 컴퓨터, 자동차 등 모든 문명의 이기가 과학자들의 창의성에서 나왔다고 해도 과언이 아니다. 아인슈타인은 상대성 이론으로 우주에 대한 자연과학 이론뿐 아니라 철학적 관점을 송두리째 바꾸어 놓았고, 하이젠베르크는 소립자 세계의 비밀로 우리를 처음으로 인도했다. 이처럼 몇 명의 천재적 과학자를 거명하면, 이들이 연구실에 홀로 앉아 깊은 사색을 하는 장면이 떠오른다. 즉, 홀로 외롭게 연구하는 이들의 두뇌에서 새로운 생각들이 쏟아져 나왔다는 환상 말이다.

그러나 앞에서 살펴보았듯이, 사회학적 관점에서 바라보면 과학적 지식이란 개인의 산물이 아닌 사회제도의 산물로서, 과학자 사이의 지속적 상호관계에 의해 생산된다(Cappell & Guterbock, 1992; Endersby, 1996). 과학자들은 홀로 깊은 생각에 빠져 있을 때에도 이전 세대의, 혹은 당대의 과학자들과 무언의 대화를 나누는 것이다. 동시대의 과학자들은 비슷한 문헌을 읽으면서 문제의식을 공유하고, 비슷한 연구방법을 사용하며, 실험에 동원하는 기술 수준도 비슷하다. 이들은 새로운 이론을 입증하기 위해서 제시한 과학적 증거가 타당한지를 평가하는 절차도 공유한다. 즉, 동시대의 과학자들은 하나의 공동체를 만들어서 그 안에서 서로에게 지적인 영향을 미치는 것이다. 이런 과정을 통해서 새로운 지식이 생산될 뿐만 아니라, 과학적 연구 절차에 관한 합의가 생겨나며, 지식이 발전하고 전파된다.

네트워크 이론의 관점에서 보면 대부분의 과학지식은 개별 과학자의 천재성에서 나온다기보다는 과학자들의 지속적인 상호작용을 통해서 생산되는 것이다. 세분화된 학문분야 하나하나를 물고기 비늘이라고 본다면, 물고기 비늘처럼 학문분야들이 중첩되어 포개져 있는 것이 통합적 지식을 향한 과학의 유일한 대안이라는 것이다. 도널드 캠벨Donald Campbell은 이런 중첩된 모양을 "과학의 물고기 비늘 모델"이라고 불렀다. 요즘 한참 유행하는 융합학문, 또는 통섭이라는 개념이 생기기 오래전에 이미 캠벨은 전문화된 학문분야들이 서로 엇물려야 올바른 지식을 만들어 줄 것이라고 주장한 것이다(Campbell, 1969).

전혀 다른 영역의 전문가들이 모여서 새로운 기술을 개발하는 기술개발 회사도 등장했다. 미국의 지노바Xinova라는 회사는 다른 기업들의 기술적인 문제를 풀어 준다. 고질적인 기술문제에 부딪힌 기업이나 연구기관이 지노바에 의뢰를 하면, 이 회사가 보유한 전 세계 1만 2천 명의 과학자 네트워크 중에 이 문제에 관심이 있거나 문제풀이에 접근해 있는 사람들이 스스로 연구팀을 꾸린다. 다른 영역의 전문가들이 모여 브레인스토밍을 하면 수없이 창의적인 아이디어가 쏟아져 나온다고 한다.

예를 들면, 호주의 가장 큰 축산업자인 MLA는 가축들의 건강상태와 스트레스 등을 검사하는 데 드는 비용을 줄일 수 있는 방법을 찾아 달라고 의뢰했다. 지노바 과학자 네트워크에 속한 시애틀 랩에서 제안한 아이디어는 소에게 스마트 문신을 새기는 것이다. 이 문신에 사용된 바이오 잉크는 가축의 호르몬이나 건강상태(예를 들면 고열)에 반응하여 색깔을 바꾼다고 한다. 별도로 테스트할 필요도 없이 건강 상태를 문신의 변색을 통해 즉각 판별할 수 있도록 만든 것이다. 인간에게도 이 기술을 적용할 수 있도록 연구가 진행 중이라고 한다.

같은 맥락에서, 우찌라는 교수와 그의 연구팀은 1955년 이후

<그림 7-1> 각 학문분야 논문의 평균 저자 수 추이

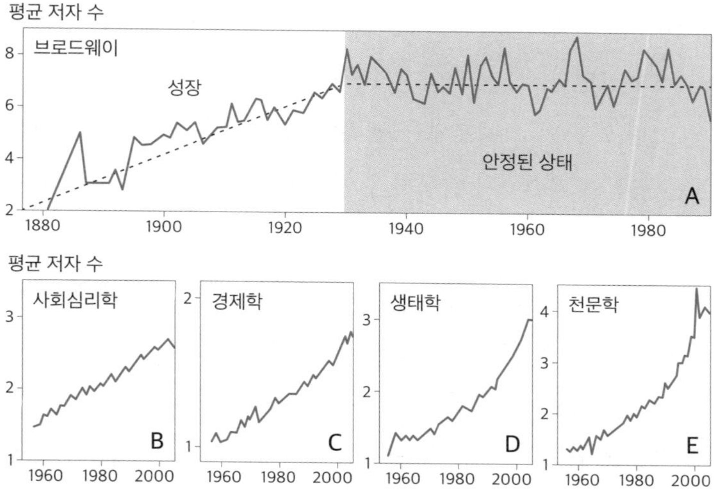


출처: Guimera, Uzzi, Spiro et al., 2005.

출원되거나 발표된 200만 건의 특허와 200만 개의 논문을 분석하여 가장 많이 인용되는 논문이나 특허들의 시기적 추이를 살펴보았다(Wuchty, Jones & Uzzi, 2007). 1950년대 초반에는 혼자 출원하거나 발표한 특허나 논문들이 가장 많이 인용되는 창의적인 것들이었지만, 이러한 경향은 1990년대 말에 역전된다. 이제는 천재 과학자의 외로운 사유보다는 팀을 이룬 연구 집단의 상호작용으로부터 창의성이 나오는 것이다. 이러한 변화는 지식이 점점 더 복잡해짐에 따라서 생겨난 현상처럼 보인다. 단독 연구자보다는 팀에 의한 연구가 증가하는 것은 통신혁명의 결과라는 주장도 있다. 그러나 인터넷이나 이메일이 활성화되기 훨씬 전부터 팀에 의한 연구 결과가 꾸준히 상승한 추세를 보면, 이 주장은 설득력이 약해 보인다.

〈그림 7-1〉의 그래프에서 볼 수 있듯이, 가장 창의적인 과학 논문을 싣는 저널에서 단독저자의 비율은 점차로 줄고 있으며 공동저자의 수가 1960년대 이후부터 가파르게 상승하고 있다. 팀에 의해서 쓰인 논문이 더 많이 인용받으며, 단독저자 논문의 인용 빈도와의 차이는 점차로 벌어진다. 현대 과학이 여러 명이 참여하는 거대한 실험을 필요로 하기 때문에 그런 변화가 생겨났다고 주장할 수 있다. 그러나 실험실의 역할이 비교적 작아서 공동연구의 필요성이 그다지 클 것 같지 않은 사회과학의 예를 보아도 지난 60년간 복수저자의 비율이 0%에서부터 꾸준히 증가해서 지금은 4분의 3 정도의 논문이 공동연구 결과로 발표된다. 공동연구 결과가 1955년의 경우 17.5%였다면, 2000년에는 51.5%를 차지하면서, 자연과학의 공동연구 비율과 별 차이를 보이지 않는다(Uzzi, Amaral & Reed-Tsochas, 2007; Jones, Wuchty & Uzzi, 2008; Uzzi, 2008). 사회학에서의 공동저자 비율 증가도 예외는 아니다. 과학적 지식 생산방식에 변화가 생긴 것은 분명한 사실이다.

공동저자의 논문이 인용을 더 많이 받는다는 사실을 인정한다면, 과연 어떤 연구팀을 어떻게 구성하면 더 많은 인용을 받는 논

〈그림 7-2〉 연도별 복수저자 비율

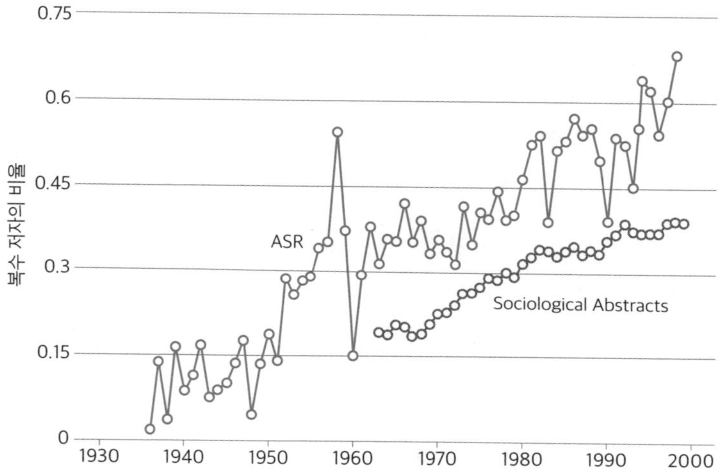


출처: Moody, 2004.

문을 산출할까? 연구팀을 구성할 때 연구자는 3가지 방법을 택할 수 있을 것이다. 자기 분야의 전문가들로 구성하든가, 전혀 다른 분야의 전문가들로 구성하거나, 그도 아니면 자기 분야와 다른 분야를 적당히 섞어서 구성하는 중간 전략을 사용할 수도 있다. 자기 분야의 최고 전문가들로 팀을 구성하면, 그 분야에서의 명망을 활용하여 다른 사람들에게 쉽게 인정받을 수 있다는 장점이 있다. 전혀 다른 분야의 전문가로 구성하면, 새로운 정보를 모든 영역에서 끌어들일 수 있으며, 연구 결과도 타 분야로 빠르게 흘러가 파급효과를 높일 수 있기도 하다. 실제로는 연구자의 이질성이 중간 정도인 팀에 의해서 쓰인 논문이 인용되는 빈도가 낮았다고 한다(Whitfield, 2008).

이렇게 공동연구로 얽힌 과학자들은 '좁은 세상small world'을 이룬다. 즉, 영어로 쓰인 논문 DB를 분석하면, 82%가 넘는 학자들이 거대한 네트워크에 의해 서로 연결되어 있다. 또한 소수의 저자가 대다수의 공저 연결선을 점유하며, 끼리끼리 모이는 정도를 나타내는 군집계수가 무작위 연결망의 경우에 비해서 훨씬 크다(Newman, 2000; Watts, 1999; Watts & Strogatz, 1998). 뉴만(Newman, 2004)은 생물학, 물리학, 그리고 수학이라는 세 학문 분야는 모두 비교적 짧은 경로거리에 의해서 연결되는 아주 좁은 세상을 구성하며(4.6~7.6단계), 끼리끼리 모이는 군집계수는 물리학이 가장 높고 생물학이 가장 낮다는 사실을 보여 준다.

기술이 점차로 복잡화하고 비선형적으로 발전함에 따라, 이제는 한 분야의 전문가가 인접 분야에서 발전하는 지식들을 알기가 어려워졌다. 따라서 한 전문영역의 범위를 넘어서 다른 전문영역과 연결을 맺는 경계 넘는 네트워크가 혁신적인 지식 창출에 있어 필수적이 된 것이다.

## 이론 발달에서의 뒤집기

모든 이론은 선행 이론을 뛰어넘는 창의적인 아이디어와 경험적인 자료가 더해지면서 새로운 이론으로 발전한다. 필자는 사회과학 분야의 이론을 공부하면서 새로운 이론이 등장하고 채택되고 변화하는 과정에 특정한 형식이 존재하는 것을 깨닫게 되었다. 가장 자주 등장하는 형식이 바로 뒤집기이다. 뒤집기라는 사고의 전환이 새로운 이론의 큰 흐름을 만들어 내는 경우가 종종 있다. '코페르니쿠스의 전환'이 뒤집기의 가장 전형적인 예이다. 태양이 지구를 도는 것이 아니라 지구가 태양을 돈다는 뒤집기는 인류 지성사의 획기적인 사건이었다. 그 때문에 벌어진 사상사에서의 대전환을 '코페르니쿠스의 전환'이라고 부른다. 이처럼 커다란 사상사적 전환에서 뒤집기가 종종 발견된다.

한때 전 세계 인구 절반 이상의 사상과 삶을 지배했던 마르크스의 이론도 헤겔 뒤집기에서 시작한다. 헤겔은 의식이 존재를 규정한다고 보았다. 우리가 어느 대상을 밉다고 인식하면 그 대상은 미운 존재가 된다는 논리이다. 마르크스는 이러한 헤겔의 세계관을 뒤집어 존재가 의식을 규정한다는 전혀 새로운 유물론적 철학이론을 내놓았다. 가령, 노동자 계급이라는 물적 존재가 노동자의 계급의식을 규정한다는 것이다. 마르크스는 18세 때 자기 아버지에게 보낸 편지에서 자신은 "물구나무 서서upside down" 헤겔을 보겠다고 말한다(Marx, 1978). 어린 나이에 헤겔 철학을 뒤집음으로써 이미 자신만의 철학의 골격을 마련한 것이다.

마르크스 이론처럼 뒤집기는 새로운 이론을 낳는 동력이다. 범죄학 이론의 발전 역사에서도 뒤집기의 예를 찾아볼 수 있다. 유영철과 같은 잔인한 연쇄살인범은 범죄자의 유전적 또는 생물학적 특징에 의해서 생겨나는지, 아니면 후천적으로 체득한 성격에 의해서 생기는 것인지에 관한 논쟁이 범죄학의 출발점이었다. 이 논쟁은 '천성-양육 논쟁'이라고 불린다. 처음 범죄학이 발전하기 시작한 19세기 당시 이탈리아의 롬브로조와 같은 범죄학자들은 '범죄형'을 분류해 냈다(Adams, 2009). 진화가 덜 되어 특이한 생물학적 특성을 가진 사람이 범죄를 저지른다고 본 것이다. 관상이나 골상학과 같은 생물학적 기반을 통해 범죄 집단과 비범죄 집단 간의 차이를 비교 연구한 결과, 수염이 덥수룩하기보다는 송송 난 사람, 얼굴이 비대칭이고 머리를 위에서 보았을 때의 세로축과 가로축 길이 비율이 비정상적으로 높은 사람, 광대뼈가 튀어나왔거나 빨간 머리를 가진 사람이 범죄형에 속한다고 보았다.

이처럼 타고난 형질로 범죄를 설명하려는 시도는 범죄 집안에 대한 연구에 의해서 비판을 받게 된다. 23대째 대대로 범죄자를 만들어 낸 집안에 일란성 쌍둥이가 태어났다. 이 중 1명만 좋은 집안에 양자로 입양된다. 범죄자 집안에서 계속 자라난 아이는 범죄자가 되었지만, 양자로 입양된 아이는 훌륭한 변호사가 되었다. 이로서 '천성nature 이론'이 '양육nurture 이론'으로 뒤집어지는 뒤집기가 일어난다. 즉, 범죄는 선천적으로 정해져 있다는 이론을 뒤집어서 범죄는 환경과 사회화의 문제라는 새로운 이론이 제시된 것이다. 이러한 후천적 범죄습득 이론으로는 '차등적 교제 이론'이 있다. 갱 단원과의 접촉 빈도가 많은 사람들이 갱 범죄자가 된다는 이론이다. 담배를 피우는 친구를 많이 둔 사람이 담배를 피우게 된다는 이야기와 흡사하다. 친구를 잘 사귀어야 한다는 상식이 범죄학 이론으로 발전한 것이다.

범죄학에서 뒤집기의 또 다른 예는 통제 이론control theory에서 찾아볼 수 있다. 범죄는 단속이 약한 상황이나 경찰력이 약한 곳에서 일어난다는 것이다. 통제에는 외부통제와 내부통제가 있다. 외부통제 이론은 외부의 낮은 감시와 통제 때문에 범죄가 생긴다고 본다. 실례로 미국 뉴욕주의 나이아가라 발전소가 작동을 멈춘 적이 있었는데, 그날 밤 도시에서 약탈과 방화 같은 범죄가 빈번하게 발생하였다. 칠흑 같은 어둠 속에서 범죄 행위가 단속될 가능성이 낮아지자, 잠재적 범죄자들이 범죄에 뛰어든 것이다. 경찰력이 무너져 치안 공백상태가 된 경우에도 범죄는 급증한다.

이러한 외부통제 이론을 뒤집은 것이 내부통제 이론이다. 이는 스스로 통제하는 자제력이 무너졌을 때 범죄가 발생하게 된다는 이론이다. 어린 시절에 도덕 교육을 제대로 받지 못하고 자라난 아이들은 양심에 따라 범죄를 억누르는 능력이 떨어진다는 것이다. 권력자가 효율적인 통치를 위해서 특정한 이데올로기를 피통치자에게 주입한다는 푸코의 이론도 비슷한 맥락에서 이해할 수 있다. 권력에 저항하지 못하도록 스스로를 통제하는 이데올로기를 주입한다는 것이다. 여기에는 지식의 편차가 중요한 역할을 한다. 제사를 드리는 상 위에 홍동백서紅東白西(붉은 색 과일은 동쪽에 놓고, 흰색 과일은 서쪽에 놓으라)의 지침을 따라 과일을 배열해야 한다는 규칙은 지배계급이 제공하는 지식이다. 조상을 섬기는 방법을 지배계급에게 배워야 하는 피지배계급은 지배계급의 권력에 저항할 정당성을 상실한다.

이론의 핵심 개념을 뒤집어서 정의함으로써 새로운 이론이 탄생할 수 있다. 예를 들면, 범죄가 무엇인가라는 질문을 던지면서 범죄라는 개념을 일탈이라는 개념으로 뒤집을 수도 있다. 즉, 범죄란 범법행위가 아니라 '사회적 규범을 벗어난 행위'라고 새롭게 개념화하는 것이다. 규범norms이라는 단어는 정상normal이라는 단어로부터 생겨난 것이다. 즉, 통계적인 분포를 가정하여 평균이 규범이요, 이를 벗어난 행위가 일탈이다. 따라서 특정 행위를 일탈로 정의한다면, 범죄는 나쁜 것이라는 통념에서 벗어나 가치중립적 이론이 만들어진다. 사실 마르크스주의자가 보기에 피착취계급의 범죄는 자본주의에 항거하는 바람직한 일탈행위이다.

일탈이라는 개념을 한 번 더 뒤집으면서 '사회적 낙인烙印이론'

이라는 새로운 범죄 이론을 만들어 낸다. 〈뻐꾸기 둥지 위로 날아간 새〉라는 영화는 정신병원이 정상인을 정신병자로 만들어 가는 과정을 고발한다. 이 영화는 낙인 이론에 근거한 것으로서, 정신병이란 병이 아니라 의사 또는 사회가 찍은 낙인에 불과하다는 입장을 견지한다. 그 때문에 낙인 이론가들은 부정적 의미로 뒤범벅이 된 '정신병'이라는 단어를 쓰기보다는 '변형된 의식상태'를 지닌 사람이라는 중립적 용어를 더 좋아한다.

《정신적 아픔》(1999)이라는 쉐프Thomas Scheff의 책에서는 자신의 변을 손에 발라서 벽에 칠하는 비정상적인 사람도 적절히 유도하자 훌륭한 미술가로 변했다는 사례가 보고된다. 마찬가지로 범죄도 사회가 범죄라고 낙인을 찍었을 뿐이라며, 범죄 자체의 고유한 성격을 부인하는 것이다. 변형된 의식상태 이론이나 낙인 이론은 정신병이나 일탈이라는 개념 자체에 대한 뒤집기를 시도한 것이다. 이러한 뒤집기의 예는 범죄학 이외에도 여러 학문의 역사에서 존재한다. 기존의 이론 틀을 뒤집어 보려는 상상력이 필요한 것이다.

이론 뒤집기를 논리적으로 표현할 수 있다. 대부분의 이론은 "if A then B"라고 축약할 수 있다. 이것을 뒤집는 방법은 "If B then A"이다. 우리는 다윈의 뒤집기에서 이런 방식을 이미 살펴보았다. 또 다른 뒤집기의 방법은 A이지만 B가 안 나타난다는 것을 보이는 것이다(If A then not B). 마을에 황새가 많으면 출산율이 증가한다는 사실을 관찰했다고 치자. 황새가 많아지면 사람들이 로맨틱해져서 출산율이 높아진다고 해석할 수 있다. 그러나 이런 해석은 틀렸다. 둘 사이의 인과관계를 부정할 수 있는 방법을 모색하면 새로운 이론이 제안된다. 예를 들어, 시골이라는 지역적 특성 때문에 황새가 많고, 또 농업 노동력을 필요로 하는 시골은 출산율이 높다고 이론화할 수 있는 것이다. 즉, 황새와 출산율 사이의 직접적 관계는 사라지고, 도시화가 출산율을 설명하는 새로운 이론이 생겨난다. 이처럼 새로운 이론은 기존 이론에서 누락된 중요한 제 3의 변수를 찾아내, 기존 이론이 주장하는 인과관계가 가짜임을 보이면서 발전하게 된다.

비슷한 예로서, 한 사회의 교육 수준을 높이면 그 사회의 독서율이 올라간다는 이론을 검토해 보자. 어느 사회에서 교육 수준이 분명히 높아졌는데도 독서율은 오히려 떨어졌다. 왜 그럴까? 답은 그 사회에 노인 인구가 증가했다는 사실에 있다. 노인 인구는 독서를 하지 않기 때문에, 젊은 층의 교육 수준을 아무리 높여도 독서율은 증가하지 않은 것이다.

집단 차원의 통계를 보면 타자 속도가 빠른 사람들이 타이핑 에러가 적다. 초보자들이 오타를 많이 치고, 숙련될수록 에러가 줄기 때문이다. 집단 차원에서 타자 속도와 오타 발생 빈도 사이에 음의 관계가 성립한다고 해서, 개인 차원에서 이런 관계가 나타난다는 것이 아님은 자명하다. 처음 타자를 배우는 사람에게 에러를 줄이기 위해서 타자를 빠르게 치라고 요구할 수는 없는 노릇이다. 이론은 종종 개인적 차원에서의 인과관계로 집단 차원에서 드러나는 인과관계를 뒤집으면서 발달한다.

## 멸치 떼, 고래를 뛰어넘다

어느 대기업 기술 연구소 운영을 책임지셨던 분이 자신의 경험을 필자에게 들려준 적이 있다. 연구소의 한 부서에서 프린터와 관련된 기술을 개발하다가 난항을 겪었는데, 몇 개월을 고생한 다음에 알고 보니 옆 부서의 DVD 레이저를 전공하는 연구원은 그 기술적 문제의 답을 이미 알고 있었다는 것이다. 옆 부서에 그런 지식이 있다는 것을 알았으면 1년의 세월을 절약할 수 있었는데, 독립적으로 문제를 해결하려고 시간과 자원을 낭비하고 말았다고 그는 푸념했다. 연구소 경영자가 조직 내에 어떤 지식이 어느 곳에 있는지 알고 있다면, 분명 그 조직은 시간적으로나 금전적으로 자원을 절약할 수 있을 것이다.

모든 조직은 조직의 목적을 달성하기 위해서 지식과 정보를 활용한다. 곧 조직을 경영하는 이들은 '지식 경영'을 해야 한다. 지식 경영이란 조직 구성원이 조직의 내부 또는 외부에 흩어져 있는 지식들을 습득하도록 하고, 이들을 창의적으로 활용하여 새로운 지식을 만들어 낼 수 있도록 관리하는 것을 의미한다.

예를 들어 보자. 어느 회사의 영업부 사원들은 소비자들을 현장에서 자주 접하기 때문에 그들이 원하는 제품과 기능, 그리고 기존 제품에 대한 개선 요구사항을 잘 알고 있다. 그러나 대부분의 직원들은 주로 자기 부서 직원들과 어울린다. 이로 인해 소비자의 취향에 대한 영업부의 지식이 개발팀이나 생산부서에 연결되지 않는다면, 이 회사가 생산하는 제품은 소비자들에게 외면당할 위험성이 크다. 그렇기 때문에 특정 부서 사이의 커뮤니케이션은 지식의 흐름을 촉진하면서 회사의 성과에 큰 영향을 미친다. 그래서 소통이 창조성의 전제조건이 된다.

실리콘밸리는 전 세계 어느 지역보다 기술 혁신이 가장 왕성하게 일어나는 곳이라고 해도 과언이 아니다. 실리콘밸리에 무슨 비밀이 숨어 있어서 그럴까? 애너리 색스니언AnnaLee Saxenian이라는 지리학자는 현장 밀착조사에 착수한다(Saxenian, 1994). 연구결과는 기술자들 사이의 소통에 비밀이 있었음을 보여 준다. 실리콘밸리에 기업들이 모여들기 시작할 당시 미국 내 가장 큰 정보산업단지는 보스턴에 있었다. 색스니언은 이 보스턴 '루트 128' 지역의 IT 기업들이 왜 앞선 출발에도 불구하고 '실리콘밸리'의 소기업들보다 기술혁신에서 저조한지를 비교한 결과 보스턴 연구자들 사이의 소통이 막혀 있었음을 발견한다.

미국 정부의 막대한 국방예산이 투입된 보스턴 지역은 컴퓨터,

레이더 연구 등 최첨단 정보산업의 선두주자였다. 그러나 이 지역은 점차 쇠퇴했고, 정보산업의 중심부는 뒤늦게 생겨난 실리콘밸리로 옮겨 갔다. 정부 지원도 없는 가운데 말이다. 이러한 보스턴 지역의 쇠퇴는 위계적인 대기업을 중심으로 연구개발이 이루어졌기 때문이라는 것이 색스니언이 내린 결론이다(Saxenian, 1996). 한마디로 말하면, 조직 형태의 차이가 두 지역의 흥망성쇠를 갈라놓은 것이다.

대기업은 거대한 고래에, 소기업들은 멸치 떼에 비유될 수 있다. 실리콘밸리의 소기업들은 서로 연결된 네트워크 조직이다. 즉, 급변하는 환경에 유연하게 적응하는 멸치 떼였던 것이다. 반면 거대 위계조직은 조직의 관성 때문에 환경이 빨리 변하더라도 이에 신속하게 적응하지 못한다. 타이타닉호와 같은 거대한 고래는 갑작스러운 환경변화에 적응하려고 긴 단계의 결재 사다리를 거치다 침몰한다. 반면에 멸치 떼는 한순간에 각 멸치의 자율적 판단에 의해 빙산이나 암초를 피할 수 있다. 미국 실리콘밸리의 소기업 연결망은 급변하는 환경에 잘 적응할 수 있는 멸치 떼였기에 성공할 수 있었던 것이다.

소기업 연결망은 서로 다른 회사에 속한 기술자들 사이에서도 활발한 소통을 가능하게 만들었다. 기술개발자들은 경쟁하는 기업과도 폭넓은 지적 교류와 격의 없는 대화를 나누었다. 점심을 먹으면서 또는 선술집pub에서 맥주를 마시면서 나눈 일상적인 대

〈그림 7-3〉 실리콘밸리에서 창의적 혁신이 쏟아진 이유

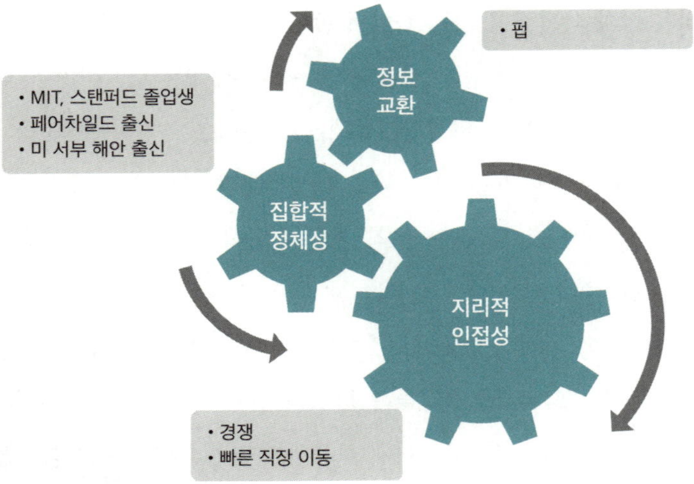


화를 통해 다양한 기술적 난제를 해결할 수 있었다는 것이다. 자연스럽게 이루어진 '조직 간 학습'이 실리콘밸리의 성공 요인인 것이다. 어떻게 자기 기업의 기술정보를 경쟁업체 연구진과 터놓고 나눌 수 있었을까? 산업 스파이가 아닌 다음에야 불가능한 일처럼 보인다.

그 이유는 이곳의 기술자들 사이에 매우 긴밀한 인간관계가 얽혀 있어서, 하나의 집합적 정체성을 공유하기 때문이다. 개별 회사에 대한 소속감보다는 실리콘밸리에 속한다는 집합적 정체성이 강한 것이다. 이들 대부분이 MIT 또는 스탠퍼드대 출신이거나 그곳에 있었던 전자회사 페어차일드Fairchild 출신이다.

또한 실리콘밸리에서는 비공식적 인간관계를 통해서 기술 정보가 공유되기도 하지만, 공식 네트워크를 구축하여 각 회사가 개발한 특허 기술을 서로 무상으로 공유하고, 전략적인 동맹을 맺어 공동으로 기술을 개발하는 경우도 빈번하다. 자신의 기술을 쉽게 내줄 수 있는 원인 중 하나는 지식이 2년만 지나면 쓸모없게 된다고 고백할 정도로 급변하는 기술환경이다. 제때 기술개발에 성공하지 못하면 가진 기술이 무용지물이 되기 때문에, 서로 공개하면서 각자 매진하는 기술개발에 대해서 도움을 주는 것이다.

개발자들이 기술 정보를 공유하는 또 다른 이유는 이곳의 소규모 벤처기업들은 언제 망할지 모른다는 위기감에 싸여 있기 때문이다. 실제로 벤처기업이 성공하는 경우는 극히 드물다. 그렇기 때문에 개발자들은 언제 옆에 있는 다른 회사로 옮겨 가게 될지 모른다. 이런 환경에서 자신이 근무하는 기업에 대한 충성보다는 실리콘밸리라는 커뮤니티에 대한 충성을 더 중하게 여기는 문화가 생겨났다. 그랬기 때문에 이들은 경쟁회사에게 조언을 마다하지 않았던 것이다. 다시 말해서, 실리콘밸리의 집합적 정체성과 지리적 인접성, 신속한 기술정보 교환이 맞물리면서 이곳에서 창의적 혁신이 끊이지 않았다.

소규모 네트워크 조직은 위계적인 대기업보다 개인들이 창의성을 발휘하는 데에도 유리하다. 대기업에서는 열심히 일하도록 동기부여를 계속해 주고, 일을 열심히 하는지 감시하고 평가해야 한다. 상부에서 내려오는 명령이 개인 기술개발자의 창의성과 배치되는 경우도 종종 발생한다. 또한 대규모 조직의 긴 사다리처럼 존재하는 수직적 위계관계는 기술개발자의 자율성을 낮춘다. 상사의 말이 옳지 않더라도 거스르기가 매우 어렵다. 상사가 승진을 결정하기 때문이다. 따라서 젊은 개발자의 창의성이 차단되기 쉽다.

반면에 소기업 연결망에서는 명령체제가 약하기 때문에 창의성이 보호될 수 있다. 그러므로 혁신 조직 또는 창의적 조직을 만들려면 거대 위계조직보다는 연결망 조직이 훨씬 나은 대안이 된다. 소규모 조직의 개발자들은 성공하면 큰 대가가 기다리기 때문에, 그리고 자신이 하는 일에 대해서 위계적인 명령을 덜 받기 때문에 창의성을 최대한 발휘할 동기부여가 되어 있다.

또한 소기업은 빈번한 상호작용을 통해서 암묵적 지식을 서로 교환할 수도 있다. 기술은 점차로 복잡화하고 비선형적으로 발전한다. 그 결과 이제는 하나의 대기업이 신속하게 발전하는 관련 기술들을 모두 기업 내부에 갖고 있기란 불가능하다. 따라서 연결망을 통해 상호 지식이나 정보를 주고받는 연결망 조직이 기술혁신에 훨씬 유리하게 된 것이다. 특히 지식이나 기술 면에서 '암묵적 지식'의 중요성이 점차 커지고 있다. 용접봉 끝에서 발생하는 불꽃의 색깔로 온도를 알아맞힐 수 있는 지식은 문자나 책으로 전달할 수 없는 암묵적 지식이다. 갓 구워 낸 도자기를 때려 소리로 품질을 판별하는 지식은 오랜 경험에 의해서 축적된다. 소기업 사이의 인적 연결망은 종종 이러한 암묵적 지식들을 결합시켜 새로운 혁신을 이끌어 낸다.

실리콘밸리에서 휴먼 네트워크가 기술혁신의 원천이었다는 주장은 과학지식의 발전에도 적용된다. 과학기술 사회학이라는 분야에서 발전된 '행위자 네트워크 이론'의 핵심적인 메시지만 간략히 살펴보자. 근대역학의 창시자이자 위대한 수학자요 물리학자였던 뉴턴은 신앙심이 돈독한 사람이었다. 자연에 내재한 신의 섭리를 발견하려고 연구를 시작한 그는 거대한 우주의 법칙을 발견하고는 자신을 바닷가에서 조그만 조개껍질을 발견하고 좋아하는 어린아이에 비유했다. 그가 만유인력이라는 위대한 법칙을 발견하기까지 의존했던 것들은 대단히 많다. 그는 천문학자 플램스티드John Flamsteed의 관찰자료에 의지했고, 왕립학회와 그 멤버들로부터 저널에 출판하도록 허락받았으며, 유클리드 기하학, 케플러와 갈릴레오의 천체 이론을 공부하고 받아들였다. 뿐만 아니라 케임브리지대 트리니티 칼리지로부터 연구실과 조교, 생계비 등 각종 지원을 받았다.

뉴턴을 둘러싼 여러 가지 지원 중에 어느 하나 불필요한 것은 없었다. 어떤 과학적 혁신도 다른 동료 과학자들, 축적된 지식과 문제의식, 조직의 지원, 이전의 기술, 실험장비, 그리고 논문들 사이에 복잡하게 얽힌 네트워크의 결과물이 아닌 것이 없다. 따라서 과학이론의 생성과 발전을 이해하려면 기술적 측면과 인간적 · 사회적 · 조직적 측면을 모두 고려한 '사회 기술 체계'라는 개념이 필요하다는 것이 행위자 네트워크 이론의 핵심 주장이다. 이 체계는 느슨하게 얽힌 네트워크이다. 즉, 고래와 같은 대기업은 네트워크로 느슨하게 얽힌 소기업들보다 혁신을 만들어 내는 데 불리하다.

# PART 8

# 모순은 창의성의 산실

모순이라는 개념을 학문적으로 발전시킨 철학자는 헤겔이다. 그는 주인-노예 변증법으로부터 모순이라는 개념을 도출한다. 노예는 주인의 욕망을 충족시키기 위해 존재한다. 주인의 사치와 소비는 노예의 노동에 의존한다. 주인은 노예의 신체를 통제하는 위치에 서 있으며 노예를 열등한 존재로 인식한다.

그러나 타인으로부터 인정받고자 하는 것이 인간의 가장 원초적 욕구이기 때문에, 주인은 아무런 가치가 없는 노예에게조차 인정받기를 원한다. 즉, 주인은 자신이 인정할 수 없는 비천한 노예로부터 인정받기를 원하는 모순적 존재이다(Fukuyama, 1999). 인정하기를 거부하는 대상으로부터 인정받기를 원하는 모순이 헤겔 변증법의 핵심인 것이다.

변증법은 정正과 반反이라는 두 힘이 대립하고 투쟁하여 합合으로 나아가는 것이 역사 발전의 원동력이라고 본다. 정반합의 논리가 모든 역사발전을 이끄는 실재하는 힘이라고 본 것이다. 여기에서 실재라는 단어가 주는 의미가 중요한데, 변증법이란 세상을 바라보는 관점이 아니라, 만물의 변화를 이끌어 내는 실재하는 힘이라는 것이다. 그런데 기묘하게도 세상을 모순의 시각에서 바라보고, 파악된 모순을 해결하는 과정에서 창의성이 생겨나는 경우가 빈번하다. 새로운 기술을 만들어 내는 과정에서 부딪히는 기술적 문제를 모순으로 개념화한 다음, 모순을 해결하면 곧바로 기술적 혁신으로 이어진다는 트리즈 이론이 대표적인 예이다.

## 트리즈와 모순

트리즈는 모순 해결이라는 특정한 패턴을 활용하여 창의적인 혁신을 만들어 낼 수 있다고 믿는 기법이다. 러시아어 약자인 트리즈TRIZ; Teoriya Resheniya Izobretatelskikh Zadatch, theory of inventive problem solving는 기술적 문제를 해결하는 과정에서 발견할 수 있는 공통된 원리나 패턴을 찾아 이론화하는 시도를 일컫는다. 알트슐러Genrich Altshuller에 의해서 창안된 이래 전 세계적으로 확산되어, 지금은 여러 나라에서 이 이론과 기법을 배우고 훈련하고 있다.

러시아에서 출원된 20만 건이 넘는 특허를 분석해 보니, 창의적인 혁신에는 몇 가지 공통적인 특징이 드러난다고 한다. 그중 대표적인 특징이 '기술적 모순'의 해결이다.

기술개발 과정에서는 두 가지 상반되는 기술적 요구를 모두 만족시켜야 하는 경우가 종종 있다. 노트북 컴퓨터는 가볍고 열이 발생하지 않아야 한다. 그런데 전자회로기판을 얇게 만들면 가벼워지지만, 열이 더 발생하게 되는 모순이 있다. 자동차는 승차감도 좋고 연비도 좋아야 한다. 엔진 출력을 높이고 차체의 무게를 늘리면 승차감은 좋아지지만, 대신에 연비가 나빠지는 모순이 생긴다. 대부분의 혁신은 이렇게 상반된 두 가지 문제를 동시에 풀어야 하는 모순적인 상황에 놓여 있다. 이렇게 상반되는 요구 사이에서 적절한 타협점을 찾는 것이 아니라, 아예 모순을 해결하는 것이 혁신이다. 모순을 해결하는 데에는 정형화된 방식이 있다. 예를 들어 보자.

- 비행기의 착륙장치인 바퀴는 착륙할 때는 반드시 필요하지만, 비행 시에는 공기저항 때문에 없어야 한다.
- 비행기 날개는 이륙이나 착륙 시에는 넓어야 하지만, 비행 중에는 좁아야 한다. 이착륙 시에는 날개가 넓어야 낮은 속도에도 충분한 양력이 생기므로 안전하다. 그러나 고공에서는 넓은 날개는 공기저항을 발생시켜 빠르게 날아가려면 더 큰 에너지가 필요하다.

바퀴가 필요하지만 없어야 하기도 하고, 날개가 넓어야 하지만 좁기도 해야 한다는 요구는 분명 모순이다. 공통된 해결책은 모순을 시간적, 공간적으로 분리하는 데에 있다.

- 모순의 시간적 분리: 착륙 시에만 랜딩기어가 내려온다.

• 모순의 공간적 분리: 보조날개를 만들어서 착륙 시 주날개 아래로부터 보조날개가 빠져나와 넓게 펼쳐진다.

모순을 시간적으로 분리하여 새로운 영감을 도출한 것이다. 비슷한 문제를 하나 더 생각해 보자. 100층 이상 되는 고층건물에는 반드시 고속승강기가 있어야 한다. 그런데 아무리 고속이라도 1층부터 100층까지 왕복하는 데 걸리는 시간은 길어서, 1층에서 승강기를 막 놓친 사람이나 만원이어서 타지 못한 사람은 오랫동안 기다려야 한다. 승강기를 한 대 더 놓으면 나아지지만, 공간 비용이 너무 크다. 이동 시간을 줄이자니 공간 비용이 증가하는 모순이 발생한 것이다. 이때 공간을 분리하여 1층부터 50층까지 운행하는 승강기와 50층부터 100층까지 운행하는 승강기를 만들어 50층 이상 올라가는 사람들이 50층에서 갈아타게 하면, 비슷한 공간을 사용면서 더 짧은 시간에 에너지를 절약하면서 사람들의 만족도를 높일 수 있다.

많은 건물들이 짝수 층에서 내리는 엘리베이터와 홀수 층에서 내리는 엘리베이터를 구분하여 두 대를 운행한다. 만일 홀수 층과 짝수 층에서 동시에 내리고 탈 수 있는 2층짜리 승강기를 만든다면 2개의 승강기를 한 대로 줄일 수도 있다. 물론 한 층 정도는 걸어서 올라가거나 내려가야 할 경우도 있겠지만 말이다.

트리즈의 모순해결을 설명할 때 자주 등장하는 또 다른 사례가 냉장고 홈바의 개발이다. 냉장고의 큰 문을 열지 않고 자주 꺼내는 물병과 같은 물건을 넣어 두는 홈바는 처음에는 'ㄴ' 자로 꺾이는 이음쇠를 설치하여 만들었다. 그러나 사람들의 손이 이음쇠에 껴서 다치는 일이 자주 발생하자 새로운 기술 개발이 필요했다. 이음쇠를 없애려니 '견고성'의 문제가 생기고, 이음쇠를 놔두려니 '안전성'의 문제가 모순으로 등장한 것이다. 이 모순의 해결은 홈바의 문을 위쪽으로 연 다음 슬라이딩 식으로 냉장고 안으로 절반쯤 밀어 넣는 방식으로 해결되었다.

화장실 변기에서 용변을 본 후 내리는 물의 양을 줄이는 것도 모순의 해결 과정으로 보여 줄 수 있다. 내릴 물의 양이 많도록 변기가 만들어진 이유는 물 배관이 직선 형태가 아니라, 내려갔다가 잠시 올라왔다가 다시 내려가는 N자 형태로 되어 있기 때문이다. N자의 배관 언덕을 넘어가려면 많은 양의 물이 만들어 내는 압력이 필요한 것이다. 배관이 N자인 이유는 냄새 나는 가스가 배관을 타고 변기로 보글거리며 올라오지 못하도록 하는 트랩을 만들기 위함이다. 냄새를 막기 위해서는 N자 배관이 필요하고, 물을 적게 쓰기 위해서는 N자 배관을 없애야 하는 모순이 발생한 것이다.

이 모순을 시간적으로 분리하여 물 사용량을 획기적으로 줄일 수 있는 혁신이 생겨났다. 즉, 배관이 평상시에는 N자 형태를 하고 있다가, 변기 사용 후 물을 내릴 때는 수평으로 눕도록 하여

〈그림 8-1〉 뉴커먼(왼쪽)과 와트(오른쪽)의 증기엔진

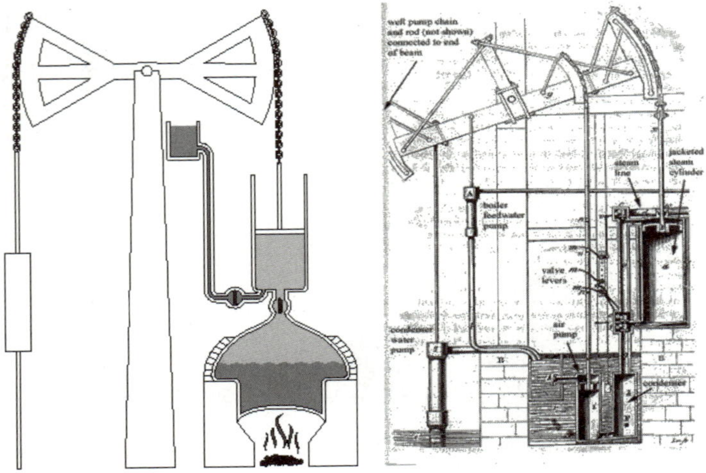


물의 압력이 필요 없게 만드는 것이다. 비행기 바퀴가 이착륙할 때만 동체 밖으로 나오게 한 원리가 변기에도 적용된 사례이다.

산업혁명을 이끈 증기기관도 그 이전 기술의 모순을 해결하면서 개발되었다. 〈그림 8-1〉의 왼쪽 그림은 1712년 토머스 뉴커먼Thomas Newcomen이 탄광에 고인 물을 퍼내기 위해서 발명한 증기엔진의 모습이다. 물이 끓어서 증기가 차면 오른쪽 피스톤을 밀어 올린다. 그 다음에는 찬물을 뿜어서 증기를 식혀 공기 수축으로 피스톤이 내려오도록 한다. 피스톤이 내려올 때 왼쪽에 매달린 그릇이 위로 올라오면서 탄광의 고인 물을 퍼 올릴 수 있게 만든 장치이다. 이 장치는 피스톤을 찬물로 식혀야 아래쪽으로 내

려오기 때문에 열효율이 매우 낮다. 증기를 만들기 위해 가열한 열을 식힌 다음 재차 가열하는 것은 에너지 낭비이다.

뉴커먼 엔진이 발명된 지 약 50년이 지난 후 제임스 와트James Watt에 의해서 개량된 증기엔진은 효율을 획기적으로 높일 수 있었다. 그 비밀은 콘덴서를 피스톤과 별도로 설치한 것이다. 증기의 압력에 피스톤이 위로 올라가면 별도로 설치된 콘덴서가 진공 상태에 가까이 가면서 압력이 낮아진다. 피스톤이 일정 높이 이상으로 올라가면 증기실의 증기가 외부로 빠져나가면서 밀어 올리는 압력은 급격히 낮아지고, 콘덴서의 낮은 압력에 의해서 피스톤은 아래로 내려온다. 이로써 증기가 드나드는 피스톤은 계속 뜨거운 상태로 남을 수 있다.

결국 산업혁명을 이끈 증기기관도 뜨거워야 하고, 차갑게 식기도 해야 하는 뉴커먼 엔진의 모순을 공간적으로 분리함으로써 열효율을 향상할 수 있었던 것이다. 바로 이러한 모순의 해결이 거의 대부분의 기술 혁신의 근본에 자리 잡고 있다는 것이 트리즈의 주장이다.

## 학문에서의 모순

모순은 학문적 이론의 혁신에서도 중요한 역할을 한다. 모순의 해결이 새로운 이론을 발전시키기도 하고, 모순을 발견하여 이를 이론에 적용할 수도 있다. 예를 들어 보자. 미국에서 빚을 내서 집을 산 사람은 장기간 시장가격을 반영하면서 이 빚을 갚아 나가야 한다. 부동산 가격이 올라가면 갚아야 할 돈이 많아져서 매달 더 많은 돈을 내야 한다. 월급은 일정한데 내야 하는 부담이 매달 달라진다면 살림살이 계획이 어려워질 것이 뻔하다.

그렇기 때문에 대부분의 사람들은 매년 동일한 금액을 갚아 나가고 싶어 한다. 가격 변동에 따라 내야 하는 돈의 크기는 변해야 하는 것이 시장의 원리이고, 동시에 소비자 입장에서는 변하지 않기를 원하는 모순이 생긴다. 이자율 변동에 의해서 발생하는 비용이나 이득을 시간적으로 분리함으로써 이 모순을 해결할 수 있다. 즉, 매달 동일한 돈을 내되, 내는 기간(개월 수)을 변하게 하는 것이다(Nalebuff & Ayres, 2003). 그렇다면 돈을 빌려 집을 산 사람들이 매달 생활비를 계획하기가 훨씬 수월하다.

칼 마르크스Karl Marx의 국가 이론도 모순을 해결하면서 정립되었다고 해석할 수 있다. 마르크스에게 자본주의 국가는 자본가의 이익을 지켜 주는 충실한 개와 같은 존재이다(도구주의 국가론). 국가 정책은 자본가의 자본 축적을 돕기 위해서 수립되며, 국가의 다양한 법과 제도는 자본가가 노동자를 착취하도록 도와준다는 것이다. 예를 들어, 국가는 의무교육을 실시하는 학교에서 검인정 교과서를 가르치도록 강제하는데, 이는 지배계급의 이데올로기를 주입시켜서 사회주의 혁명을 꿈꾸지 못하도록 원천적으로 막기 위해서라고 마르크스주의자는 주장한다. 반자본주의적 요소를 의무교육을 통해서 원천적으로 봉쇄하는 것이 국가의 역할이라는 것이다.

한편, 노동운동이 일어나면 국가는 경찰력을 동원해서 분쇄하는 역할을 한다. 그런데 신기하게도 자본주의 국가는 모순된 행동을 한다. 영국처럼 10시간 노동법을 제정해서 자본가가 일정한 시간 동안만 노동자를 착취하도록 제약하면서 노동계급을 보호해 주는 것이다(상대적 자율성 국가론). 국가가 자본가의 도구라는 주장과 국가가 자본가의 이해에 반해서 노동자를 보호한다는 주장은 모순이다.

마르크스주의는 이 모순을 시간적 분리를 통해서 해결한다. 즉, 국가는 자본가의 장기적 이익을 도모하기 위해서 단기적으로는 자본가에게 해가 되는 정책을 편다는 것이다. 자본가가 단기적 이익 추구에 급급하여 어린아이와 노약자까지 극도로 착취한다면 자본주의는 장기적으로 지속될 수 없다. 그러나 경쟁에 시달리는 자본가들은 장기적 안목에서 착취의 강도를 조절할 능력이 없다. 마르크스에게 자본가는 쌀독에 빠진 쥐였던 것이다. 따라서 국가가 대신 자본주의가 장기적으로 존속할 수 있도록 도와주는 역할을 담당한다는 것이다. 자본가의 단기적 이익 추구를 규제하고 장기적 이익을 보호해 주면서 자본주의 국가의 모순은 해결되었다.

비슷한 모순의 발견과 해결 사례를 사회발전이론에서도 찾을 수 있다. 앞서 언급한 사례를 모순의 관점에서 다시 살펴보자. 한 나라 국민들의 교육 수준이 올라가면 독서율 또한 증가할 것이라고 쉽게 예측할 수 있다. 그러나 이 예측이 빗나가 교육 수준이 올라갈수록 독서율이 떨어지는 현상이 생겼다. 왜 이런 모순이 발생했으며, 이 모순을 해결할 방안은 무엇일까?

이론가들은 그 원인을 예상치 못한 곳에서 찾았다. 교육 수준이 올라가면 경제 수준이 상승하고, 이에 사람들의 평균 수명이 빠르게 증가한다. 그 결과 노인 수가 증가하는데, 이들이 노안이나 인지장애 등의 이유로 책을 읽지 않아 사회의 전체 독서율을 떨어뜨린 것이다. 과거에는 글을 못 깨친 사람들 때문에 독서율이 낮았다면, 현대에는 노인들이 책을 읽지 않기 때문에 그렇다는 것이다. 이 모순의 원인을 알아냈다면, 해결책의 초점도 당연히 노인에게 맞춰져야 할 것이다.

복지국가가 위기를 맞고 있다는 이론도 모순에 착안한다. 노동을 하지 않는 실업자들은 자신의 노동력을 시장에서 팔지 않기 때문에, 자본주의 사회에서는 이들을 '탈脫상품화'되었다고 한다.

이렇게 탈상품화된 사람들이 많아지면, 자본을 축적하는 데 기여하지 않기 때문에 자본 축적의 위기를 발생시킨다. 따라서 탈상품화된 사람들을 상품화하기 위하여, 즉 노동시장에 진입시키기 위하여 복지국가는 여러 가지 복지정책을 펼친다. 실업수당을 지급하고, 직업 재교육을 시키고, 재난지원금을 나누어 주는 등의 일을 한다. 그러나 자본주의 국가의 이런 복지 활동은 인력을 필요로 한다. 다시 말해서, 국가 영역에 많은 복지사를 고용해야 한다. 그러나 국가 영역에 고용된 이들은 자본주의 시장에서 자본 축적에 전혀 도움을 주지 않는 탈상품화된 사람들이다. 탈상품화를 막으려는 복지국가가 탈상품화를 부추기는 모순을 낳은 것이다. 이러한 모순을 해결하려는 시도로 기업 내 복지를 발달시키거나 사회적기업에서 복지 기능을 담당하도록 하는 등 다양한 해결책들이 시도되고 있다.

인간 행위의 동기에서 모순을 발견한 창의적 이론의 전형적인 예가 막스 베버Max Weber의 자본주의 발생론이다. 베버는 서구에서 합리적 자본주의가 발생한 비밀을 청교도인의 종교에서 찾았다. 그의 명저 《프로테스탄트 윤리와 자본주의 정신》은 16세기 청교도인의 심리 상태를 분석한다. 청교도인들은 "주여, 제가 구원을 받은 사람입니까?"라는 질문을 끊임없이 던진다. 구원 여부에 따라 영원히 머물게 될 천국과 지옥의 차이는 청교도인에게 엄청난 심리적 긴장을 야기한다. 그들은 이 긴장을 해결하기 위해서 자기기만self-deception을 한다. 만일 자신이 구원을 받은 사람이라면, 자신의 삶에서 신의 영광이 드러날 것이라고 믿는다. 신의 영광이 자신을 통해 드러난다면, 자신은 스스로 금욕생활과 자신의 직업을 천직으로 삼는 청지기로서의 삶을 살아갈 것이라고 믿는다. 시간을 아껴 일하며, 근검절약하고, 절제된 생활을 한다. 그 결과 청교도인은 의도하지 않았지만 자본이 축적되어 자본주의로 나아갔다는 것이 베버의 설명이다.

그러나 베버가 주목한 청교도인의 행동은 자기기만이다. 하느님은 자신의 행동과 아무런 관련 없이 만세萬世 전에 자신의 구원을 이미 결정해 놓았다는 캘비니즘의 교리를 동시에 믿고 있기 때문이다. 태어나기도 전에 하느님이 구원을 결정했다고 믿으면서, 동시에 자신의 행동을 통해서 구원을 확인받으려는 것은 모순이다.

이 모순의 논리를 실험을 통해서 보여 준 심리학자가 트버스키Amos Tversky와 카네만Daniel Kahneman이다(Elster, 2010). '일상생활에서의 캘비니즘'이라고 이름 붙여진 실험에서 이들은 한 집단에는 '찬물에서 오래 견딜 수 있는 사람이 장수한다'는 이론을 가르쳐 주고, 다른 집단에는 그 반대 이론, 즉 '찬물에서 오래 견디지 못하는 사람이 장수하는 사람'이라는 이론을 가르쳐 준다. 그리고는 각 집단의 사람들이 팔을 얼음물에 담그고 얼마나 오래 버티는지를 실험해 보았다. 실험 결과, 오래 참을수록 장수한다는 이론을 배운 집단이 그 반대 이론을 배운 집단의 사람들보다 훨씬 더 오래 참고 견뎠다. 오래 참음과 장수 사이에는 아무런 인과관계가 없었지만 사람들은 자기가 장수하는 사람이라고 스스로 위로하기 위해서 오래 참은 것이다.

베버의 논리와 이 실험의 논리는 동일한 구조를 갖고 있음을 알 수 있다. 구원은 하느님이 주는 것이고, 신의 영광이 특정한 사람의 삶에서 드러나게 하는 것도 하느님이다. 그러나 베버가 분석한 청교도인은 자신의 금욕적인 생활이 구원받은 증거라고 스스로를 속이고 있다. 자신의 자의적인 행위로 하느님의 구원 결정을 추론하는 것은 모순이다. 마찬가지로, 찬물에서 견디는 행위가 장수의 증거라고 인지하는 것도 자기기만이자 모순이다. 둘 모두 행위 논리에서 모순을 발견하여 창의적 이론으로 발전시킨 것이다.

역사적으로 실재했던 '공유지의 비극tragedy of commons'에서도 모순을 발견할 수 있다(Hardin, 1982). 한 마을 사람들은 마을 앞 목초지에서 자신의 가축에게 풀을 뜯어 먹인다. 그런데 가축을 많이 키우자 목초지에 풀이 모자라 마을의 가축 모두가 멸종될 위기에 놓인다. 그러나 각 개인들은 자신의 이익을 위해서 자신의 가축을 스스로 줄일 동기를 갖지 못하고, 마을은 비극을 맞게 된다.

개인적인 '합리적' 이익 추구가 집단적인 '비합리성'으로 나타난 전형적인 사례이다.

공유지의 비극은 우리 주변에서 너무나 쉽게 찾아볼 수 있다. 조금 더 빨리 가기 위해서 사거리에서 차 꼬리를 물고 진입하여 교통이 엉켜 마비되는 사태도 개인 합리성과 집단 합리성 사이의 충돌이 생긴 경우이다. 샴푸를 쓰면 물이 오염되지만, 자신의 반짝이는 머리카락을 위하여 개인들은 샴푸 사용을 멈추지 않는다. 기후변화에 대응하기 위하여 탄소 배출을 줄여야 하지만, 편하게 이동하고 싶은 개인들은 자신의 자동차 배기가스 배출을 줄이지 않는다.

공유지의 비극을 해결할 유력한 방법이 사유재산제도의 도입이다. 목초지를 분할하여 개인들에게 나누어 주면 소유 가축의 수를 스스로 줄이게 된다. 자기 땅의 풀이 사라지는 것은 원치 않기 때문이다. 사유지가 아닌 공유지의 풀은 남들과 협동을 하지 않는 한, 자신만 가축 수를 줄여서 해결할 수 없는 문제이다. 역사적으로 사유재산제도가 출현하게 된 원인도 이와 같은 이론으로 설명되기도 한다.

그런데 이렇게 사유재산제도가 매우 세밀하게 발달하자, 모순적인 이론이 등장한다. 사유 목초지의 비극tragedy of anti-commons이 바로 그것이다. 이 이론은 지적 재산권이라는 사유재산제도에 착안한다. 지적 재산권 제도가 매우 세밀하게, 아주 작은 지적 기여에 대해서도 사유재산권을 인정해 주자, 새로운 혁신적 제품을 만드는 데 드는 비용이 너무나 커지게 되어서 비극이 생긴다는 것이다. 재산권에 대한 보상 자체가 문제가 되기보다는 한 제품에 사용되는 수만 가지의 특허를 조율하는 데에 드는 조정비용이 너무 크다는 것이다. 특히 공익을 위해서 새로운 혁신이 필요할 때, 선점한 특허들의 영토 주장이 공익을 해칠 수 있게 된 것이다.

사유재산을 인정하는 것이 공동체의 비극을 해결하지만, 동시에 새로운 공동체의 비극을 낳는다는 것이 사유 목초지의 비극이 지적하는 모순이다. 이처럼 모순이라는 개념을 활용하면 새로운 혁신적 이론도 개발할 수 있다.

PART 9

# 기술혁신에서 사회적 해석의 힘

창의성을 외인론外因論으로 설명하려는 입장은 뛰어난 개인들이 발휘하는 창의성에도 사회가 개입한다는 주장을 펼친다. 특정한 시기에 특정한 나라에서 갑자기 근대음악이 꽃을 피우거나, 실리콘밸리와 같이 특정한 지역에서 창의적 발명이 쏟아져 나오거나, 비슷한 시대의 발명가들이 서로 독립적으로 같은 발견이나 발명을 동시에 쏟아내는 것을 보면, 창의성을 개인적인 특성으로만 치부하기에는 부족한 측면이 분명히 있다.

콜럼버스가 아메리카 대륙을 발견한 것이 아무리 대단한 일이라고 해도, 그리고 그가 대단한 모험가였다고 해도 지구가 둥글다는 이론을 믿지 않았으면 결코 대륙을 발견할 수는 없었을 것이다. 지구가 둥글다는 이론이 당시에 널리 받아들여지지 않았다면 스페인 이사벨 여왕은 과연 콜럼버스의 항해를 지원할 수 있었을까? 사회는 혁신에 영향력을 행사할 수밖에 없다.

이 장에서는 사회가 개인들의 창의성에 어떤 방식으로 영향을 미치는지를 살펴볼 것이다. 특히 발명과 발견이 사회적으로 구성된다는 '기술의 사회적 구성론SCOT: Social Construction Of Technology'을 자전거의 발달사를 통해서 살펴볼 것이다.

## 사회가 해석하는 기술

자전거를 발명한 사람은 천재임에 틀림없다. 나는 자전거가 넘어지지 않고 달릴 수 있다는 것을 처음에 어떻게 알아냈는지가 늘 궁금했다. 넘어지지 않고 자전거를 배운 사람은 단 한 사람도 없을 것이고, 맨 처음 자전거를 탄 발명가도 수없이 넘어졌을 것이 뻔하다. 이런 나의 궁금증은 현재 남아 있는 가장 오래된 자전거 사진을 보고 풀렸다. 1816년에 만들어진 드라이지네Draisine (미국 자전거박물관 소장) 라는 최초의 자전거는 페달이 없고, 두 발로 땅을 밀면서 타는 미끄럼 장치였다. 발을 땅에 딛고 밀다 보니, 어느 순간엔가 자전거가 넘어지지 않을 수도 있다는 것을 경험적으로 깨달았을 것이다. 바퀴와 몸통은 나무로 만들어져서 바퀴는 먼 옛날의 마차 바퀴 같고, 안장도 제대로 갖춰져 있지 않았다. 이처럼 페달은 물론 체인도 없는 투박한 자전거는 이후에 여러 창의적인 아이디어가 더해져서 오늘날의 멋지고, 빠르고, 안전하고, 가벼운 자전거에 이르렀다. 자전거의 진화과정을 보면 창의성이 사회적으로 구성된다는 것을 실감나게 확인할 수 있다 (Pinch, Bijker & Hughes, 2001).

첫 자전거가 발명된 지 얼마 지나지 않아 앞바퀴가 무척 커다란 '페니 파딩'이라는 자전거가 등장했다. 이 자전거에 매료된 사람들은 비교적 부유층의 젊은이들로서, 자전거의 스피드와 스릴

가장 오래된 드라이지네 자전거(미국 자전거박물관 소장)

을 즐겼다. 당시에는 마차에 치어 죽거나 다치는 사람이 많은 상황이었기에 사람들은 자전거의 속도에 위협을 느꼈다. 속도의 위험성에 대한 사회적 저항이 커져 갔다. 사람들은 자전거를 타는 사람들에게 돌을 던지거나, 막대기로 밀어 쓰러뜨렸다.

그러자 자전거의 발명가와 생산자는 이 기구를 '노약자나 여성들의 보행 보조기구'라며 사람들의 저항을 피하려 했다. 이때부터 사람들은 자전거를 받아들이게 되었다. 자전거라는 신기술을 새롭게 해석한 것이다.

여기에서 '해석interpretation'이라는 단어가 중요한 의미를 갖는다. 새로운 기술이 무엇을 의미하는지는 사회 구성원들에 의해서 끊임없이 해석되어야 한다. 이 해석에는 상징성이나 정당성 등이 등장한다. 예를 들어 요즘도 논란이 되고 있는 AI 기술이나 줄기세포 배양, 유전자 가위 혹은 장기복제 기술이 무엇을 의미하는지는 사회가 해석해야 하고, 이 해석에 따라서 기술은 발전 방향의 가닥을 잡는다. '인류의 건강과 복지를 높이는 기술'이라는 해석이 '신의 영역을 침범한 인간의 방탕'이라는 해석을 이긴다면, 장기복제 기술은 활발하게 발전하고 산업화될 가능성이 높다. 이처럼 모든 신기술은 사회적으로 해석되는 과정을 거친다.

자전거가 노약자와 여성의 보행 보조기구라고 해석된 이후, 대부분의 자전거 사용자들이 여성과 노인으로 바뀌었다. 노인과 여성이 사용자 집단으로 등장하자 자전거는 이전과는 다른 기술적인 문제에 부딪혔고, 기술발전도 다른 경로를 택해 나아갔다. 치마만 입던 여성들이 탈 수 있도록 자전거 페달의 형태도 변형되었다. 그 당시의 성적 관념은 여성의 다리 사이에 안장이 놓이는 것을 용납하지 않았기 때문이다. 다음 쪽의 사진에서 보듯이 여성은 안장 위에 엉덩이를 모로 걸터앉고 다리는 한쪽 방향으로 모아야 했다. 그 결과 자전거 페달이 옛날 재봉틀 페달처럼 상하로 움직이도록 하는 기술이 개발되었다.

노인 사용자와 관련해서도 자전거는 새로운 기술적 문제에 봉착했다. 당시의 자전거는 앞바퀴가 무척 커서 넘어지면 크게 다쳤다. 새로운 사용자로 부상한 노인에게 이러한 위험은 더욱 심각했는데, 이 문제를 창의적으로 푸는 방법이 앞바퀴를 작게 만

왼쪽: 남성과 다른 여성 자전거
오른쪽: 체인을 도입한 삼륜 자전거(Coventry Rotary Tricycle, 1884)

드는 것이었다. 그러나 이것은 또 다른 기술적 문제를 야기했다. 페달과 직접 연결된 앞바퀴가 작아짐에 따라 자전거 속도가 나지 않게 된 것이다. 어린이 세발자전거를 타면 페달을 빨리 밟아도 조금밖에는 전진하지 않는 것과 같은 현상이다. 이 문제를 해결하기 위해서 체인이라는 새로운 기술이 개발됐다. 페달에 달린 체인의 톱니바퀴는 크게 만들고 동력을 전달받는 뒷바퀴의 톱니바퀴는 작게 조절함으로써 속도를 낼 수 있게 한 것이다.

짧게 살펴본 자전거 발달의 역사가 우리에게 들려주는 교훈은 어떤 과학적·기술적 혁신의 경우에도 그것이 무엇을 의미하는지 사회적·경제적으로 해석되어야만 한다는 점이다. 자전거에 대한 사회의 저항을 극복하기 위해 자전거란 여성과 노인의 보행 보조도구라고 해석하자, 새로운 사회집단이 기술과 관련된 집단으로 부상했다. 새로운 해석이 새로운 기술적 문제를 만들어 낸 것이다. 이후 기술은 새롭게 부상한 문제를 푸는 방향으로 진화했다.

인공적으로 생명체를 만들어 내는 합성 생물학이나 유전자 공학이 무엇을 의미하는지는 지금도 해석 중이다. 이 해석 여하에 따라 연구비의 향배가 결정되고, 어떤 연구가 윤리적으로 허락될지가 정해진다. 독일에서 근대음악이 꽃피웠듯, 사회의 해석이 어떤 종류의 줄기세포 연구가 성숙할지, 그리고 어느 분야로 발전할지를 안내한다. 기술은 자신만의 논리적인 발전경로가 있는 것이 아니라, 사회가 제공하는 문제들을 해결하면서 발전방향이 정해지는 것이다. 기술은 결코 사회중립적이지 않다.

창의성이라는 단어를 들으면 천재를 연상하는 사람들이 꽤 있다. 그러고는 요절한 천재들의 모습을 그린다. 가수 김현식이나 김광석, 모차르트처럼 천재 음악가들 중에서 요절한 사람이 유난히 많아 보인다. 심지어 자살한 천재 예술가들도 많아 보인다. 실제로 창의적인 사람들의 삶에는 고통이 따르는 경향이 있다는 연구결과도 나왔다. 천재 중에 정신질환이나 우울증을 앓는 사람이 많다는 것이다(Kaufman & Baer, 2002; Byrd, 2003). 그들은 새로운 생각을 얻기 위해서 술을 마시거나 대마초를 피우며, 심지어 스스로를 학대하기도 한다.

그러나 과연 천재가 개인적 특성인지, 역사적 혹은 사회적 산물인지를 따져 보면 그 답이 그다지 명쾌하지 않다. 마치 역사에서 나폴레옹과 같은 영웅이 출현하는 것은 개인의 카리스마 때문인지, 아니면 당시의 역사적 상황이 영웅을 요구했기 때문인지를 따지는 것과 흡사하다. 영웅이 특정한 역사적 시기에 태어난 것은 우연이라는 우연론과, 영웅은 역사적 상황에 의해 만들어진다는 사회결정론적 시각이 대립한다.

물론 사회결정론의 입장에서는 개인의 중요성이 폄하된다. 사회결정론은 만일 나폴레옹이 없었더라도 당시의 상황은 제 2, 제 3의 나폴레옹을 만들어 냈을 것이라고 주장한다. 당대의 사회구조적 힘이 영웅을 드러나게 한다는 이러한 '사회결정론'은 '시대정신론'이라고도 불린다. 기술의 발달을 설명하는 데에도 시대정신론이 적용되는 것이다.

## 천재는 사회의 산물

천재성을 설명하는 데에도 개인의 속성이 중요하다는 이론과 사회결정론의 대립은 그대로 이어진다. 앞의 입장은 위대한 천재란 특별한 능력과 자질, 배경 그리고 성품을 갖고 있어서 다른 평범한 사람들이 해낼 수 없는 발견이나 발명을 한다고 본다. 그러나 사회결정론은 이들의 두뇌활동도 당시 사회가 가진 지식의 산물일 뿐이라고 주장한다. 앤드루 카네기나 존 데이비슨 록펠러 같은 철강 재벌이나 철도 거부들은 모두 산업사회 초기에 태어났고, 빌 게이츠, 스티브 잡스, 폴 앨런 같은 천재적 IT 기업가들은 모두 1955년 근처에 태어난 것은 우연이 아니라는 글래드웰의 주장은 매우 신선하다(Gladwell, 2008). 이들이 어렸을 때 이미 새로운 사회를 향한 조짐들이 나타났고, 새로 다가올 세상을 예측하고 준비하는 노력을 기울인 것이 그들을 천재로 만들어 냈다는 주장이다. 1955년은 IT 천재들이 태어난 해일 뿐만 아니라 에니악이라는 진공관 컴퓨터가 탄생한 해이기도 하다는 점은 우연이 아니라는 것이다.

창의적인 스승 밑에서 공부한 제자들이 창의성을 보인다는 사실에서 우리는 창의성을 개인적인 속성으로만 치부하는 것은 잘못이라는 사실을 깨달을 수 있다. 창의성이 사회적 산물이라는 점을 증명하기 위해 한 가지 실험을 살펴보자.

대학생에게 실존하지 않는 동물을 자유롭게 그려 보라고 하면, 나름대로의 창의성을 발휘하여 상상의 동물을 그려낸다. 그러나 그들의 자유로운 상상에도 제약이 따른다. 대부분 현존하는 동물들의 특성을 조합하여 새로운 동물을 그리기 때문에 지구에서 관찰되는 동물들의 특징을 그대로 지닌다. 대칭구조를 가지며, 감각기관은 대체로 머리 위에 위치하고, 대부분의 경우 인간과 유사한 감각기관을 갖는다. 그리고 지능을 가진 동물을 그리라고 하면, 두 발이건 네 발이건 서서 걷는 모습을 형상화한다.

이 실험의 의미는 일반적으로 창의성이란 사회적 관념 또는 경험한 것들을 조합함으로써 생긴다는 데 있다. 즉, 다른 측면에서 보면 창의성도 기존의 개념들에 의해서 제약을 받는다. '죽은 자들이 만들어 놓은 전통'이 산 자들의 창의성에 제약으로 작용하는 것이다.

비슷한 맥락에서 문화인류학자 앨프리드 크로버Alfred Kroeber는 자신의 고전적 연구에서 특정한 시기에, 그리고 특정한 나라에서 갑자기 천재들이 군집으로 나타나서 문화의 꽃을 피운다는 사실에 착안한다(Kroeber, 1944). 어떤 발명품이 해당 시기에 발명된 것 자체가 운명적이라는 것이다. 크로버와 비슷한 시기에 동일한 주장을 한 사회학자가 있다. 레만Harvey Lehman은 화학과 유전학 분야의 독창적인 업적들이 19세기 중반부터 독일을 중심으로 쏟아져 나오고, 오페라는 이탈리아에서, 그리고 물리학은 영국에서 꽃피우는 등 창의성이 국가별·영역별로 다르게 분포되어 있다는 점을 보인다(Lehman, 1947).

사실 인류의 긴 역사에서 과학적 발명이나 창의성 발현이 기하급수적으로 증가하는 현상도 산업혁명 이후이니, 사회경제 제도에 의해 창의성이 영향을 받는 다는 사실은 부인할 수 없다.

이러한 통찰력은 통계적으로도 검증된다. 각 나라별로 창의성이 발현된 영역이 다른데, 이것은 천재의 재능으로 설명하기는 어렵다. 가령 독일의 경우 철학이나 음악에서는 매우 창의적인 작품이 많이 발견되지만, 드라마나 시, 그리고 건축물과 조각에서는 근대 유럽의 다른 나라보다 많이 낙후되어 있었다. 반면 영국은 과학과 문학은 무척 발달했지만 유독 근대음악의 영역에서 뒤처져 있어서, 근대음악의 대가들 중에 영국인을 찾기는 쉽지 않다(Gray, 1972: 680~682).

천재적인 과학자들이 이끄는 과학의 역사를 보더라도 발명은 개인이 만들어 내지만, 그러한 혁신적 발명은 당시 사회의 지적 상황이 특정한 사람을 통해 표출될 뿐이라는 사실을 이해할 수 있다. 예를 들면, 윌리엄 오그번William Ogburn은 1420년부터 1901년까지 148개의 발명·발견이 여러 명에 의해서 동시에 독립적으로 이루어졌음을 밝혔다(Ogburn & Thomas, 1922; Ogburn, 1950). 뉴턴과 라이프니츠가 동시에 발명한 미적분 같은 역사적으로 위대한 발명도 여기에 포함된다. 이들은 미적분에 대한 생각을 나누지 않았지만, 각자 의존하던 스승과 선배, 그리고 문헌이 거의 같았기 때문에 동시에 미적분을 발명한 것이다. 미적분에 대한 생각이 그 당시 사회의 하늘에 떠다니고 있었다고 볼 수 있을 정도이다(Gladwell, 2008).

근대로 넘어올수록 이러한 중복적 발명·발견의 빈도가 잦아진다. 라디오나 진화론 등과 같은 굵직한 발명은 어떤 천재적인 개인에 의해서 이루어진 것이 아니라 여러 개인들이 독립적으로 이루어 낸 것들이다.

과학 이론에서 그토록 중요한 에너지 보존 법칙은 1847년에 4명의 과학자(줄, 톰슨, 콜딩, 헬름홀츠)에 의해 발견되었고, 온도계를 발명한 사람은 6명, 자신이 망원경을 발명했다고 주장하는 사람은 최소 9명에 이르며, 타자기는 영국과 미국에서 독립적으로 고안되었다. 다윈과 앨프리드 월리스는 생물체의 진화를 독립적으로 발견했으며, 소수점은 3명의 수학자가 동시에 발명했고, 로그log도 영국과 스위스 사람에 의해 발명되었다. 컬러 사진기는 미국과 프랑스 사람에 의해 각기 중복 발명되었다.

과학사회학자 로버트 머튼Robert Merton은 이런 현상을 '독립적인 중복 발견'이라고 이름 짓는다(Merton & Storer, 1973: 371~382). 그는 이것이 예외적인 사건이 아니라 대단히 흔한 사건이라고 본다. 이러한 시각에 의하면 위대한 발명은 개인적 업적이 아니라 사회적 업적으로 여겨진다. 천재들은 문화가 진화하는 과정에서 남들보다 빨리 관찰하고 문제를 인지할 뿐이라는 것이다. 그 결과 천재 과학자는 평균적인 과학자보다 더 많은 중복 발견을 하기도 한다.

이것은 마치 가을 어느 시점에 이르러 화분에서 국화꽃이 필 때, 어느 꽃대에서 꽃이 먼저 피었는지는 중요한 것이 아니라는 주장과 같다. 꽃이 필 문화적 시기가 성숙하면 꽃은 피게 되어 있다(White, 1959). 즉, 개인들이 동떨어져서 창의성을 발휘하는 것이 아니라, 시대의 산물 또는 시대정신의 결과로 창의성이 발현된다는 것이다. 특정한 이가 발명하지 않았더라도 다른 이가 반드시 발명하게 되어 있다는 견해이다.

그렇기 때문에 시간을 다투는 오늘날의 과학자들은 누가 자신과 비슷한 연구를 하는지를 알아내려고 노력한다. 즉, 자신과 비슷한 연구를 하는 잠재적 경쟁자를 어떻게 찾을지가 중요해졌다. 자신과 경쟁하는 연구팀을 찾는 한 가지 방법이 아이디어 네트워크의 활용이다. 자연과학 분야의 논문 데이터베이스를 뒤져서 자신이 인용한 논문들을 여러 편 인용한 논문의 저자는 같은 주제를 연구하는 사람일 확률이 높다. 동일한 논문들을 인용하는 이들이 독립적으로 중복 발견할 가능성이 높은 이들이기에 상대방의 최근 연구성과에 대한 정보전이 시작된다.

'독립적 중복 발견'은 창작 영역에서도 마찬가지이다. 예를 들어 〈아마겟돈〉과 〈딥 임팩트〉라는 영화는 비슷한 시기에 독립적으로 만들어졌는데, 이 둘은 모두 거대한 운석이 지구에 충돌하는 것을 막는다는 내용을 담고 있다. 음악 분야에서 표절 시비에 휘말리는 노래가 생기는 것도 반드시 작곡가가 표절했기 때문만은 아닐 수 있다. 사회적 분위기와 문화의 공통성이 그 원인이 될 수 있는 것이다.

독일의 폰 브라운과 미국의 굿윈은 독립적으로 로켓을 연구했는데, 로켓이 똑바로 날아가게 하기 위해서 부딪힌 기술적 문제도 같았고, 해결책으로 제안한 방식도 같았다. 새, 박쥐, 곤충은 각기 다른 경로로 진화했지만 비슷한 모양의 날개와 날갯짓으로 진화가 수렴되었다는 '수렴적 진화'와 흡사하다. 벌의 날개와 벌새의 날개가 비슷한 것도 수렴적 진화론으로 설명된다. 특정한 기술적 문제에 대한 생물체의 해결책이 동일한 것이다.

밀림에서 발견할 수 있는 생물들을 상상해 보자. 기기묘묘한 색상과 형상의 동식물들, 그리고 신비한 행동들로 가득 차 있다. 오랜 기간 생태계의 복잡한 관계 속에서 진화한 산물이다. 집 안에 있는 전기를 사용하는 제품들이 어떤 기술을 사용하는지를 생각해 보자. 전구, 오디오, TV, 컴퓨터, 인터넷 등 정말로 다양한 기술에 기반한 제품들이 곳곳에 널려 있다. 전기를 사용하지 않는 기술로는 어떤 것들이 있는가? 김치 발효, 간장·된장 담그는 비법, 신발 조이는 벨크로, 지퍼, 단추, 변기에 물 담고 내리는 장치, 실내 디자인 등 평소에 기술이라고 생각하지 못했던 기술들이 곳곳에 숨어 있다. 정글의 수많은 생명체가 서로 연결되어 생태계를 이루듯이, 방 안의 온갖 기술들이 연결되어 기술 생태계를 이루고 있다.

기술 생태계의 관점에서 보면, 창의성이 하늘에서 번개처럼 떨어졌다는 우연성은 신화이다. 물론 '발견의 맥락에서 논리란 없다'라는 유명한 과학철학적 명제가 있다. 위대한 착상은 논리적인 절차를 따라 일어나기보다는, 신비할 정도로 비논리적 과정을 통해 생겨난다는 주장이다. 꿈에서 아이디어를 얻거나, 샤워하다가 새로운 생각이 번득 들었다는 등의 이야기들이 심심치 않게 등장한다. 뱀이 꼬리를 물고 있는 꿈의 한 장면에서 아이디어를 얻어 유기화학 구조를 고안해 냈다는 일화는 유명하다. 화학약품을 섞다가 우연히 발견한 현상이나 퀴리 부인이 우연히 발견한 엑스레이 등도 좋은 사례이다. 이처럼 우연성의 존재를 완전히 부인하기는 어렵지만, 창의성을 언제나 예외적이고 우연적인 결과라고 보는 시각에는 문제가 있다. 창의성 자체가 사회적으로 구성되기 때문이다.

사회학자들은 오래전(20세기 초반)부터 왜 이민자들 중 창의적인 사람이 많은지를 궁금하게 생각하고 연구해 왔다. 이 연구의 결론을 한마디로 요약하면, 이민자는 두 문화권의 변방에 속하는 변방인이며, 두 문화권이 제공하는 각기 다른 휴리스틱스heuristics를 연결할 줄 아는 사람이기에 창의적이라는 것이다. 문화와 사회는 사고의 틀을 제공한다. 험준한 산속에 난 등산로를 따라 사람들이 다니듯이, 사람들은 뇌 안의 길을 따라 사고한다. 이 길이 사회와 문화가 제공하는 휴리스틱스이다.

휴리스틱스란 세상의 사물을 탐색하거나 문제를 푸는 데 사용하는 패턴화된 과정을 일컫는다. 예를 들어 어떤 맹인 앞에 한 동물을 놓고 지팡이를 더듬어 그 동물의 종류를 알아맞히라고 하면, 대부분의 맹인들은 오랜 세월 자신의 방식대로 개발한 순서에 따라 지팡이를 움직이면서 그 동물을 탐색하기 시작한다. 맹인마다 세상을 인지하는 고정된 방식이 있다는 것이다. 수학 문제를 푸는 데도 무수히 많은 방법이 있지만, 학생들은 훈련된 몇 가지 방법을 통하여 풀이에 접근한다. 《수학의 정석》이라는 고등학교 수학 참고서가 오랜 세월 베스트셀러가 될 수 있었던 이유는 문제 유형에 따라서 정석화된 풀이 방법을 훈련시켰기 때문이다. 이렇게 문제를 푸는 거의 무한한 방식 중에서 몇 가지로 고정화된 유형을 '휴리스틱스'라고 한다. 다른 문화는 세상을 인지하고, 탐색하고, 문제를 해결하는 '휴리스틱스'를 다르게 제공한다.

여행을 하며 한국 가이드의 설명을 들은 외국인들은 한국인의 사고가 매우 수직적이고 위계적이라는 사실에 놀란다. 관광 명소를 소개할 때도 한국 가이드는 "이 다리는 세계에서 5번째로 긴 다리, 이 대학은 한국에서 두 번째로 좋은 대학, 이 빌딩은 한국에서 세 번째로 높은 빌딩" 등 위계적인 순위로 소개한다는 것이다. 우리나라는 세계 대학평가 순위에도 독보적으로 민감하게 반응한다. 존댓말이 발달한 한국어가 위계적 사고를 유도하기 때문일 것이다.

장기 알에도 위계성이 있다. 〈그림 9-1〉에서 보듯이, 중국 장기는 우리나라 장기와 같은 말을 쓰지만 그 알의 크기는 모두 같

〈그림 9-1〉 우리나라의 장기판(왼쪽)과 중국의 장기판(오른쪽)

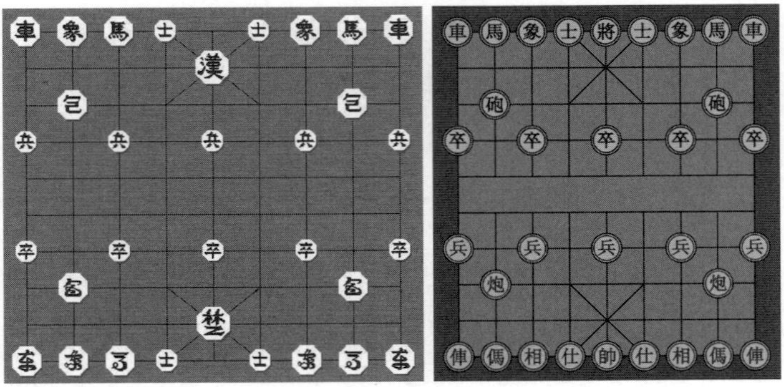


다. 우리나라 장기 알의 졸卒은 정말 '졸'만 하고, 중국에서는 왕과 크기가 같으니 이상한 일이 아닐 수 없다. 우리나라는 중국보다 훨씬 더 존댓말이 발달했고, 그에 따라 위계적 사고방식이 문화에 지배적이기 때문에 왕과 졸의 크기가 달라졌을 것이다. 두 문화의 경계선에 서 있는 사람, 즉 중국과 한국의 장기를 모두 아는 이민자들이 이런 관찰을 할 수 있으며, 이런 변방인marginal man 중에 창의적인 사람이 많다.

'다름difference'과 '틀림wrong'은 분명히 다른 개념인데, 우리 문화는 이것을 같이 쓰는 경향이 있다. 어느 부부는 성격이 다를 뿐인데, '부부 성격이 틀리다'라는 표현이 종종 사용된다. 이러한 문화적 뿌리 때문에 우리는 다름을 용인하기보다는 나와 의견이 다르면 틀린 사람, 옳지 않은 사람으로 인식하는 경향이 있다.

이 때문에 '내로남불'이 생기고 갈등이 더 깊어지기도 한다. 서양인에게 플라스틱으로 만든 원통과 나무로 만든 원통, 그리고 나무로 만든 육면체를 보여 주고 동질적이라고 생각하는 것을 고르라고 하면, 모양이 같은 원통 2개를 고른다. 반면 대부분의 동양인은 재질이 같은 나무 원통과 나무 육면체를 고른다. 출신이 같으면 모양이 달라도 동일 범주에 속한다.

오래전 미국 버지니아 공과대학에서 조승희 씨에 의한 총기 연쇄살인 사건이 발발한 직후, 우리 문화가 제공한 문제 인식과 해결 방법은 미국인과 전혀 달랐다. 한국 정부가 조문 사절단을 파견해야 한다는 주미대사의 발언이나, 사건이 나자마자 짐을 싸서 출국해 버린 버지니아 공과대학 한국인 유학생들의 행동은 모두 집단주의적 문화의 영향을 받아 사건을 인지했음을 보여 준다. 한국인들은 조승희 씨를 같은 집단으로 동일시한 것이다. 그러나 정작 미국 사람들은 조승희 씨를 미국 국적을 가진 1명의 범죄자로 인식했지 한국인으로 인식하지 않았다. 그들은 이민자를 미국 사회에 잘 적응시키지 못한 자기네 시스템을 점검하지 않았던가? 이는 한국인의 민족주의적이고 집단주의적인 문화가 어떻게 사람들의 인지에 영향을 미치는지 잘 보여 준 사건이다.

여러 휴리스틱스를 혼합하여 다양한 문제풀이 방식을 조합해서 동원할 수 있는 능력도 창의성의 원천이다. 고전사회학자 로버트 파크Robert Park는 게토에서 강제 집단거주하던 유럽의 유대인들에게 자유가 주어지자, 그 나라에서 새로운 혁신들이 꽃피웠던 사례를 열거한다. 한 문화권의 중심이 아니라 두 문화권의 변방 접경에 놓여 있는 사람이 변방인이다. 이들은 두 가지 문화가 제공한 세계관과 사유 방식을 모두 갖고 있다. 어느 한곳에 뿌리내리지 못해 불안정한 면은 있지만, 새로운 문제의식이나 해결책을 제시하는 데는 남다른 재능이 있다. 인류의 역사를 보더라도 비슷하다. 전쟁을 통해서 이질적인 문명이 서로 충돌할 때 혁신이 쏟아져 나온다.

글래드웰은 자신의 저서 《아웃라이어》의 도입부에서 변방인에 대한 재미있는 사례를 소개한다. 이탈리아에서 이민 온 어느 의사는 뉴욕에서 여러 인종의 환자들을 치료하다가 한 가지 신기한 사실을 발견한다. 이탈리아의 특정 지역에서 이민 온 사람들의 심장병 발병률이 이탈리아의 타 지방이나 다른 나라에서 이민 온 사람들보다 현저하게 낮다는 점이 그것이었다. 그 의사가 여러 인종으로 구성된 다민족 사회에 속해 있지 않았다면 절대로 알아낼 수 없었을 사실이다.

그는 그 원인을 찾아내기 위해 심장병 발병률이 낮은 지방 사람들의 특징을 연구하기 시작했다. 음식이 다른지 검토했지만, 그들은 미국인보다 더 많은 지방을 섭취하고 있었다. 콜레스테롤이 심장병의 중요 원인이기에 더욱 신기한 일이었다. 의사는 온갖 차이점과 공통점을 살핀 끝에 드디어 중대한 한 가지 차이점을 찾아낸다. 그 지방 사람들은 다른 지방 사람들에 비해 서로 매우 친하게 지낸다는 사실이었다. 길에서 마주치는 사람들과 인사하며 최소한 몇 마디 주고받지 않고 지나치는 것을 보지 못할 정도였다. 결국 이 의사는 휴먼 네트워크가 심장병 발병률을 낮춘다는 이론을 발표한다.

이 이론은 발표 당시에는 허무맹랑한 이론으로 받아들여져서 조롱거리가 되었지만, 건강과 네트워크의 관계가 지금은 학계의 정설이 되었다. 인간관계가 좋은 사람은 감기에도 잘 안 걸리고, 건강하며, 수명도 길다는 사실이 속속 밝혀지고 있다(Gladwell, 2008). 실험에 자원하여 참여한 사람들을 호텔 방에 가두어 놓고 감기 바이러스를 뿌려도 네트워크가 좋은 사람들은 감기에 좀처럼 걸리지 않는다는 사실을 실험으로 증명해 낸 것이다.

인류학자들은 '문화합성creolization'이라고 부르는 문화 섞임 현상이 창조성의 원천이라는 사실을 잘 알고 있다. 이탈리아 음식인 피자로 한국 사람들이 '김치 피자'를 만든 것처럼, 문화는 섞이면 그 자체가 새로운 것이 된다. 한국에 사는 화교는 중국에도 없는 고유의 짜장면을 만들어 냈다. 일본 도호쿠대 교환교수로 현지에서 잠시 자취를 하던 나는 일본 '다쿠앙'을 깻잎 간장에 담가 먹으면 아주 독특한 맛을 낸다는 사실을 알게 되었다. 이처럼 이질적인 문화적 요소는 만나고 섞이면 그 자체가 새로운 것이 된다. 같은 맥락에서, 유목민에게 형용사보다 명사가 훨씬 더 많이 발달한 이유는 이들이 매번 다른 환경에서 얻은 지식을 추상화하여 머릿속에 간직해야 하기 때문이다. 계속 다른 지역으로 옮겨 다니며 이질적인 사람들하고 접촉하는 동시에 이질적인 자연 환경과 섞이기 때문에 유목 문화에 창의성이 있다.

다시 한 번 강조하지만, 문화는 사람들의 인지나 사고에 틀을 제공하기 때문에 창의성과 밀접하게 관련되어 있다. 문제해결의 대안이 행위자의 머리에 떠오르게 되는 과정에도 문화는 작용한다. 식탁에서 코가 흐르면, 미국인들은 그 자리에서 소리내어 코를 푼다. 한국인에게는 그런 선택이 머릿속에 떠오르지 않는다. 중동 사람들은 손에 코를 풀어 벽에 바르는 것이 전통적인 해결방식이었다고 한다. 햇볕이 강렬한 지방이라 곧 마르니까 허용된 행위였을 것이다.

이처럼 각 문화마다 서로 다른 종류의 선택대안을 제공한다면, 두 문화의 접경에 있는 사람은 두 가지 대안의 집합을 갖게 된다. 머릿속에 조합해 볼 수 있는 대안들을 남들보다 더 많이 갖게 되고, 이것이 창의성의 원천이 되는 것이다. 이민자들 가운데 창의적인 사람이 많은 이유가 여기에 있다.

단일민족임을 자랑하던 우리나라이지만 2019년 현재 등록한 외국인 장기 체류자는 이미 170만 명을 넘어섰다. 아직은 아시아계가 주류이지만, 남미와 유럽으로부터의 인구 유입도 빠르게 늘고 있다. 2019년 현재 약 8%가 국제결혼을 한다. 한국인 여성과 외국인 남성의 결혼도 전체 국제결혼의 4분의 1에 이르니 이제 국제결혼이 농촌총각의 일만은 아니다. 국가 간 경계 넘기가 경제나 문화 영역뿐만 아니라, 결혼 시장에서도 빠르게 진행되고 있는 것이다. 다문화 가정 자녀들이 우리 사회에서 창의성을 발휘할 날을 기대해 본다. 물론 우리 사회가 이들을 포용할 경우에만 가능한 일이다.

## 가난은 상상력의 적

왜 노동자의 아들은 대체로 노동자가 되고, 가난은 세습되는가에 대한 의문은 현대 사회학이 풀어야 할 핵심적 과제이다. 낮은 계층에 속한 사람들이 창의성을 발휘할 확률이 낮은 것이 그 원인의 하나가 된다. 가난을 탈출할 만한 창의성을 갖지 못해서이건, 창의성을 발휘할 기회가 주어지지 않아서이건 간에, 계층별로 창의성은 확연하게 차이가 난다. 사회학자 아네트 라루Annette Lareau는 누구나 자기 자녀가 공부를 잘하기를 원하지만, 가진 자원을 동원하는 방식에서 계층별로 차이가 나며, 이것이 학업성취에 영향을 미친다는 것을 발견한다(Lareau, 2000).

라루의 가정방문 밀착취재 연구에 의하면, 가정교육에는 두 가지 교육철학이 존재한다. 비교적 경제적 여유가 있는 가정에서는 자녀들을 자유롭게 내버려두면서 여러 종류의 활동에 적극 참여하도록 유도한다. 축구 다음에는 농구, 피아노 과외 후에는 수학 과외 등 아이는 매우 바쁘게 움직인다. 부모는 아이에게 명령하기보다는 질문하면서 자신의 행동의 의미를 깨닫게 해준다. "네가 여러 사람이 있는 식당에서 뛰어다니면 남들에게 어떤 피해를 줄 것 같으니?"라고 물으면 아이는 행동을 수정하게 된다. 부모들은 아이의 학교 성적이 떨어지면 교사를 만나기도 하고, 필요하면 교사의 권위에 도전하기도 한다. 반면 가난한 가정의 부모는 여러 가지 과외활동을 시키지 못한다. 게다가 아이에게 질문하기보다는 명령한다.

상대방에게 줄 피해에 대한 질문과 "뛰지 마"라는 명령은 아이의 성장 과정에서 큰 차이를 낸다. 질문은 생각하는 훈련을 시키지만, 명령은 반사적 순응을 훈련시킨다. 질문은 다른 상황에도 적용되는 일반성을 깨닫도록 하지만, 명령은 구체적 상황에만 적용되는 아주 좁은 응용력을 키운다. 또한 부유한 부모는 가끔씩 선생님에게 항의함으로써 자식이 주목을 더 많이 받고 학교생활에 쉽게 적응할 수 있도록 도와준다. 저소득층 부모는 부유층과 달리 자녀가 다니는 학교의 권위에 도전하기보다는 선생님의 권위를 수동적으로 받아들인다.

같은 맥락에서, 사회학자 에두아르트 베른슈타인Eduard Bernstein

은 사회 불평등이 어떻게 교육을 통해서 재생산되는지를 연구했다(Bernstein, 1977). 그는 계층별로 가정에서 다른 언어를 사용하는 것이 교육 불평등을 만들어 낸다고 보았다. 아동들이 말을 배우면서 익히는 '말하는 방식'이 이후의 학교교육에 큰 영향을 미친다는 것이다. 특히 부유한 집 아동과 빈곤한 집 아동 사이의 말하는 방식의 차이란 단어 사용능력의 차이가 아니라, 언어 사용에서의 체계적 차이를 뜻한다. 노동계급의 자녀들은 주로 듣는 사람이 이미 알고 있다고 가정하면서 말한다. 그들은 가족이나 이웃 중심의 문화 속에서 살아간다. 그런 문화에서는 추상적인 원리를 담고 있는 가치와 규범은 당연시되며 언어로 표현되지 않는다. 추상적 개념이나 관계를 다루기보다는 콕콕 찌르는 직설적인 언어를 사용하는 것이다. 부모들은 자녀를 직설화법으로 칭찬하거나 야단친다. 반면에 중산층 자녀들은 일반화하거나 추상화하는 데 능숙하다.

자녀에게 화를 낼 때도 중산층 부모들은 왜 화가 났는지 그 이유와 원리를 설명한다. 가령 아이가 사탕을 더 먹으려고 하면, 노동계급 엄마들은 "그만 먹어!"라고 소리치는 반면, 중산층 엄마들은 "사탕을 많이 먹으면 이가 썩는다"라고 설명한다. 그러고는 치아의 건강이 몸의 건강에 어떤 영향을 미치는지도 설명하려 한다.

명령받기보다는 이유를 설명들은 아이가 세상에 대해서 더 많은 호기심을 갖는다고 베른슈타인은 말한다. 그렇다고 노동계급 자녀가 언어능력이 더 열등하다거나 언어 코드가 빈약하다는 것이 아니다. 단지 이유와 원리를 듣고 자란 아이들은 그렇지 않은 아이들에 비해서 학교교육에 더 잘 적응한다는 의미일 뿐이다. 다시 말하면, 노동계급의 언어 코드가 학교 문화에 어울리지 않는다는 주장이다. 노동계급 아이들이 사용하는 언어와 학교 선생님의 언어가 달라 낯설기 때문에 교사의 말을 이해하기 어려워하고, 수업 시간에 배우는 원리를 이해하는 데에 흥미를 잃는다. 반면 원리적인 언어 코드를 습득한 아이들은 학교교육 환경에 적응을 잘한다. 학교교육이 창의성을 말살한다는 비판이 있기는 해도, 원리를 이해하는 아이들이 학교교육에 더 적응도가 높으며 창의성을 발휘할 기회가 많은 것은 분명하다.

언어학자 조안 터프Joan Tough도 비슷한 맥락에서 노동계급 자녀들과 중산층 자녀들의 언어를 비교한 결과 체계적 차이가 있음을 발견했다(Tough, 1976). 베른슈타인과 마찬가지로, 그녀는 노동계급 자녀들이 자신의 질문에 대한 답이나 타인의 추론에 대한 설명을 듣는 기회가 적다고 한다. 우리나라에는 아직 이런 연구가 쌓여 있지는 않지만, 계층별로 육아 방법이 다르고, 다른 언어 코드를 사용하고, 학교교육에서의 적응도에 차이가 난다면 저소득층 아이들이 가난을 탈출할 가능성은 낮고, 결국은 사회계층이 창의성에도 영향을 미치게 될 것이다.

에필로그

# 창의성 교육에 대하여

이 책의 초판을 출판한 지 벌써 10여 년이 지났다. 이 책을 쓰기로 결심하고, 또 긴 시간이 지난 다음에 확대 개정판을 내기로 결심한 데에는 여러 가지 이유가 중첩적으로 작용했다. 첫째, 사회학을 연구하는 학자로서, 둘째, 대학생을 가르치는 교육자로서, 그리고 셋째, 대학교에서 입학처장, 학장, 총장 등의 보직을 맡았던 행정가로서 가졌던 필자의 고민이 책으로 표출되었다.

우선, 사회학자로서 나는 미래 사회가 어떤 모습으로 변해 갈 것이며, 또 그 변화의 추동력이 무엇일지에 대해서 고민해 왔다. 분명한 것은 사회변동의 속도는 점차로 빨라지고 미래는 점점 더 불확실해진다는 점이다. 자동차가 빨리 달릴수록 더 멀리 내다보면서 운전해야 하듯이, 질주하는 사회에서 우리는 더 먼 미래를 조망할 수 있어야 한다. 그러나 실상은 정반대여서, 눈 가리고 폭주하는 기관사와 같은 심정이 들 정도로 우리는 눈 감고 질주하고 있다.

앞으로 20년 후 우리가 어떤 사회에서 살게 될지 상상할 수 있는 사람이 과연 있을까? 과학자들 사이에 벌어지는 특이점 논쟁 singularity debate이 미래 사회가 가져올 변화의 폭을 가늠할 수 있게 해준다. 어느 과학자는 2030년대에는 인간 정신을 컴퓨터에 업로드할 수 있을 것이라고 전망한다. 2045년이 되면 인간의 지능을 뛰어넘는 AI가 생겨날 것이라는 예측에 대하여 과학자들이 논쟁을 벌이고 있다. 커즈와일Ray Kurzweil은 이 시점을 특이점이라고 부른다(Kurzweil, 2005). 이 특이점의 순간부터 AI는 스스로 발전하면서 그 발전 속도는 무한대에 가까워지고, 은하계 여행을 통해 "인간이 잠자던 우주를 깨우게 될 것"이라고 한다. 인간이 지구를 벗어나 태양계를 거쳐 은하계에 개입하게 된다는 뜻이다.

그때면 2020년대 초에 대학에 입학한 신입생들의 나이는 40대 중반일 터이다. 로봇과의 전쟁이 단지 공상과학 속 내용인가 하는 점은 아직도 논쟁 중이다. 2020년대 초 입학한 대학 신입생의 평균 수명이 100세 이상으로 예측되는 가운데, 이들이 생을 마감할 시점으로 예측되는 2100년의 사회는 과연 어떤 모습일지에 대해서는 상상하기조차 어렵다. 이런 급변하는 사회에서 산업구조도, 직업도 송두리째 바뀔 텐데, 현재와 같은 학과 중심의 전공 교육은 유효한 것인가?

이 책을 쓰게 된 두 번째 동기는 대학생을 가르치는 교육자로서 가진 고민에서 생겨났다. 대학에 입학한 신입생들은 앞으로 장장 80년의 세월을 더 살아가야 한다. 필자를 비롯한 기성세대들은 대학에서 배운 전공 지식을 바탕으로 평생을 벌어먹고 사는데 별 어려움이 없었다. 그러나 지금처럼 지식이 급변하는 가운데 대학에서 전공지식을 조금 더 습득한다는 것이 무슨 의미가 있는가?

지식의 반감기半減期, 즉 특정한 지식의 반이 쓸모없어지는 기간이 점차 짧아지고 있는 것은 분명하다. 과학 분야에서 발표된 논문은 3년 만에 인용되는 횟수가 피크에 이르렀다가, 7년 정도 지나면서 점차 관심을 끌지 못한 채 인용횟수가 급감해 간다. 전공 지식이 이렇게 빨리 변하는 상황이라면, 대학교육은 전공교육보다 생명력이 긴 기초교육에 강조점을 두어야 한다는 점은 명백하다. 인터넷을 뒤지면 세상의 모든 지식이 즉각적으로 손가락 끝에 도달하는데, 지식을 전달한다는 것은 또 어떤 의미가 있는가? 주변의 문제를 풀면서 배우는 현실참여 방식의 경험교육 또는 문제풀이 교육이 필요하다. 그렇지만 대학은 아직도 학문 후속세대를 길러내는 데 적합한 커리큘럼으로 짜인 지식전달형 전공교육에 치중하고 있다.

지식의 발전 속도뿐만 아니라 노동시장에서의 직장 이동도 점차로 빨라지고 있다. 앞으로는 직업은 사라지고, 평생직장이라는 개념이 점차 용도 폐기되며, 한 사람이 평생 갖게 되는 직업의 종류도 다양해지고, 동시에 2개 이상의 직장에 다니게 될 가능성도 농후하다. 이러한 상황에서는 대학생에게 여러 분야의 직종에서 적응하고 살아남는 방법을 가르쳐야 한다. 이 또한 기초교육에 대한 강조로 이어진다.

기초교육이란 문학, 역사, 철학을 중심으로 한 인간을 이해하는 학문과 수학이나 물리학, 논리학 등을 가르치는 것이다. 이는 경영학이나 IT 기술에 선행하며, 특히 기초교육 중에서도 '생각하는 방법을 생각하게 하는 교육'이 필요한 것이다.

그리고 대학의 교육행정을 맡은 사람으로서, 어떻게 가르치는 것이 올바른 대학교육인가에 대한 고민이 이 책을 쓰게 된 세 번째 동기이다. 평생 재직한 대학에서 나는 '생각하는 방법을 생각하게 하는 교육'에 대한 실험교육을 시도해 본 적이 있다. 생각교육을 위해서 어떤 과목이든 비판적 사고, 분석적 사고, 도덕적 사고 등으로 분류한 다음, 생각하는 훈련을 과목의 일차적인 교육목표로 설정하도록 한 것이다.

이런 교과목을 실험적으로 개발하는 과정에 참여한 어느 노년의 철학교수가 들려준 이야기는 숙고해 볼 가치가 있다. 노 교수는 비판적 사고를 가르치는 목적으로 〈헤겔 철학〉 과목을 개설했다. 실험교육에 참여하기 전에 그는 어려운 헤겔 이론을 학생들에게 쉽게 풀어서 일방적으로 가르치려고 노력했다고 한다. 그러나 비판적 사고를 가르치려는 목적이 설정된 다음에는 주로 질문으로 강의를 이끌어 갔다고 한다. 예를 들어, "자신의 처지에 걸맞지 않게 명품만을 찾는 여성을 보고 헤겔은 어떤 비판적 생각을 했을까?"라고 학생들에게 질문했다고 한다. 참 어려운 질문이지만, 이에 흥미를 느낀 학생들은 헤겔의 입장에서 과시誇示소비를 바라보았고, 자신의 궁금증을 해결하기 위해서 헤겔의 이론을 열심히 읽더라는 것이다.

## 인텔리전스에서 엑스텔리전스로

선진국의 유수한 대학들은 필자가 제기하는 문제의식과 관련된 교육개혁을 이미 시작했다. 하버드대, 프린스턴대, 스탠퍼드대, 캘리포니아 주립대, 애리조나 주립대 등을 포함해서 앞서가는 대학들은 바야흐로 교육과정을 혁신하는 중이다. 이들은 왜 동시에 이런 개혁을 시작했으며, 어떤 방향으로 개혁을 추진하는가?

필자가 보기에 개혁의 가장 큰 공통점은 지식을 일방적으로 가르치는 데서 벗어나, 학생들이 능동적으로 학습하도록 바꾸는 것이다. 원인은 단 하나, 기존의 교육체제가 문제에 봉착했기 때문이다. 지금까지의 대학교육은 교양교육과 전문지식의 전수라는 목적을 가졌다. 전문지식은 세분화된 학과체제를 통하여 전달했으며 전문지식을 습득한 졸업생은 사회에 나가서 배운 것에 근거하여 부가가치를 만들어 냈다. 그런데 이러한 산업사회의 표준화된 대학교육 모델이 문제에 부딪혔고, 대학은 새로운 해결책을 내놓아야 한다는 도전에 직면해 있다. 무엇이 문제인가?

지식이 빠르게 변하는 세상이 되어, 지식을 머릿속에 간직하는 학습의 가치가 떨어진 것이 문제이다. 전문지식이 너무나 빨리 발전하기 때문에, 대학교수들은 강의안을 매년 새로 써야 할 지경이 되었다. 강의 노트 하나 갖고 평생 우려먹던 그런 시절은 지나갔다. 연구자들은 자신과 같은 주제로 연구하는 사람들이 어느 곳에 얼마나 있는지를 인터넷이나 문헌 DB를 통해서 쉽게 파악할 수 있게 되었다. 그 결과 상대보다 내가 더 빨리 결과를 내야 하는 속도 경쟁에 휘말리게 되었다. AI에게 물어보면 즉각적으로 답을 구할 수 있는 지식을 머리에 넣기 위한 노력의 가치는 빠르게 감소하고 있다. 그에 반해 사고능력의 가치는 급증하고 있다.

지식이 빨리 변한다는 말은 대학생들도 졸업 후에 끊임없이 공부하지 않으면 사회에서 낙오되는 평생학습 시대에 접어들었다는 것을 의미한다. 2022년 현재 대학에 갓 입학한 신입생이 언제

죽을지 생각해 본 적이 있는가? 현재의 추세라면 2100년 즈음이다. 의학 혁신이 비선형적으로 발전한다면 평균수명은 더 빨리 늘어날 것이다. 지금의 대학생들은 앞으로 이렇게 긴 세월을 살아가려면, 빠르게 변하는 지식을 계속 배우면서 스스로 생각해야만 한다. 따라서 대학은 전문지식에 대한 교육의 비중을 줄이고 학생들에게 생각하는 방법을 가르쳐야 할 필요성에 직면하게 되었다. 이것이 미국 대학교육 개혁의 구조적인 원인이다. 교육의 주 목적이 지식 전수이던 시대는 지나갔고, 생각하는 방법을 가르쳐야만 하는 시대가 도래한 것이다.

이 책에서 나는 생각하는 방법 중 가장 쉽고 효과적인 것이 엑스텔리전스라고 주장하면서, 창의성도 생각하는 훈련을 하면 개발될 수 있다는 점을 보여주려 했다. 창의성이란 특별한 능력을 가진 두뇌에 의해서 발휘되는 능력이라는 점을 부인하지는 않으면서, 창의성은 또한 사회에 의해서 영향을 받는다는 주장을 펼쳤다. 사회에서 제공하는 문제의식의 공유, 당대의 인식 방법(방법론과 실험도구 등), '휴리스틱스'라고 불리는 사유방식의 내면화, 또는 개인적으로 받은 사고훈련 등에 의해서 혁신적인 창작을 할 수 있다. 창의성에 도달하는 몇 가지 주된 사고의 틀이 있다는 주장을 하기 위하여, 필자는 다양한 예를 들어 가면서 그 틀을 도출해 냈다. 즉, 생각하는 방법을 동원하면 새로운 생각에 도달할 수 있는 지름길이 있다는 점을 보이기 위해서 경계 넘기, 뒤집기, 모순의 발견과 해결, 번역과 유추의 방법 등을 제안했다. 강조하지만, 선천적인 개인 능력으로서의 창의성을 부인하는 것이 아니라, 창의성도 사회의 영향을 받으면서 구성된다는 '창의성의 사회적 구성론'을 주장한 것이다.

IT 기술 발달이 교육 시스템과 접목되면서 인터넷을 활용한 교육이 확산되는 점에 주목해야 한다. 이미 MIT, 스탠퍼드대, 하버드대 등 유수의 대학들이 대부분 동영상 강의를 공개하고 있으며, 유튜브에는 다른 대학 교수들의 단발성 강연도 많이 올라와 있다. 앞으로 세계적 수준의 강의 동영상에 대한 접근이 일반화될 것으로 예상되며, 그에 따라서 최고 수준 석학의 강의에 대한 의존율은 점차로 높아질 것이다. 코로나 사태 이후 온라인 교육이 활성화되어 각 대학들이 미래교육에 다가갔다고 좋아할 일이 결코 아니다. 학생들은 이미 온라인으로 세계 최고 수준의 강의를 찾아 들으며 자기 대학의 온라인 강의와 비교하고 있다. 교육 콘텐츠의 질에 대한 학생들의 불만은 점차로 고조될 것이며, 결국 최고 수준의 온라인 콘텐츠에 수요가 몰리게 될 것이다.

대학은 온라인 교육으로 경쟁할 것이 아니라, 새로운 교육방법과 목표설정이 필요해 보인다. 지식전달 교육에서 벗어나 경험교육, 동료학습 교육이나 문제풀이 교육으로 전환하는 것이 시급하다. 책을 통한 명시적 지식의 습득보다는 현장을 경험하면서 문제를 파악하고 해결책을 찾는 과정에서 이루어지는 학습의 효과가 높다는 사실은 이미 널리 인정받고 있다. 또 학생들이 인터넷 등을 통해서 얻을 수 있는 지식과 정보가 엄청나게 쌓여 있으니, 교수로부터 지식을 전수받던 방식 대신 학생끼리 토론하며 상호 학습하는 방식으로 전환해야 한다. 스마트 월드에 접근할 수 있는 방법이 많아지면서 주변의 좋은 아이디어를 활용하는 엑스텔리전스가 점차로 중요해지는 것이다.

다른 한편으로, 학벌보다는 실력이 중요해짐에 따라 일류대학병diploma disease이 약화된다. 대학생 방학캠프에 참석한 서울의 명문대학생은 이름도 못 들어 본 지방대학생의 지적 수준에 놀라기도 한다. 그 지방학생이 인터넷으로 미국의 명문대 유명 교수 강의를 거의 다 섭렵했기 때문이다. 지금은 초창기이지만 앞으로는 IT를 활용한 원거리 교육시장이 전 세계적으로 확장될 전망이며, 그에 따라 국가 간 경계를 넘는 e-러닝e-learning이 일반화될 것으로 보인다.

특히 이 시기가 오면 학교교육이 갖는 상대적 중요성이 약화되어 다양한 형태의 교육 시스템이 성숙된다. '거꾸로 교실' 등도 동료학습의 효과성 때문에 확산되는 측면이 있다. 결국 대학도 다양한 형태의 교육 시스템으로부터 도전을 받게 될 것이다. 홈스쿨링, 대안학교, 특수학교, 맞춤교육, 직업교육, e-러닝, 세분화된 나노 학위nano degree, 동료학습 등 다양한 형태의 교육 방식에서

취사선택하여 교육을 받는 학생들이 늘어날 것이기 때문이다. 우리 대학은 과연 창의성 시대에 알맞은 교육을 하는지 모두 자성해 볼 때이다. 국가 경쟁력이 창의성에서 나오는 시대가 도래했기 때문이다.

이러한 변화에 대응하기 위해서 대학교육은 동료학습, 현장교육, 사회적 문제 풀기를 가미한 기초교육이나 융합교육 중심으로 변환해야만 한다. 문과·이과의 구분을 철폐하고, 모든 학생에게 수학 교육을 시켜서 문과 학생에게도 이과 학생과 최소한의 소통을 할 수 있는 능력을 키워 줘야 한다. 이과 학생에게도 글쓰기, 말하기 훈련 등의 기초교육을 강화하여 누구하고도 의사소통할 수 있는 능력을 배양해 주어야 한다. 그래야만 학생들이 주변에 널려 있는 지식과 정보를 활용하여 새로운 가치를 지닌 창의적인 아이디어를 제안하고, 한걸음 더 나아가 이런 아이디어를 활용하여 세상을 바꾸는 체인지 에이전트가 될 것이다.

## 교실에서 사회문제 현장으로

나는 2016년 초부터 2020년 1월까지 연세대학교 총장직을 수행하면서, 이 책에 담긴 창의성에 대한 평소의 지론을 대학교육에 실천하려고 노력했다. 여태껏 대학교육은 강단에 선 석학 교수로부터 학생에게 지식이 일방적으로 흘러가는 강의식 교육이 주를 이루었다. 가르치는 사람과 배우는 사람은 엄격하게 구분되어 있었고, 강의실 칠판은 지식을 복제하기 위한 중요한 도구였다. 칠판에 적힌 내용은 학생의 노트로 옮겨졌고, 학생이 치르는 시험의 범위는 교수가 가르쳐 준 지식으로 한정되었다. 천 년 동안 지속된 교육방법이 21세기에도 대부분의 강의실에서 지속되고 있다. 파워포인트나 줌과 같은 IT 기술의 도움을 받지만, 교육방법의 근본은 변하지 않았다.

'쉰세대' 교수가 칠판을 통해 지식을 전수하는 대상인 '신세대' 학생들은 인터넷과 함께 자란 디지털 세대이다. 이들은 인터넷 네트워크의 산물로서 10여 년 전 학생들과 비교해도 상당히 다른 종자이다. 대다수가 신문을 보지 않으며 뉴스는 페이스북이나 소셜미디어, 인터넷으로만 접한다. 친구와의 대화도 주로 SNS에서 즐기고, 틱톡에서 짧은 동영상을 나누며, 투표 인증샷을 트윗하면서 투표를 독려하는 이들이다. 쌍방향 웹에서는 언제나 자신의 의사표현이 가능하고, 남들도 자신의 의견에 토를 단다. 즉, 이들은 댓글 문화 아래 자라난 세대인 것이다. 그러니 시험점수를 받기 전에 답안에 대한 교수의 댓글(?)이 궁금했을 것이다.

이 학생들이 한 방향으로 흐르는 지식전달 수업에 만족할 리 없다. 50분 동안의 일방적 지식전달에 집중하기도 어려우며 조용히 앉아 있기도 힘들다. 이들을 가르침instruction에서 만들어 내기

construction로 이끌어야 한다. 수동적 피학습자에서 능동적 변혁가로 전환시켜야 한다. 대학은 과연 급속히 발전하는 지식과 무한대에 가까운 정보를 자신의 용도에 알맞게 활용할 수 있도록 학생들의 능력을 배양하고 있는가? 앞으로는 AI가 세상의 모든 지식을 딥러닝할 수 있기 때문에 지식교육의 중요성은 점차로 감소할 것이다. 대신에 생각하는 능력이나 창의성의 배양 등이 교육의 목표가 되어야 할 것이다. 인터넷에 널려 있는 어떤 지식과 정보를 접해도 자신의 것으로 소화하고, 이리저리 섞고 엮어서 응용할 수 있도록, 생각하는 방법과 융·복합적 사고를 가르치는 것이 오늘날 대학의 새로운 사명이다.

게다가 오늘날 사회문제는 어느 개인이나 조직 또는 국가가 해결할 수 없을 정도로 세계적 차원으로 확산되고 있다. 지구환경문제, 기후변화, 빈곤과 불평등, 민주주의의 위기 등 우리가 직면한 문제는 인류의 지속가능성에 대해 의문을 제기하고 있다. 누가 이런 문제에 세계시민으로서, 연구자로서, 또는 실천가로서 해결책을 제안하고 행동에 나설 수 있는가? 세계적 차원의 사회문제에 도전하는 것이 대학에게 맡겨진 새로운 사명이다. 그렇기에 향후 대학은 교육, 연구, 사회봉사라는 전통적인 역할에서 벗어나, 세계적 차원의 사회문제를 해결하기 위한 연구자, 이론가, 그리고 사회 실천가를 길러 내야 한다. 어떤 대안보다 대학이 이 일을 비교적 잘 감당할 수 있기 때문이다. 교실에 있던 학생들과 교수들을 사회현장으로 투입하여 체인지 에이전트로 바꿔야 한다.

## 똑똑한 인재에서 따뜻한 인재로

사례 ① 대형병원 응급수술실은 새벽에도 불이 켜져 있을 때가 종종 있다. 새벽 6시, 수술실 복도 앞 소파에 한 가족처럼 보이는 3명이 쪼그리고 앉아 쪽잠을 자고 있었다. 이때 환경미화원이 나타나 가족을 깨워 다른 곳으로 가라고 한 후 청소를 했다. 며칠 후 같은 상황이 벌어졌다. 불 켜진 응급수술실 앞에 이번에 나타난 환경미화원은 쪽잠을 자고 있는 가족 앞에서 한참을 서성이다 어디론가 사라졌다. 앞의 분은 산업사회의 인간형이고, 뒤의 분은 공감문명이 확산된 탈산업사회의 인간형이다. 제시간에 청소하라는 자신의 임무를 다하지 않았지만 우리는 뒷분의 따뜻한 심성에 공감한다.

사례 ② 2005년 서울의 지하철 안에서 벌어진 일명 '개똥녀 사건'이 큰 반향을 일으킨 적이 있다. 지하철에 탑승한 한 여성의 애완견이 바닥에 실례를 했다. 이 여성이 배설물을 치우지 않고 내리자, 이를 본 어느 어르신이 변을 치웠다. 곧 애완견을 안고 있는 여성의 사진과 개의 배설물을 치우는 어르신의 사진 두 장이 나란히 인터넷에 퍼져 나갔다. 이 여성을 비난하는 여론에 공감한 네티즌들 중 몇 명은 이 여성의 '신상 털기'에 돌입했고 험한 댓글이 쇄도했다. 미국의 〈워싱턴포스트〉는 개똥녀dog poop girl 사건을 자세히 보도하며, 인터넷이 발달한 한국에서 벌어진 이 사건이 미국의 미래를 보여 준다고 평가하기도 했다.

사례 ③ 오바마 전 미국 대통령은 재임 중 무엇이 가장 힘들었냐는 기자의 질문에 뜻밖의 답을 했다. 이라크 공습을 결정하는 것보다, 공습으로 인해 피 흘리는 어린아이의 사진이 인터넷을 통해 퍼질 때 가장 힘들었다고 털어놓은 것이다. 그의 대답은 SNS 등의 정보통신 네트워크에 의해 '공감'의 범위가 시공간을 초월하여 지구적 차원으로 확대되었다는 것을 시사한다.

이러한 3가지 사례는 공감의 중요성을 보여 준다. 또한 네트워크에 의해 공감의 범위가 시공간적 제약을 초월하도록 바뀌었음을 보여 준다. 공감문명이 확산되고 있기 때문에 대학교육은 전문교육에만 머물지 말고 인성교육에 노력해야 할 필요성이 대두된 것이다. 인간이 AI와 지식경쟁을 한다면 필패이다. AI가 아직은 제대로 못 하는 부분에 교육을 집중해야 한다. 그래야 이른바 AI proof(防 AI) 인간이 태어난다.

이미 다 큰 머리인데 대학에서 인성교육을 해보아야 너무 늦었다고 주장하는 사람을 종종 만난다. 인성교육은 어렸을 때 하는 것이라는 주장이다. 맞는 말이다. 하지만 대학에서의 인성교육도 늦지 않았다. 생의 의미를 깨닫지 못하고 방황하는 젊은이들에게 살아야 하는 이유를, 삶의 의미를 찾도록 도와주는 교육은 절대로 필요하다.

꿈이 무엇이냐고 물으면 거의 모든 학생들이 변호사, 교수, 디자이너 등 직업으로 대답한다. 이런 직업을 원하는 이유, 즉 직업 이면에 담긴 삶의 의미를 확립하지 못했을 가능성이 농후하다. AI에 의해서 사라질지도 모르는 직업이 꿈이라니 … . 왜, 어떻게 사는지를 별로 생각해 보지 않았기 때문이리라. 나이와 무관하게 자기 삶의 의미를 깨닫거나 확립하는 순간 사람은 변한다. 우리의 초・중・고 교육은 그걸 모르고 살게끔 만들어 왔다. 과거엔 그래도 적당히 살 수 있었지만 이젠 내가 누구인지 답할 수 있어야 하는 시대가 되었다. 아무리 달려도 제자리인, 스펙만 좇는 의미 없는 경쟁을 하기보다 이젠 뛰는 방향을 남들과 다르게 바꿔야 할 때다. 남들과 어울리며 더불어 사는 삶의 의미를 깨닫게 하여 따뜻한 인재로 이끌어 주는 교육을 하기에 대학 시절은 결코 늦지 않은 때이다.

미래사회에서는 개인의 이익을 추구하는 사회적 가치체계가 서로 존중하고 배려하는 공감의 가치체계로 바뀔 것이다. 산업사회가 이해타산과 이익추구에 의해 움직였다면, 미래사회에서는 공감에 기초한 나눔과 돌봄이 그 중심원리로 자리 잡게 된다. 이웃과 환경에 대한 관심, 다름과 다양성의 존중, 정책결정 과정에 참여하려는 욕구가 증가함에 따라, 산업사회에서 주된 욕구였던 생존 욕구는 자신을 표현하고자 하는 욕구로 바뀌고, 개인주의적 관심은 공동체에 대한 관심으로 변화될 것이다. 따라서 우리는 단순한 물질적 자원과 재능의 나눔을 넘어 기회마저도 함께 나누는 사회를 만들어야 하며, (대학) 교육은 이러한 방향으로 전환해야 한다.

미래사회에 대비하기 위하여 필자는 연세대 총장으로 재직하는 동안 고등교육혁신원이라는 기구를 설립하여 대학교육의 틀을 바꾸기 위하여 노력하였다. 학생들이 팀을 짜서 자신이 정의한 사회문제를 풀겠다고 학교에 제안하면, 이 기구는 활동비 일정액을 한 학기 동안 지급한다. 학생들의 활동을 지켜보면서 그들이 가진 창의성에 놀랐고, 또 그들이 내놓는 해결책이 실제로 사회문제를 해결하거나 사회를 조금이라도 더 살기 좋은 곳으로 바꾸는 것을 수없이 관찰했다.

대표적인 예를 몇 가지 들면, 한 학생 팀은 독거노인들의 겨울 난방 문제를 해결하기 위하여 일인용 텐트를 제작하여 노인들에게 보급하였다. 추운 방 안에서 텐트를 치고 자면 텐트 안 온도가 4~5도 올라가는 원리였다. 다른 학생 팀은 자신에게 잘 어울리는 옷을 입고 싶은 맹인의 바람을 해결해 주기 위하여 음성인식 기반 옷 추천 알고리즘을 개발했다. 이 팀은 모 대기업에 의해서 사내 창업팀으로 영입되었다. 회사는 옷 추천 알고리즘을 맹인뿐 아니라 일반인들도 사용할 수 있다는 판단하에 이들을 창업팀으로 지원하기로 결정한 것이다.

어떤 팀은 치과 치료 시 뼈 깎는 드릴 소리를 획기적으로 줄여 주는 장치를 개발하기도 했다. 환자들, 특히 어린아이들의 공포심을 줄여 주자는 배려심의 발로였다. 이 팀은 스스로 창업했다.

이 외에도 사례가 너무나 많아 다 소개할 수조차 없을 정도이다. 학생들은 자신의 주변에서 발견할 수 있는 문제를 발굴하여 문제를 푸는 과정에서 지식을 습득하는, 그야말로 산교육을 경험하였다. 변방인들이 겪는 문제를 해결하겠다는 배려와 나눔의 정신을 스스로 습득하고 실천하면서 이들은 공동체의 구성원으로 그리고 나눔의 전도사로 성장하고 있었다.

고등교육혁신원은 학생 팀뿐만 아니라 수업 팀도 지원했다. 수업시간을 강의실에서 진행하는 대신에 현장의 문제를 풀겠다고 교수와 수강생들이 합의해 자원하면 활동비를 한 학기 평균 300만 원 정도 지원했다. 첫 학기에는 10여 개의 강의가 신청하더니, 3학기가 지난 코로나 직전 학기에는 수백 개의 강의가 현장수업으로 바뀌었다. 예를 들면, 도시 관련 수업은 재래시장에 파고들어 시장 재개발 작업을 진행하는 식이다. 이 수업은 중간결과물이 좋아 지자체로부터 수억 원에 달하는 추가 연구비를 확보하기도 했다. 또 다른 수업 팀은 방글라데시에 신설되는 간호대학에 파견되어 현지 간호학생들의 실습교육을 도와주러 해외로 떠나기도 했다.

주변의 문제를 자발적으로 풀겠다는 학생 팀과 수업 팀은 스스로 기업이나 정부기관의 연구비를 신청하여 지금까지 30억 원 정도의 외부연구비를 따오는 등 기대하지 않았던 성과를 내기도 했다. 이는 때론 창업으로 이어지기도 하고, 때론 학생들이 대기업에 스카우트되기도 하며, 어떤 팀은 외국 대사관의 프로젝트를 발주받기도 한다. 물론 학생들의 수업 만족도는 최고이다. 자신이 처한 현실과 동떨어진 내용의 지식을 일방향으로 전달받는 것이 아니라, 주변의 어려움을 공감하는 공감교육과 더불어 문제를 푸는 과정에서 산지식을 배우니 효율도 높고, 공부의 즐거움을 깨닫는다고 참여 학생들은 고백한다. 문제풀이 과정에서 이들이 연습하는 생각교육과 창의성 훈련은 앞으로 참교육이 나가야 할 방향을 제시한다.

이런 변화의 바람은 초·중등 교육현장에서도 일어나고 있다. '거꾸로 교실' 등 학생들이 직접 참여하는 토론과 사회문제 풀이 교육 등이 실천되고 있다. 좋은 대학에 가기 위해 수능시험 등에만 집중하던 교육에서 벗어나, 이제는 자신과 주변의 문제들에 관심을 갖고 스스로 생각하며 실천하는 교육으로 바꾸려는 실험

교육이 확산되는 것이다. 대표적인 단체가 씨프로그램C Program이다. 이들이 발간한 《미래학교: 학교는 사라지지 않는다》는 다양한 형태의 실험적 혁신을 지원하고 있다. 이들은 그 이유를 다음과 같이 말한다.

> 네모난 건물, 칸칸이 나뉜 교실, 칠판을 바라보고 줄지어 앉는 책상 같은 물리적 공간, 선생님이 수업을 진행하고 학생들이 한 방향으로 앉아 수업을 '듣는' 학교를 벗어나 … 문제를 발견하는 학생으로, 가르치는 교사에서 돕는 교사로, 담장을 허물고 학교 밖의 전문가-기술과 연결되는 학교로, 경험과 협업으로 배우는 미래의 학교(를 지향한다).

이와 같은 실험교육이 초·중·고교에 빠르게 확산되기 위해서는 대학의 입학정책이 바뀌어야 한다. 정답을 고르는 수능 위주의 선발에서 벗어나 학생들의 창의성과 인성, 그리고 다양한 역량을 평가하는 입시제도를 개발해야 미래사회를 이끌어 가는 인재를 키워 낼 수 있다. 수학능력시험은 정답을 잘 찾는 학생을 선별한다. 미래 교육은 정답이 없는 문제에 도전해야 한다.

# 참고문헌

김미경(2010). 《김미경의 아트 스피치: 대한민국 말하기 교과서》. 21세기 북스.

로버트 루트번스타인·미셸 루트번스타인 저. 박종성 역(2007). 《생각의 탄생》. 에코의서재.

Adams, M. (2009). "A Delinquent Discipline: The Rise and Fall of Criminology". *Academic Questions*: 1~13.

Amsterdamska, O. (1985). "Institutions and Schools of Thought: The Neogrammarians". *The American Journal of Sociology 91*(2): 332~358.

Axelrod, R. (1997). *The Complexity of Cooperation: Agent-Based Models of Competition and Collaboration*. Princeton Univ Press.

Bak, P. (1996). *How Nature Works: The Science of Self-Organized Criticality*. New York, NY, USA, Copernicus.

Barabasi, A. (2003). *Linked: How Everything Is Connected to Everything Else and What It Means*. New York, Penguin Group.

Barabái, A. & Crandall, R. (2003). "Linked: The New Science of Networks". *American Journal of Physics 71*: 409.

Barabái, A.-L. (2010). *Bursts: The Hidden Pattern Behind Everything We Do*. New York, NY, Dutton.

Becker, G. & Murphy, K. (1988). "A Theory of Rational Addiction". *The Journal of Political Economy 96*(4): 675.

Beniger, J. (1986). *The Control Revolution: Technological and Economic*

*Origins of The Information Society*. Harvard Univ. Press.

Bentley, P. (2002). *Digital Biology: How Nature Is Transforming Our Technology and Our Lives*. Simon and Schuster.

Bernstein, B. (1977). *Class, Codes and Control: Towards a Theory of Educational Transmissions*. Routledge.

Bijker, W., Hughes, T. et al. (1989). *The Social Construction of Technological Systems: New Directions in The Sociology and History of Technology*. The MIT Press.

Boden, M. A. E. (1994). *Dimensions of Creativity*. Cambridge, Mass., MIT Press.

Bregman, R. et al. (2020). *Humankind: A Hopeful History*. New York, NY, Little, Brown and Company.

Buchanan, M. (2013). *Forecast: What Physics, Meteorology, and the Natural Sciences Can Teach Us About Economics*. 1st U.S. ed. New York, Bloomsbury.

Burt, R. (2004). "Structural Holes and Good Ideas 1". *American Journal of Sociology 110* (2): 349~399.

Burt, R. S. (1992). *Structural Holes: The Social Structure of Competition*. Cambridge, Mass., Harvard Univ. Press.

Byrd, J. (2003). "Creative Genius or Psychotic? A Look at The Strong Positive Correlation Between Creativity and Psychoses". *Working Paper*, Rochester Institute of Technology.

Campbell, D. (1969). "Ethnocentrism of Disciplines and The Fish-Scale Model of Omniscience". *Interdisciplinary Relationships in The Social Sciences*: 328~348.

Chesbrough, H. (2007). *Open Business Models: How to Thrive in The New Innovation Landscape*. Harvard Business Press.

Coyle, D. (2009) *The Talent Code: Greatness Isn't Born. It's Grown. Here's How*. New York, Bantam Books.

Csikszentmihalyi, M. (1990). *Flow: The Psychology of Optimal Experience.* New York, Harper & Row.

______ (1997). *Finding Flow: The Psychology of Engagement with Everyday Life.* New York, Basic Books.

Dunbar, K. (1999). "The Scientist in Vivo: How Scientists Think and Reason in the Laboratory". In Magnani, L., Nersessian, N. J. & Thagard, P. (eds.), *Model-Based Reasoning in Scientific Discovery.* Kluwer/Plenum. pp. 89~98.

Ekeh, P. P. (1974). *Social Exchange Theory: The Two Traditions.* London, Heinemann Educational.

Elster, J. (1984). *Ulysses and The Sirens.* Cambridge, Cambridge Univ. Press.

______ (2010). *The Cement of Society: A Study of Social Order.* Cambridge University.

Epstein, J. & Axtell, R. (1997). *Sugarscape.* Cambridge, MA, MIT Press.

Evans, J. & Rzhetsky, A. (2010) "Machine Science". *Science* 329 (5990): 399~400.

Feynman, R. & Leighton, R. et al. (1997). *Surely You're Joking, Mr. Feynman!: Adventures of a Curious Character.* W. W. Norton & Company.

Finke, R. (1990). *Creative Imagery: Discoveries and Inventions in Visualization*, Lawrence Erlbaum.

Fischer, G. (2005). "Distances and Diversity: Sources for Social Creativity". ACM.

Frankl, V. E. (1963). *Man's Search for Meaning: An Introduction to Logotherapy.* Boston, Beacon Press.

Freidin, M. B., Tay, A., Freydina, D. V., Chudasama, D., Nicholson, A. G., Rice, A., Anikin, V. & Lim, E. (2014). "An Assessment of Diagnostic Performance of a Filter-Based Antibody-Independent Peripheral Blood Circulating Tumour Cell Capture Paired with Cytomorphologic Criteria for the Diagnosis of Cancer". *Lung Cancer 85*(2): 182~185.

Freud, S. (1975). *Group Psychology and the Analysis of the Ego.* The Norton Library N770. New York, Norton.

Fukuyama, F. (1999). *The Great Disruption: Human Nature and The Reconstitution of Social Order.* New York, Free Press.

Gates, B. (1998). *Business at The Speed of Thought: Using a Digital Nervous System.* New York, NY, USA, Warner Books, Inc.

Ginsberg, J., Mohebbi, M. et al. (2008). "Detecting Influenza Epidemics Using Search Engine Query Data". *Nature* 457(7232): 1012~1014.

Gladwell, M. (2008). "In the Air: Who Says Big Ideas Are Rare?". *The New Yorker* May 12.

Gladwell, M. (2008). *Outliers: The Story of Success.* Allen Lane.

Granovetter, M. (1995). *Getting a Job: A Study of Contacts and Careers.* Univ. of Chicago Press.

Grant, A. M. (2016). *Originals: How Non-Conformists Move the World.* New York, NY, Viking, an imprint of Penguin Random House LLC,. Cover image 9780525429562. jpg.

Gray, C. E. (1972). "Paradoxes in Western Creativity". *American Anthropologist 74*(3): 676~688.

Guilford, J. (1957). "Creative Abilities in The Arts". *Psychological Review 64*(2): 110~118.

Guimera, R., Uzzi, B. et al. (2005). "Team Assembly Mechanisms Determine Collaboration Network Structure and Team Performance". *Science 308*(5722): 697.

Heilman, K., Nadeau, S. et al. (2003). "Creative Innovation: Possible

Brain Mechanisms". *Neurocase* 9(5): 369~379.

Hobsbaum, E. & Ranger, T. (1983). *The Invention of Tradition*. Cambridge, Cambridge Univ Press.

Hsu, F. (1953). *Americans and Chinese: Two Ways of Life*, Schuman, H.

Ingram, C. (2003). *Passionate Presence: Experiencing the Seven Qualities of Awakened Awareness*. Gotham Books.

Ryan, H., Youm, Y., Kim, J., Chey, J., Kwak, S. & Parkinson, C. (2020). "Similarity in Functional Brain Connectivity at Rest Predicts Interpersonal Closeness in the Social Network of an Entire Village". *Proceedings of the National Academy of Sciences 117*(52): 33149~33160.

Ibarra, H. (1992). "Homophily and Differential Returns: Sex Differences in Network Structure and Access in an Advertising Firm". *Administrative Science Quarterly*: 422~447.

______(1997). "Paving an Alternative Route: Gender Differences in Managerial Networks". *Social Psychology Quarterly*: 91~102.

Johansson, F. (2004). *The Medici Effect: Breakthrough Insights at the Intersection of Ideas, Concepts, and Cultures*. Boston, Mass., Harvard Business School Press.

______(2017). *The Medici Effect: What Elephants and Epidemics Can Teach Us About Innovation: With a New Preface and Discussion Guide*. ed. Boston, Mass., Harvard Business Review Press.

Johnson, E. J. & Goldstein, D. G. (2004). "Defaults and Donation Decisions". *Transplantation 78*(12): 1713~1716.

Johnson, S. (2010). *Where Good Ideas Come From: The Natural History of Innovation*. New York, Riverhead Books.

Jones, B., Wuchty, S. et al. (2008). "Multi-University Research Teams: Shifting Impact, Geography, and Stratification in Science". *Science 322*(5905): 1259.

Kaufman, J. & Baer, J. (2002). "I Bask in Dreams of Suicide: Mental Illness, Poetry, and Women". *Review of General Psychology* 6(3): 271~286.

Keim, B. (2008). "The Cloudy Ethics of Utilitarianism". *Wired Science*, Oct 28.

Keller, H. (2013). *The Story of my Life*. New Delhi: Madhubun Educational Books.

Khatib, F., DiMaio, F., Cooper, S., Kazmierczyk, M., Gilski, M., Krzywda, S., Zabranska, H. et al. (2011). "Crystal Structure of a Monomeric Retroviral Protease Solved by Protein Folding Game Players". *Nature Structural & Molecular Biology* 18(10): 1175~1177.

Kroeber, A. L. (1944). *Configurations of Culture Growth*. Berkeley, Los Angeles, Univ. of California Press.

Kurzweil, R. (2005). *The Singularity Is Near: When Humans Transcend Biology*. Viking Adult.

Lareau, A. (2000). *Home Advantage: Social Class and Parental Intervention in Elementary Education*. Rowman & Littlefield Pub Inc.

Lehman, H. C. (1947). "National Differences in Creativity". *The American Journal of Sociology* 52(6): 475~488.

Li, D., Wang, Y. & Liu, Z. (2021). "Academic background of Nobel prize laureates reveals the importance of multidisciplinary education in medicine". *Social Sciences & Humanities Open* 3: 1~6.

Lindsay, G. (2021). "The Mathematical Rule that Makes Sense of Illusions". *Psychology Today*, posted Feb 22, 2021.

Martindale, C. (1995). "Creativity and Connectionism". *The Creative Cognition Approach* 249: 268.

Marx, K. (1978). *The Marx-Engels Reader*, 2nd Ed.. Edited by Robert C. Tucker, New York, Norton.

Maurer, D., Pathman, T. et al. (2006). "The Shape of Boubas: Sound-

Shape Correspondences in Toddlers and Adults". *Developmental Science 9*(3): 316.

Merton, R. & Storer, N. (1973). *The Sociology of Science.* Chicago, Univ. of Chicago Press.

Milgram, S. (1974). *Obedience to Authority: An Experimental View.* Taylor & Francis.

Moody, J. (2004). "The Structure of a Social Science Collaboration Network: Disciplinary Cohesion From 1963 to 1999". *American Sociological Review 69*(2): 213~238.

Nalebuff, B. & Ayres, I. (2003). *Why Not? How to Use Everyday Ingenuity to Solve Problems Big and Small.* Harvard Business School Press.

Neda, Z., Ravasz, E. et al. (2000). "The Sound of Many Hands Clapping - Tumultuous Applause Can Transform Itself into Waves of Synchronized Clapping". *Nature 403*(6772): 849~850.

Nelson, R. R. & Winter, S. G. (1982). *An Evolutionary Theory of Economic Change.* Cambridge, Mass., Belknap Press of Harvard Univ. Press.

Northway, M. L., Rooks, M. M. et al. (1955). "Creativity and Sociometric Status in Children". *Sociometry 18*(4): 194~201.

Ogburn, W. (1950). "Social Evolution Reconsidered". *Social Change*: 369~393.

Ogburn, W. & Thomas, D. (1922). "Are Inventions Inevitable? A Note on Social Evolution". *Political Science Quarterly 37*(1): 83~98.

Ogle, R. (2007). *Smart World: Breakthrough Creativity and The New Science of Ideas.* Harvard Business School Press.

Reagans, R. & McEvilly, B. (2003). "Network Structure and Knowledge Transfer: The Effects of Cohesion and Range". *Administrative Science Quarterly 48*(2): 240~267.

Repp, B. (1997). "The Aesthetic Quality of a Quantitatively Average Music Performance: Two Preliminary Experiments". *Music Perception 14*: 419~444.

Rheingold, H. (2003). *Smart Mobs: The Next Social Revolution*. Cambridge, MA, Basic Books.

Robinson, K. (2009). *The Element: How Finding Your Passion Changes Everything*. Penguin Books.

Sawyer, K. (2007). *Group Genius: The Creative Power of Collaboration*. Perseus Books Group.

Saxenian, A. (1994). *Regional Advantage: Culture and Competition in Silicon Valley and Route 128*. Cambridge, Mass., Harvard Univ. Press.

Saxenian, A. (2006). *The New Argonauts: Regional Advantage in a Global Economy*. Cambridge, Mass., Harvard Univ. Press.

Scheff, T. (1999). *Being Mentally Ill: A Sociological Theory*. Aldine.

Schelling, T. C. (2006). *Micromotives and Macrobehavior*. New York, Norton.

Shapiro, C. & Varian, H. R. (1999). *Information Rules: A Strategic Guide to The Network Economy*. Boston, Mass., Harvard Business School Press.

Sims, K. (1994). *Evolving Virtual Creatures*. New York, NY, USA, ACM.

Strogatz, S. H. (2003). *Sync: The Emerging Science of Spontaneous Order*. New York, Theia.

Strogatz, S. H., Abrams, D. M. et al. (2005). "Crowd Synchrony on The Millennium Bridge". *Nature 438*: 3.

Surowiecki, J. & Silverman, M. (2007). "The Wisdom of Crowds". *American Journal of Physics 75*: 190.

Tanaka-Matsumi, J. & Marsella, A. (1976). "Cross-Cultural Variations in

The Phenomenological Experience of Depression: I. Word Association Studies". *Journal of Cross-Cultural Psychology 7*(4): 379.

Tapscott, D. & Williams, A. (2006). *Wikinomics: How Mass Collaboration Changes Everything*, Editorial Paidos.

Thaler, R. & Sunstein, C. (2008). *Nudge: Improving Decisions About Health, Wealth, and Happiness*. Newhaven and London, Yale Univ. Press.

Thaler, R. & Tucker, S. (1994). *The Winner's Curse: Paradoxes and Anomalies of Economic Life*. Princeton, NJ, Princeton Univ. Press.

Tharp, T. & Reiter, M. (2003). *The Creative Habit: Learn It and Use It for Life: A Practical Guide*. NY, Simon and Schuster.

Tough, J. (1976). *Listening to Children Talking: A Guide to The Appraisal of Children's Use of Language*. Ward Lock: Drake Educational Associates.

Turkle, S. (1995). *Life on the Screen: Identity in the Age of the Internet*. New York, Simon & Schuster. Contributor biographical information.

Turlings, T., Tumlinson, J. et al. (1990). "Exploitation of Herbivore-Induced Plant Odors by Host-Seeking Parasitic Wasps". *Science* (Washington) *250*(4985): 1251~1253.

Uzzi, B. (2008). "Collaboration Networks and Innovation". *Journal of Physics A: Mathematical and Theoretical 41*: 224023.

Uzzi, B., Amaral, L. et al. (2007). "Small-World Networks and Management Science Research: A Review". *European Management Review 4*(2): 77~91

Vernon, R. (1966). "International Investment and International Trade in The Product Cycle". *The Quarterly Journal of Economics 80*(2): 190~207.

Voss, R. F. & Clarke, J. (1975). "1/F Noise in Music and Speech".

*Nature 258*: 317~318.

Watts, D. (2004). *Six Degrees: The Science of a Connected Age*. W. W. Norton & Company.

Weisberg, R. (2006). *Creativity: Understanding Innovation in Problem Solving, Science, Invention, and The Arts*. Wiley.

White, L. (1959). *The Evolution of Culture: The Development of Civilization to The Fall of Rome*. New York, Mcgraw-Hill.

Whitfield, J. (2008). "Collaboration: Group Theory". *Nature 455* (9): 720~723.

Williams, G. (1997). *The Pony Fish's Glow: and Other Clues to Plan and Purpose in Nature*. Basic Books.

Williams, G. & Burt, A. (1996). *Adaptation and Natural Selection*. Princeton Univ. Press.

Wuchty, S., Jones, B. et al. (2007). "The Increasing Dominance of Teams in Production of Knowledge". *Science 316* (5827): 1036.

# 개척하는 지성

**21세기 뉴 노멀 사회의 도전**

염재호(전 고려대 총장) 지음

**미래를 개척하는 지성이 되라!**
**염재호 고려대 전 총장이 젊은이들에게 전하는**
**21세기를 살아가는 지혜**

오랫동안 미래사회에 대해 연구하고 가르친 저자는 인류문명사부터 새로운 산업구조와 일의 변화, 미래에 필요한 지성의 특징까지 21세기 뉴 노멀 사회를 이해할 열쇠들을 쉽게 풀어 놓았다. 스스로 인생을 설계하고 도전할 젊은이라면 미래를 개척하는 여정에 반드시 지참해야 할 나침반 같은 책이다.

신국판 | 340쪽 | 값 18,500원

나남 nanam www.nanam.net | 031-955-4601